Franz Wille

Wanderbares Waldviertel

Impressum

Bibliografische Information der Deutschen Nationalbibliothek
Die Deutsche Nationalbibliothek verzeichnet diese Publikation in der Deutschen Nationalbibliografie; detaillierte bibliografische Daten sind im Internet über http://dnb.d-nb.de abrufbar.

Lektorat: Martina Schneider
Grafik und Produktion: Nadine Kaschnig-Löbel
Kartenmaterial: Arge-Kartografie
Coverfoto: Franz Wille
Fotos: Franz Wille, www.franzwille.jimdofree.com
Druck: FINIDR, s.r.o.
gedruckt in der EU

ISBN 978-3-7025-1056-5

www.pustet.at

Franz Wille

Wanderbares Waldviertel

40 gehmütliche Touren

VERLAG ANTON PUSTET

Inhalt

Südliches Waldviertel **Kremstalregion**

Vorwort

Das Waldviertel mit seiner kleinräumigen Struktur und den urtümlichen Landschaften ist ein Paradies für Wanderer. Hunderte lokale Rundwanderwege und ein Dutzend Weitwanderwege durchziehen die Region. Da sich im Hochland Relief und Böden nicht für intensive Landwirtschaft und Großbetriebe eignen, ist hier eine natürliche Vielfalt erhalten geblieben, die das Waldviertel für Besucher besonders reizvoll macht.
Die abwechslungsreiche Natur mit sanften Hügeln, bizarren Felsformationen, satten Wiesen und bunten Mohnfeldern, dunklen Wäldern, tief eingegrabenen Flussläufen, vielen Teichen und idyllischen Hochmooren macht die Faszination der nördlichsten Region Österreichs aus. Sieben Naturparks und ein grenzüberschreitender Nationalpark wurden zum Schutz der großen Vielfalt von Tier- und Pflanzenarten eingerichtet.

Auch Sehenswürdigkeiten gibt es jede Menge: Burgen aus der Zeit der Grenzsicherung, von der Renaissance geprägte Schlösser, gotische, im Barock üppig ausgeschmückte Stifte, alte Stadtkerne und interessante Museen.
So ist das Waldviertel besonders geeignet für genussvolles Wandern, ganz dem Konzept der ge(h)mütlichen Wege entsprechend. Im Mittelpunkt steht dabei weniger die sportliche Leistung als das Erleben der Landschaft und Kultur mit allen Sinnen – Einkehrmöglichkeiten und Sehenswürdigkeiten gehören genauso dazu wie die Wegbeschreibungen. Aus der großen Fülle von Ausflugsmöglichkeiten im Waldviertel habe ich 40 schöne und leichte bis mittelschwere Touren auf guten Wegen ausgewählt, wohltuend für Körper, Geist und Seele.

Ge(h)mütliches Wandern wünscht Ihnen
Franz Wille

Einleitung

Das 4 600 Quadratkilometer große Waldviertel, die Region im Nordwesten Niederösterreichs, liegt zwischen Donau und Thaya, im Westen leitet der Weinsberger Wald zum oberösterreichischen Mühlviertel über, im Osten fällt der Manhartsberg gegen das Weinviertel ab. Der Name rührt vom früheren Waldreichtum des Gebietes her, heute bedeckt der Wald noch rund 42 Prozent der Fläche, mehrheitlich sind es Fichten, im Kamp- und Thayatal findet sich ein artenreicher Laubmischwald.
Das Waldviertel ist ein aus kristallinen Gesteinen aus dem Erdaltertum (Paläozoikum, 540–250 Millionen Jahre) aufgebautes Granit- und Gneisplateau, ein Teil der Böhmischen Masse. Es ist der Rest eines ehemaligen Gebirges, ein Rumpfschollengebirge, das im Zuge der Alpenauffaltung bis auf den Rumpf abgetragen wurde und in Schollen zerbrochen ist.
Charakteristische Gesteine sind die 300 Millionen Jahre alten Granite und Gneise. Die in oft bizarren Formen verwitterten Granite (Wackel- und Teufelssteine, Schalensteine, Granittürme) geben der Landschaft ein unverwechselbares Gepräge.
Der größte Teil des Waldviertels hat Hochlandcharakter, die höchsten Höhen liegen bei 1 000 Meter, von manchen Gipfeln wie dem Nebelstein (1 017 m) oder dem Kleinen Peilstein (1 024 m) bieten sich prächtige Aussichten. In

die ausgedehnten Plateauflächen sind die gewundenen Täler von Kamp, Thaya und Krems eingeschnitten, das Horner Becken und das untere Kamptal sind Gunsträume mit wärmerem Klima und besseren Böden.
Die Region ist dünn besiedelt, hat rund 200 000 Einwohner und eine Dichte von weniger als 50 Einwohner pro Quadratkilometer. Die Grenz- und Randlage abseits der großen Ballungsräume zwischen dem fruchtbaren Mähren und der begünstigten Wachau, das kleinräumige Relief, die schlechten Böden des Hochlandes, wenig Industrie und die dürftige Infrastruktur machten das Waldviertel zu einem strukturschwachen Gebiet.

Besiedlung, Wirtschaft, Kultur

Als älteste Spuren des Menschen im Waldviertel wurden Werkzeuge des Neandertalers aus dem Pleistozän vor 70 000 Jahren in der Gudenushöhle im Kremstal gefunden. In der jüngeren Altsteinzeit, vor etwa 30 000 Jahren, begann die Besiedlung der Gunsträume im unteren Kamptal und Horner Becken, das Waldviertler Hochland war früh- und urgeschichtlich kaum besiedelt.
Zur Römerzeit lebten Kelten nördlich der Donau, von Osten wanderten Slawen ein. Beide Völker wurden von den Germanen unterworfen, viele Fluss-, Orts- und Flurnamen wie Kamp, Zwettl, Geras oder Gars erinnern noch an die Zeit der Kelten und Slawen.

Von der Garser Burg aus regierte der Babenberger Markgraf Leopold II. 1075–1095 die österreichischen Lande, seine Gefolgsleute, die Kuenringer, begannen mit der planmäßigen Rodung des Nordwaldes, der bis dahin noch weite Teile des Hochlandes bedeckte. Zur Herrschaftssicherung wurden die ersten Burgen erbaut, zur Verbreitung des christlichen Glaubens die Stifte Altenburg, Zwettl und Geras gegründet. 1179 fixierte Kaiser Friedrich Barbarossa die Grenze zu Böhmen, die im Wesentlichen bis heute besteht.

Ab dem 13. Jahrhundert herrschten die Habsburger, die Zeiten blieben jedoch unruhig, durch Raubzüge, Glaubenskämpfe, den Dreißigjährigen Krieg und die Bauernkriege wurden immer wieder ganze Landstriche verwüstet.

Bis heute prägend für die Region war dann die Barockzeit und die Zeit der Gegenreformation, Klöster und Kirchen wurden üppig ausgeschmückt, zahllose Marterl und Heiligenfiguren an Wegen und Brücken aufgestellt. Gleichzeitig veränderte aber auch die frühkapitalistische Wirtschaftsgesinnung das Land, an den Flüssen entstanden zahlreiche kleine Betriebe wie Mühlen, Hammerwerke, Sägen und Webereien, die die Kraft des Wassers nutzten. Lokale Impulse brachte ab 1869 der Bau der Franz-Josefs-Bahn. Sie war jedoch als Fernverkehrsbahn zwischen Wien und Prag konzipiert und ließ regionale Zentren wie Horn und Waidhofen an der Thaya abseits

der Hauptstrecke liegen. Im Raum Gmünd-Schrems entwickelte sich durch die Bahn die Textil-, Stein- und Glaserzeugung, andere produzierende Unternehmen siedelten sich an.
Gleich nach dem Anschluss Österreichs an das Deutsche Reich im Jahr 1938 wurde bei Allentsteig ein 157 Quadratkilometer großer Truppenübungsplatz angelegt, 40 Dörfer mussten dafür geräumt werden. Er existiert bis heute, auch als wirtschaftlicher Faktor.

Der Strukturwandel ab den 1960er-Jahren traf das Waldviertel durch seine Randlage am Eisernen Vorhang besonders hart, viele Betriebe mussten zusperren, hohe Arbeitslosigkeit und Abwanderung waren die Folge. An die vielen Schmieden, Mühlen, Webereien (Bandlkramerland) … von einst erinnert heute noch eine Fülle von kleinen Museen. Nach wie vor bekannt ist das Waldviertel für die Stein- und Holzverarbeitung, die Bierbrauereien, die guten Handwerksbetriebe und einige Aushängeschilder wie Kräuter von Sonnentor, Elk-Häuser oder Waldviertler Schuhe.
In einigen Bereichen zeigen sich aber deutliche Unterschiede innerhalb der Region: Während es im Horner Becken und unteren Kamptal eine bessere Infrastruktur gibt und günstige Verhältnisse für die Landwirtschaft herrschen, kämpft vor allem das Hochland, ein traditionelles Bauernland, noch immer mit dem Strukturwandel. Es

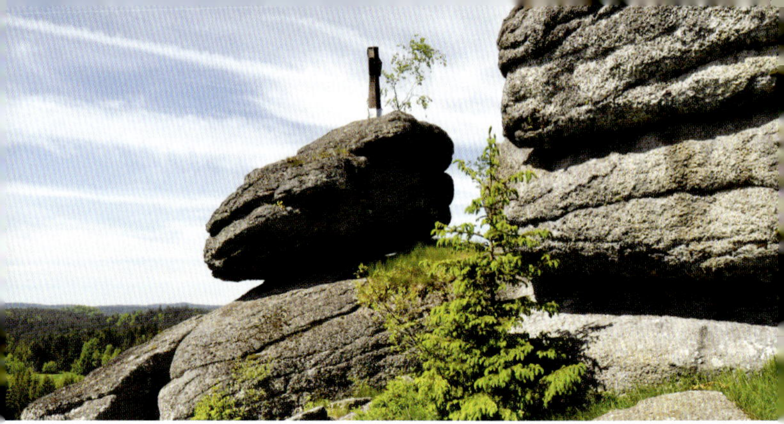

gibt zu wenige Alternativen zur Landwirtschaft, auf dem kristallinen Untergrund bilden sich nur magere Braunerdeböden, oft finden sich nur noch Heide und Moore. Intensive Landwirtschaft mit Großbetrieben konnte sich hier kaum entwickeln, auch sind die Grafen und Stifte nach wie vor die großen Wald- und Teichbesitzer.

Bäuerliche Kleinbetriebe können heute nur überleben, wenn sie auf Qualität setzen. Als regionale Spezialitäten – besonders aus biologischer Herstellung – sind Waldviertler Erdäpfel, Braugerste, Mohn, Gewürzkräuter, Milch, Freilandschweine oder Karpfen aber weit über die Grenzen der Region hinaus bekannt und gefragt. Schweins- oder Hirschbraten mit Erdäpfelknödeln, Karpfen, Mohnnudeln oder Mohntorte sind denn auch die Klassiker der Waldviertler Küche, ebenso wie Zwettl, Weitra und Schrems für ihre Bierkultur bekannt sind, das untere Kamptal für den Wein sowie Roggenreith und Kottes für den Whiskey.

Hoffnung und eine wirtschaftliche Perspektive gibt der Tourismus, er hat seit Jahren stetige Zuwächse zu verzeichnen. Vom Massentourismus ist man aber hier weit entfernt, man setzt auf einen breit gefächerten sanften Tourismus, der die vielfältigen Möglichkeiten der Region nutzt und Impulse für Landwirtschaft und Gewerbe gibt. Der Bau der Kamptalbahn leitete in Gars bereits Ende des 19. Jahrhunderts eine erste Blüte der Sommerfrische ein, heute setzen Gars, Gmünd oder die Xundheitswelt in Groß Gerungs auf Wellness- und Gesundheitstourismus. Naturtourismus gibt es überall, besonders bekannt sind die Ysperklamm, die Blockheide und natürlich der Nationalpark Thayatal. Fixpunkte für Kulturtouristen sind die Burgen, Stifte und Festivals wie das Schrammel.Klang.Festival bei Litschau oder Allegro Vivo in Horn. Die Kampseen und zahlreiche Teiche sind Ziel der Badefreunde. Ein besonders breites Betätigungsfeld bietet das Waldviertel mit seinen verschiedenen Landschaftsformen Aktivtouristen wie Wanderern, Radfahrern oder im Winter den Langläufern.
Zwar haben einige Gebiete nach wie vor mit mangelhafter Infrastruktur und Abwanderung zu kämpfen, gleichzeitig ist das Waldviertel aber als Zweitwohnsitzregion sehr beliebt und die nicht dauernd bewohnten Häuser werden oft besonders gut gepflegt, eine Voraussetzung für ein ansprechendes Erscheinungsbild der Dörfer.

Klima und Wanderzeit

Das Waldviertel hat ein kontinental geprägtes Klima, das bedeutet heiße, aber nicht schwüle Sommer und kalte Winter, die Niederschläge sind insgesamt gering. Besonders trocken sind das Horner Becken und das untere Kamptal, hier macht sich der pannonische Einfluss bemerkbar, Horn ist einer der trockensten Orte Österreichs, Zwettl im Winter einer der kältesten. Die Winterkälte wird durch die Nordwinde noch verschärft, die Sommerhitze durch die Höhenlage gemindert.
Die besten Wanderzeiten sind das Frühjahr zur Zeit der Blüte und der Herbst. Im Frühling wird der Unterschied zwischen Hochland und Weinland besonders deutlich: Im Hochland zieht er rund drei Wochen später ein. Der Herbst ist die niederschlagsärmste Zeit mit angenehmen Temperaturen vor der Nebelperiode ab November, zudem ist die Herbstfärbung des Mischwaldes im Kamp- und Thayatal besonders schön.

Schwierigkeitsgrade, allgemeine Tourenhinweise

Die Einteilung der Schwierigkeitsgrade entspricht dem gebräuchlichen Schema:
Leicht ●○○: In der Regel gut angelegte und gut markierte Wege ohne echte Gefahrenstellen, die jedermann begehen kann. Das schließt aber kurze, kräftige Steigungen nicht aus.

Mittel ●●○: Wege und Steige auch in steilerem Gelände, ein Mindestmaß an Wandererfahrung, Trittsicherheit und gutes Schuhwerk sollten nicht fehlen.
Anspruchsvoll ●●●: Anspruchsvolle, zum Teil auch recht lange Touren mit unter Umständen ausgesetzten und gefährlichen Stellen. Sie erfordern Kondition, Orientierungsvermögen, Trittsicherheit und die richtige Ausrüstung. Sie kommen in diesem Wanderführer aber kaum vor.

Hinweise

Gehzeiten und Schwierigkeitsgrade sind immer nur Richtwerte. Angegeben ist die reine Gehzeit ohne Pausen, Faktoren wie Wetter und individuelle Voraussetzungen sind zu berücksichtigen.
Über die Einkehrmöglichkeiten unterwegs sollten Sie sich bei Bedarf vorher genauer informieren, da die Öffnungszeiten saisonal häufig wechseln.

Die angegebenen Höhenmeter entstammen einem schematisierten Höhenprofil ohne kleinere Gegenanstiege.

Notruf: 112

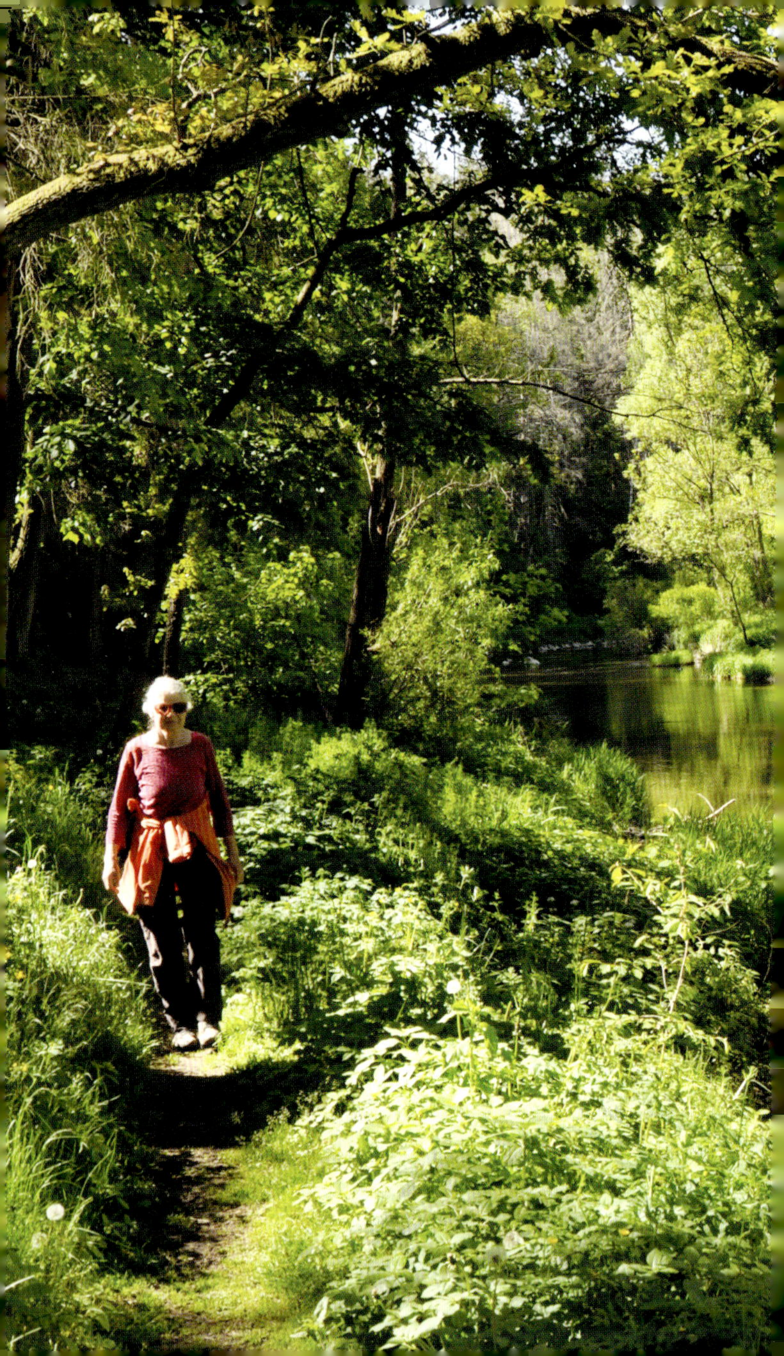

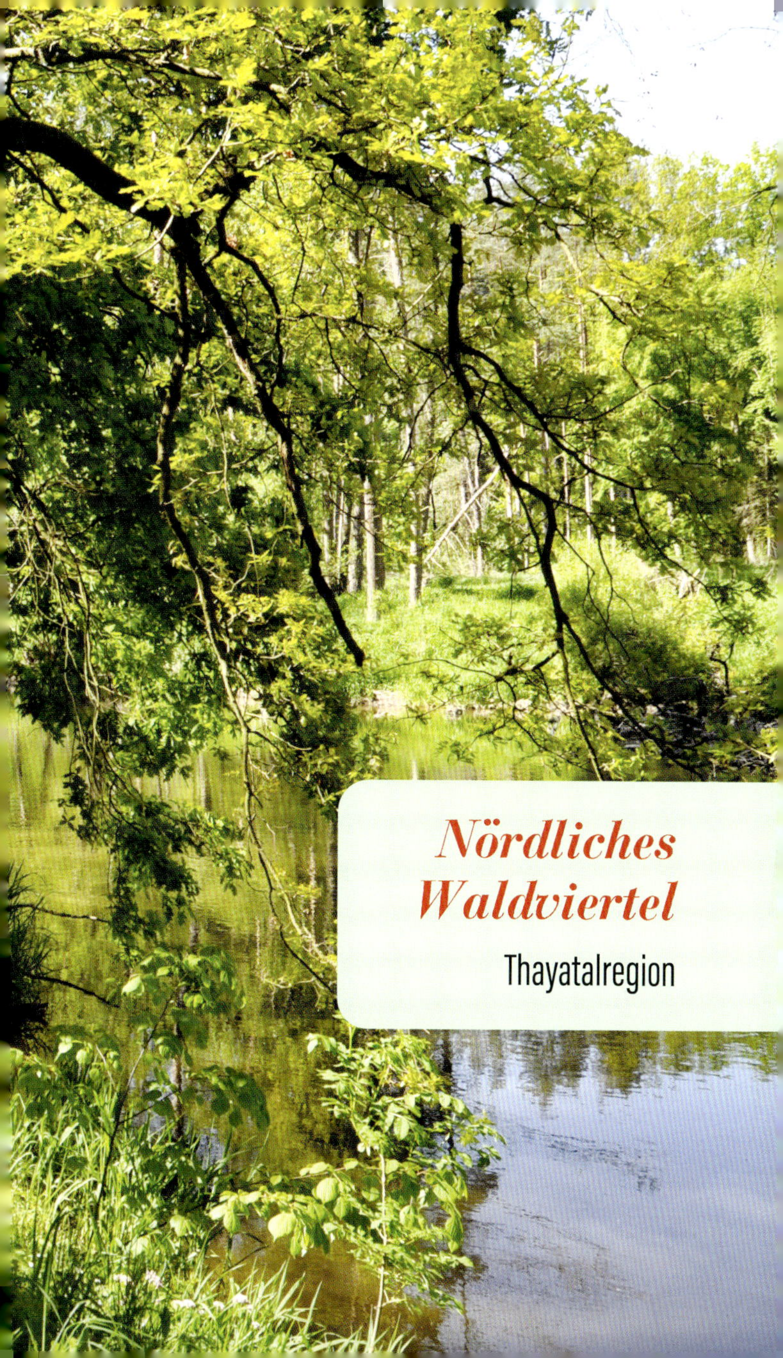

Nördliches Waldviertel

Thayatalregion

Aussichtsberge wie der Mandelstein oder der Nebelstein, der bekannteste Waldviertler Berggipfel und Ausgangspunkt mehrerer Weitwanderwege, Kurorte wie Moorbad Harbach, eine Blockheide mit vielen imposanten Steingebilden, sanfte Hügelketten mit Wiesen, Feldern, Wäldern, Teichen und Mooren, die der Landschaft eine sanfte Prägung verleihen – so präsentiert sich das nördliche Waldviertel. Zwischen Gmünd und Litschau ist es geprägt von einem Ausläufer der südböhmischen Seenplatte, die jahrhundertealte Tradition der Teichwirtschaft hat diese Landschaft maßgeblich gestaltet. Die Teiche dienen der Fischzucht und sind zu diesem Zweck angelegt worden, viele haben aber zusätzlich große ökologische Bedeutung als Lebensraum für zahlreiche Wasservögel. Im Sommer verwandeln sich einige Teiche, wie etwa der Litschauer Herrensee, in beliebte Badeseen.

Entwässert wird die Region größtenteils durch die Deutsche Thaya, die in einer flachen Mulde in 657 Meter

Seehöhe bei Schweiggers nordwestlich von Zwettl entspringt und in weiten Schlingen im Grenzgebiet zwischen Österreich und Tschechien nach Osten zur March fließt. Insgesamt ist sie 235 Kilometer lang und neben dem Kamp der zweite Hauptfluss des Waldviertels. Der Name leitet sich vom illyrischen Wort „Dujas" (= rauschender Fluss) ab. Im Oberlauf fließt sie mäandrierend durch eine sanft hügelige Landschaft, weiter flussabwärts gibt es immer wieder Felswände, die bis ans Ufer heranreichen, abschnittsweise hat sich die Thaya in Jahrmillionen immer tiefer in das Hochland eingeschnitten, so im Kollmitzgraben oder im Nationalpark bei Hardegg. Das Gebiet war im Mittelalter ein mit vielen Burgen befestigter Grenzraum gegen die böhmischen Länder, bevor Böhmen und Mähren 1526 Teil der Habsburgermonarchie wurden. Grenzraum, aber mit einer nun offenen Grenze, ist es auch heute noch, die Thaya selbst bildet im Waldviertel nur im Nationalpark bei Hardegg die Staatsgrenze.

1

Nebelstein

Auf den populärsten Berg des Waldviertels

●●○ 11 km · 4 Stunden · 240 hm

Charakter	Rundwanderung auf Forststraßen und Waldwegen mit Erlebniswegstationen über den Nebelsteingipfel mit weiter Rundumsicht. Abschnittsweise steiler Abstieg.
Start/Ende	3970 Hirschenwies: Kristallium, Xundheits-Parcours; Einstieg auch an den Parkplätzen Nebelstein und Märchenhotel möglich
Markierung	Nebelstein-Erlebniswanderweg 24
Anfahrt	Von Weitra über Moorbad Harbach nach Hirschenwies
Einkehr	Hirschenwies: Café-Pension Kristall (www.cafe-pension-kristall.at), Nebelsteinhütte (www.alpenverein.at/nebelsteinhuette) beim Gipfel; Märchenhotel Waldpension Nebelstein (www.waldpension-nebelstein.at)
Sehenswertes	Kristallium in Hirschenwies, Aussicht vom Nebelstein

Nach dem Bau der Burg Weitra durch Hadmar II. von Kuenring zwischen 1201 und 1208 kolonisierten Bauern das Gebiet von Moorbad Harbach, der Ortsteil Hirschenwies hingegen verdankt seine Entstehung der Glasindustrie.

Aussichtsplattform am Nebelstein

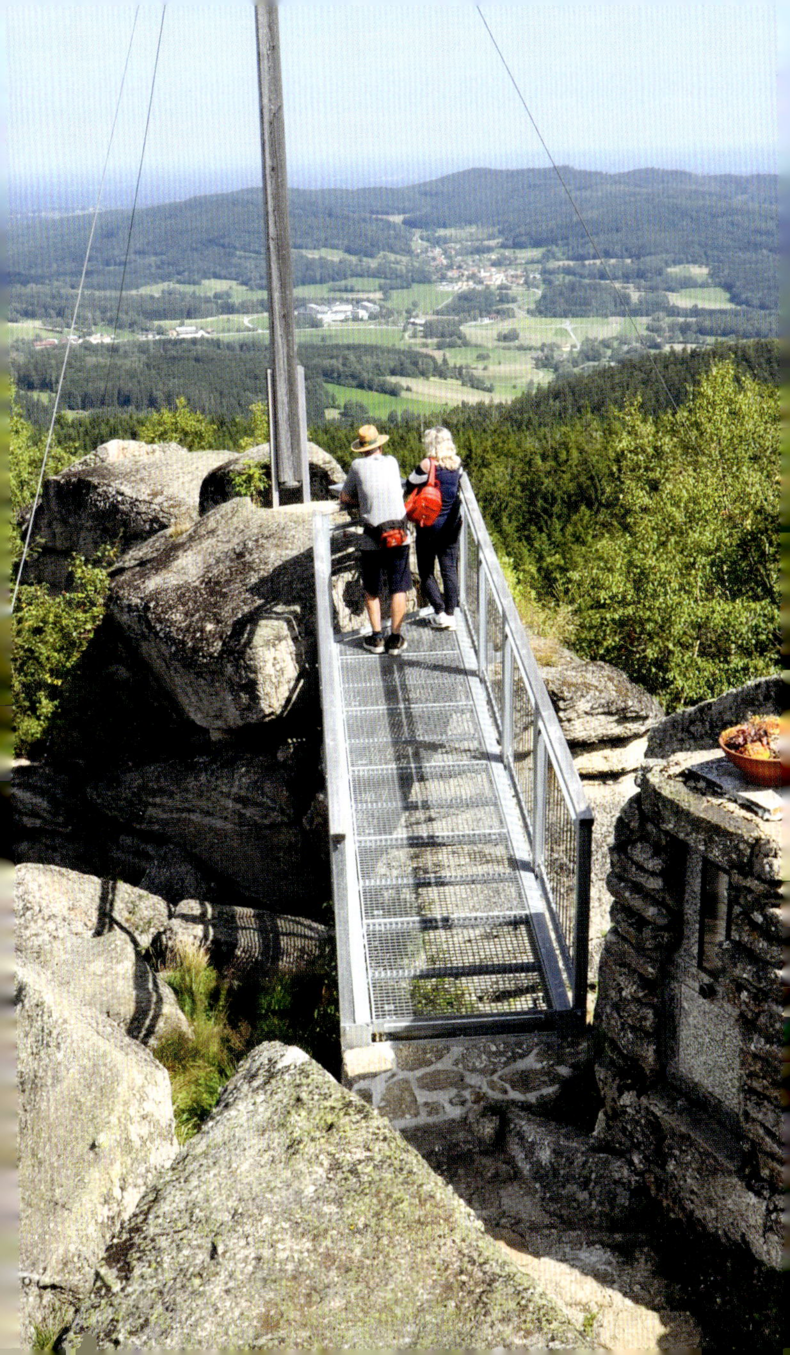

Viele Wege, darunter der rund elf Kilometer lange Nebelstein-Erlebniswanderweg, führen auf oder über den 1 017 Meter hohen Nebelstein, den populärsten Berg des Waldviertels mit den 2019 neu errichteten Aussichtsplattformen. Der Erlebnisweg gibt in mehreren Stationen Einblicke in die Welt jener Elemente, die das Waldviertel am meisten prägen: Holz, Stein und Moor.

Am Parkplatz beim Kristallium in **Hirschenwies** 1 (780 m), starten Sie Ihre Wanderung auf dem Erlebnisweg über den Nebelstein. Sie gehen rechts am großen Torbogen vorbei auf dem Sträßchen zum Gasthof Nordland, der Weg durch den Torbogen führt zum Motorikpark des Xundheits-Parcours. 300 Meter hinter dem

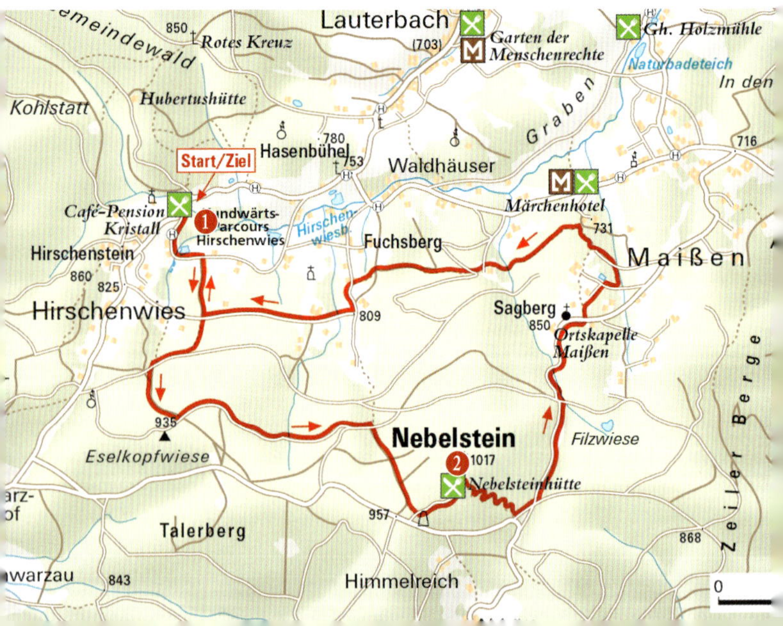

Gasthof leitet der Wegweiser Erlebnisweg 24 Sie nach rechts durch eine Moorwiese zum Wald, Sie folgen nun immer dem Weg Nr. 24.
Auf Waldwegen und Forststraßen geht es in Etappen mäßig steil bergauf, von der dritten Station, dem Grenzlandblick, bietet sich eine weite Aussicht nach Tschechien. Danach erreichen Sie den Parkplatz und wandern auf dem Fahrweg hinauf zum **Nebelstein** 2 (1 017 m), knapp vor dem Gipfel liegt die Nebelsteinhütte. Sie wurde 1947 als erste Hütte des Oesterreichischen Alpenvereins nach dem Zweiten Weltkrieg am Schnittpunkt von insgesamt elf Weitwanderwegen erbaut.
Dahinter befinden sich die Gesteinsformationen des Felsgipfels mit den Aussichtsplattformen, die einen herrlichen Panoramablick ermöglichen.
Nun wieder kurz zurück zur Hütte, dann biegen Sie dem Wegweiser folgend links hinunter. Auf einem steilen, zum Teil steinigen Pfad geht es hinunter zu einer Forststraße und dann zur Moorkugel, einer Rasthütte mit Informationen über die Moore in Form eines überdimensionalen Pollens an einem kleinen Moorbach.

Danach biegt der Weg bei einer Kapelle mit weiter Aussicht hinunter in den Wald, auf Fahr- und Waldwegen, ein Abschnitt ist steil, gelangen Sie zum Märchenhotel Waldpension Nebelstein am oberen Ortsrand von Maißen, wo eine Einkehr lohnt.

Wenig später passieren Sie die Station Holzwerkstatt, durch Wald und Wiesen, vorbei an Einzelhöfen, geht es dann auf dem Hang weiter. Wo Sie auf den Herweg treffen, biegen Sie rechts hinunter und wandern auf diesem zurück nach **Hirschenwies** 1, zum Ausgangspunkt der Tour.

Station Fernblick

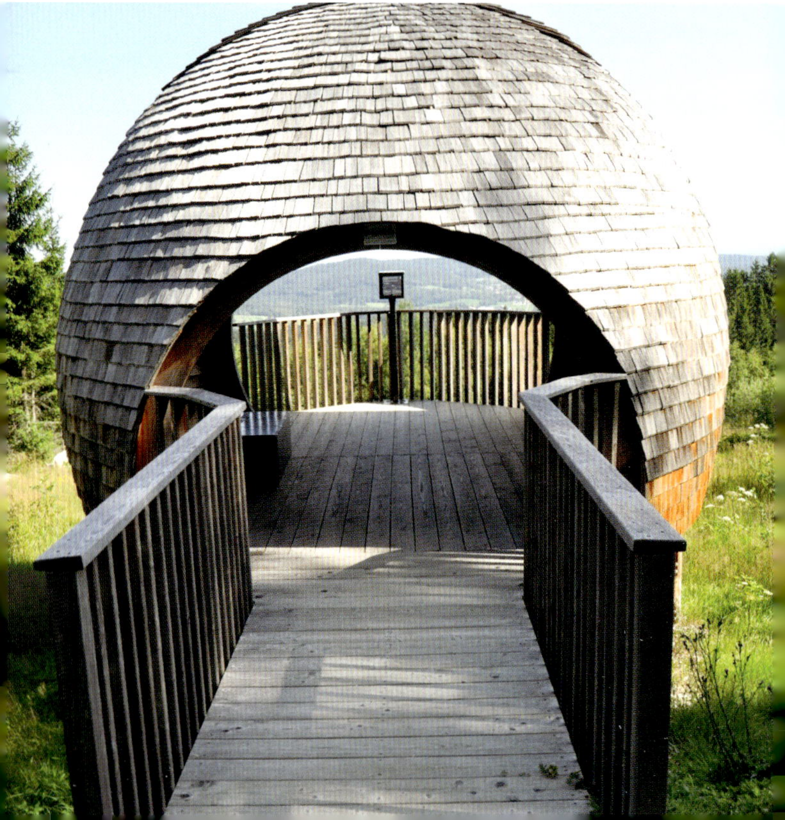

Kristallium – Glas erleben

Seit Jahrhunderten wird im Waldviertel Glas erzeugt und bearbeitet, einer der Traditionsbetriebe ist der der Familie Weber in Hirschenwies. Ihre Vorfahren waren bereits 1760 als Glasbläser tätig, in der alten „Schleifmühle" wird seit mehr als 100 Jahren Glas geschliffen.

Im Jahr 2017 wurde das Kristallstudio Weber in die Glas-Erlebniswelt „Kristallium" umgewandelt. In einem Erlebnisrundgang wird die jahrhundertelange Tradition der Glasmacher im Waldviertel lebendig, ein Film zeigt den Weg des Glases vom alten Ägypten bis in die Gegenwart. Die Teilnehmer einer Führung können die Glasschleifer bei der Arbeit beobachten und sich dann sogar selbst an dieser Kunst versuchen.

Im Shop kann man die kunsthandwerklichen Produkte kaufen und im Café auf eine der Mohnspezialitäten vorbeischauen. www.kristallium.at

2

Mandelstein

Auf dem Heinrichser Erlebnisweg

●●◐ 13 km · 3 ½ Stunden · 320 hm

Charakter	Ausgedehnte Rundwanderung, in der ersten Hälfte durch bewaldete Bergrücken mit vielen interessanten Steinformationen, vom Mandelstein herrliche Aussicht, in der zweiten Hälfte schöne Waldpartien. Überwiegend schattige Waldwege und Pfade, ein steiler Abstieg, die letzten 20 Minuten sonnig.
Start/Ende	3970 Heinrichs bei Weitra, Parkplatz beim Friedhof am nördlichen Ortsende
Markierung	Rot-weiße Kreismarkierung
Anfahrt	Von Weitra über Schagges, von Gmünd über Unserfrau-Altweitra und Ober-Lembach
Einkehr	Gasthaus Stangel neben der Kirche in Heinrichs (+43 [0]2856 8212)
Information	Eine Broschüre zum Erlebnisweg erhalten Sie im Gasthaus Stangel
Sehenswertes	Die Fantasie anregende Steingebilde, Aussicht vom Mandelstein

Das Grenzlanddorf Heinrichs liegt in einer Mulde am Fuß des Kudelrings und des Mandelsteins. Am 13 Kilometer langen Heinrichser Erlebnisweg über diese

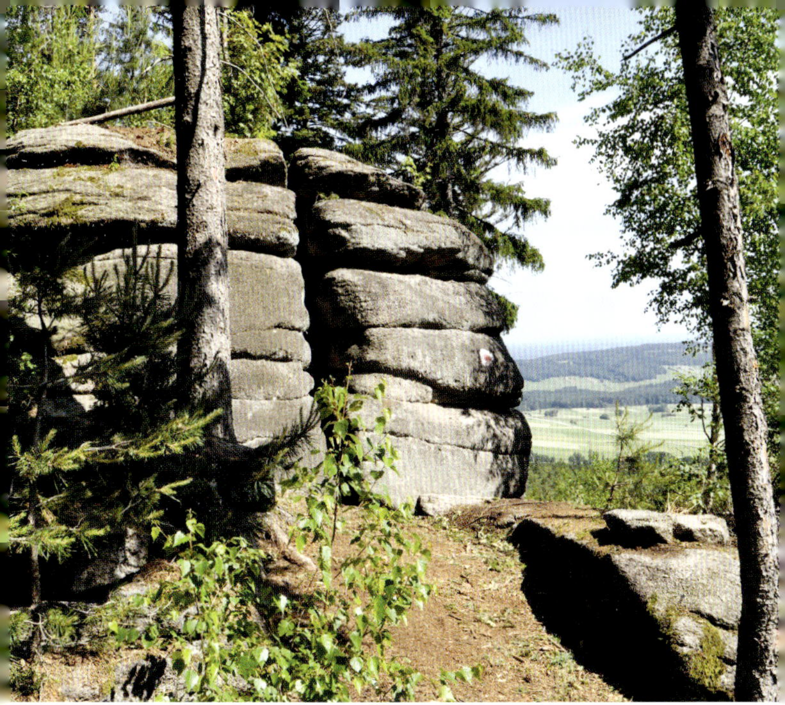

Felsen am Schinderberg

Bergrücken liegen viele faszinierende Granitgebilde, darunter ein Doppelwackelstein, der einzige in Europa! Ihre Namen wie „Brotlaibstein", „Rutschstein", „Frauenschuh" oder „Schalenstein" rühren von ihrer Form her, viele Sagen und Legenden ranken sich um die bizarren Steindenkmäler – die Natur schuf diese Gebilde, der Mensch erdachte die Sagen dazu.
Auch in der Gipfelregion des Mandelsteins mit seiner weiten Aussicht finden sich zahlreiche besondere Steinformationen, von den übereinandergeschichteten

mandelförmigen Granitblöcken hat der 874 Meter hohe Berg an der österreichisch-tschechischen Grenze seinen Namen. An seinen Hängen finden sich noch Reste alter, ursprünglich für das Waldviertel typischer Mischwälder.

Am Ende des **Friedhofs von Heinrichs** ❶ (570 m) führt der gut markierte Erlebnisweg von der Straße rechts in den Fahrweg und dann bald links als Pfad in den Wald hinein. Waldwege und Pfade wechseln, folgen Sie aufmerksam der rot-weißen Kreismarkierung zu den zahlreichen fantastischen Steinformationen, die zu diversen Geschichten Anlass gaben. Gleich anfangs passieren Sie den „Brotlaib", dann einen gekippten Schalenstein. Schalensteine sind durch die natürliche Vergrusung

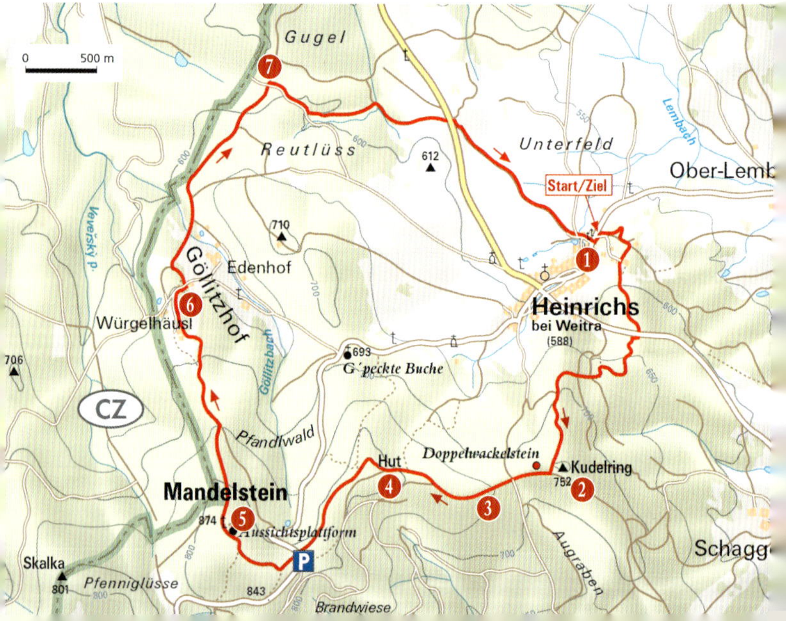

des Granits entstanden, möglicherweise wurden einige Schalen später für kultische Zwecke vertieft und erweitert.
Der große Rutschstein danach diente früher dem Freizeitvergnügen und auch dem Fruchtbarkeitskult junger Frauen. Nach dem Schlupfloch kommen Sie zum „Frauenschuh“: Zwei ursprünglich getrennte Schalen wurden zu einer größeren Schale in ovaler Schuhform verbunden.

Danach queren Sie eine Lichtung am Rand der Siedlung mit schönem Blick auf Heinrichs und steigen weiter durch Kiefern- und Fichtenwald mit vielen Heidelbeeren und Steingebilden an. Beim „Trialstein“ finden Freunde des Trialsports ein ideales Gelände. An der Straße dahinter liegt der „Schillingstein“, dessen Name von der 1926 in die Wand gemeißelten ersten Schilling-Prägung stammt. Bei einem halb gespaltenen Stein danach informiert eine Tafel über die Steinmetzarbeit. Waldviertler Granit ist bis heute ein geschätzter Baustoff, auch die neugotische Kirche von Heinrichs wurde daraus erbaut. Nach einem längeren Anstieg erreichen Sie dann den **Kudelring** 2, mit 752 Metern die höchste Erhebung des östlichen Bergrückens.
Hinter dem Sender liegt der einzigartige Doppelwackelstein, daneben ein schöner Schalenstein. Leicht abfallend gehts nun in den **Schanzgraben** 3 (737 m) hinunter,

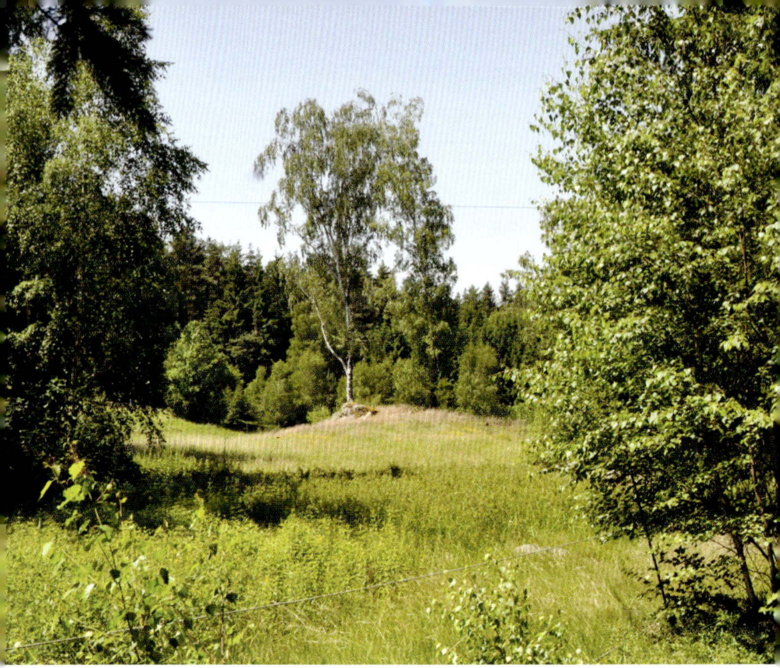

Beim Würghäusl

die Örtlichkeit erinnert an den Dreißigjährigen Krieg. Wieder ansteigend durch Wald und über ausgeholzte Lichtungen wandern Sie hinauf zum Schinderberg, wo sich ein schöner Blick auf Heinrichs bietet. Wie mächtig die Granitfelsen hier aufragen, sehen Sie bei der Halbumrundung. Der Pfad führt weiter durch Wald und über eine Blockhalde mit Blick zu den Steinformationen „Mausefalle“ und „Hohe Steinwand“ mit deutlichen horizontalen und vertikalen Klüften. Danach passieren Sie die „Liebeslaube“ und erreichen schließlich den **Hut** 4 (838 m). Der Name leitet sich von seiner Hutform ab, wegen seiner Lage direkt an der Grenze der Gemeinden Reinprechts und Heinrichs fungiert die Formation auch als Grenzstein. Unterhalb des Sonnensteins und an den Schöpfsteinen vorbei gelangen Sie zum Parkplatz mit überdachtem Rastplatz und steigen dann zum **Mandelstein** 5 (874 m) auf. Knapp vor dem Gipfel befindet sich die Gedenkkapelle für die Heimatvertriebenen, dahinter der Felsen mit der Aussichtsplattform.

Der Weiterweg führt zur Kapelle zurück und unterhalb des Festplatzes – hier findet jährlich das Treffen der Heimatvertriebenen statt – nach links, Wegweiser „Rund um den Mandelstein". Der Abschnitt des Rückweges führt an mächtigen Felsen vorbei, bei der Kehre zweigen Sie rechts hinunter ab. Auf teils steil abfallendem Weg gelangen Sie zum **Würghäusl** 6 (668 m), der Name erinnert daran, dass hier der Würger (= Henker) der Herrschaft von Schloss Gratzen wohnte, weitab vom Schloss.
Nun folgt eine besonders schöne Passage: Durch offenes Gelände am Rand der Göllitzbachmulde nahe dem Edenhof vorbei und dann auf schönem Waldweg nahe der Staatsgrenze wandern Sie bis zum **Piberschlägerwehr** 7 (613 m). Hier führt ein alter Verbindungs- und auch Schmugglerweg, der „Diabsweg", über Piberschlag nach Strobnitz (Abzweigung des Weitwanderweges).
Sie biegen nun nach rechts (Wegweiser), wo in einer Kurve der Asphalt beginnt, gehen Sie geradeaus den Waldweg

weiter (Markierung beachten). Durch einen romantischen Bachgraben wandern Sie weiter, bei der „Loimersgrabenmünde“ im moorigen Gelände geht es über den Bach. Danach führt der Weg zwischen zwei Granitblöcken, dem Hölltor, hindurch und zum Wiesenrand. Durch offenes Gelände mit den typischen Büheln erreichen Sie dann die Straße. Von dort geht es auf dem ausgeschilderten Weg in einem großen Bogen zurück nach Heinrichs, als Abkürzung können Sie auch von der Straße direkt auf dem gegenüberliegenden Feldweg immer geradeaus zum Ausgangspunkt am **Friedhof** ❶ zurückkehren.

Der neue Grenzberg

In der Donaumonarchie verlief die Landesgrenze zwischen Österreich und Böhmen etliche Kilometer nördlich der heutigen Staatsgrenze, nördlich von Gratzen/Nové Hrady. Tschechische Nationalisten forderten als neue Staatsgrenze nach dem Ersten Weltkrieg die europäische Wasserscheide zwischen Schwarzem Meer und Nordsee, also das ganze Lainsitzgebiet. Als Kompromiss wurde die neue Grenze zwischen Österreich und der Tschechoslowakei hier etwas südlich der früheren Landesgrenze zu Böhmen gezogen. In der Grenzregion, dem Gerichtsbezirk Gratzen, lebte nun eine deutschsprachige Mehrheit als Minderheit im neuen

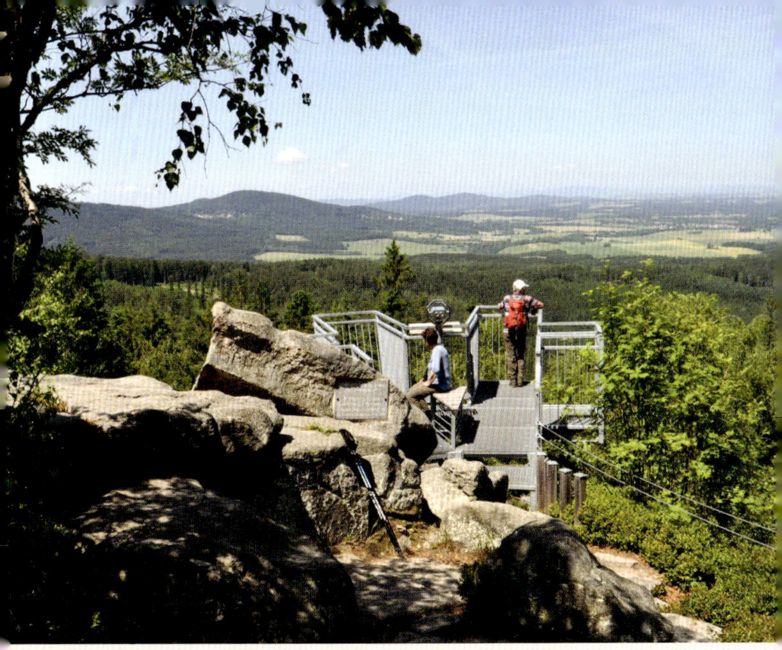

tschechoslowakischen Staat. Nach dem Zweiten Weltkrieg wurden diese Menschen vertrieben und die Grenze durch den Eisernen Vorhang hermetisch abgeriegelt, einige grenznahe Siedlungen verödeten oder wurden geschleift. Der Mandelstein war nun der neue Grenzberg und wurde zum Schauplatz der jährlichen Treffen der Heimatvertriebenen. Von der 2013 neu errichteten Aussichtsplattform genießen heute Wanderer den weiten Blick hinein nach Tschechien zur Stadt Nové Hrady (Gratzen) und zur Wallfahrtskirche Dobrá Voda (Brünnl), früher waren es sehnsuchtsvolle Blicke in die verlorene Heimat hinter dem Eisernen Vorhang.

3

Weitra: Gabrielental

Promenadenwege an der Lainsitz

●○○ 6 km · 2 Stunden · 80 hm

Charakter	Kurze schattige Flusswanderung und Stadtspaziergang mit Schlossbesichtigung.
Start/Ende	3970 Weitra, Parkplatz bei der Volksschule an der Promenade am nördlichen Stadtrand
Markierung	Wegweiser „Promenade“, dann Lainsitzweg
Anfahrt	Weitra liegt an der B 41 rund 13 Kilometer südwestlich von Gmünd, Bus 758 von Gmünd
Einkehr	Mehrere Lokale um den Rathausplatz, z.B. Café-Konditorei Weingartner (www.weingartner.cc)
Information	Im Rathaus, Rathausplatz 1, www.weitra-tourismus.at
Sehenswertes	Stadt und Schloss Weitra, Museum Alte Textilfabrik

Das Gabrielental ist jener Abschnitt des Lainsitztales, den die Landgräfin Gabriele Fürstenberg in den 1840er-Jahren zu einem romantischen Landschaftspark mit Wald und Wiesen, Uferpromenaden und Ruheplätzen vor den Toren der Stadt gestalten ließ. Mit schönen Wegen am Bach entlang ist das Gabrielental bis heute ein beliebter Erholungsort für Einheimische und Touristen.

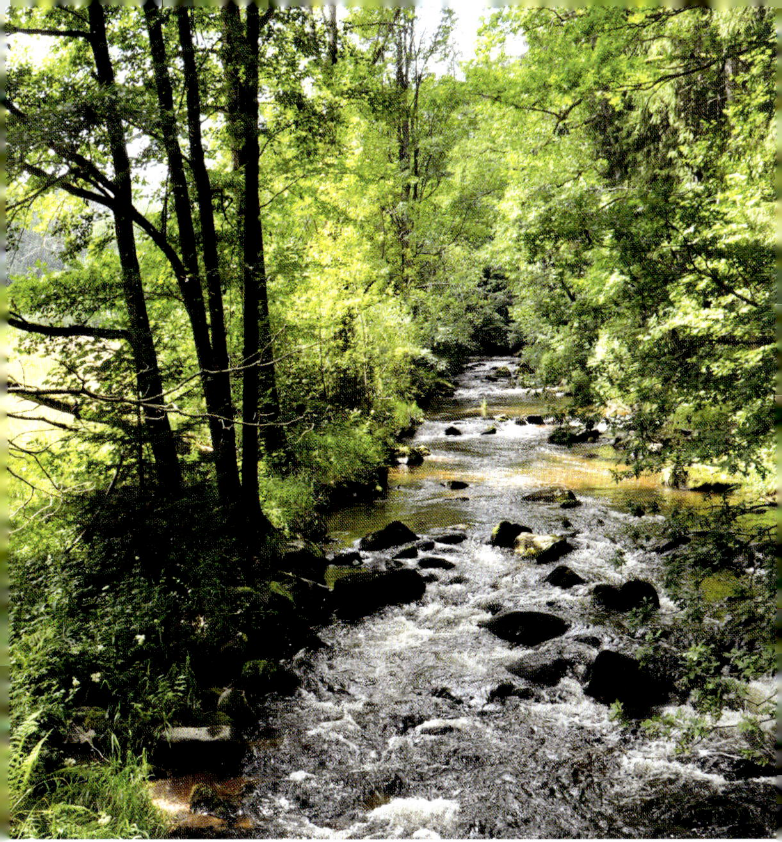

Die Lainsitz im Gabrielental

Die Rundtour startet am Parkplatz bei der Volksschule von **Weitra** 1 an der Promenade am nördlichen Stadtrand. Von hier folgen Sie den Wegweisern „Promenade“. Der Weg führt vor zur Talschulter und dann auf halber Höhe an der alten Stadtmauer entlang. Benannt ist der schöne Promenadenweg nach dem Dichter und Lyriker Wilhelm Szabo, der in Wien geboren wurde, im

Waldviertel aufwuchs und lange Jahre Schuldirektor in Weitra war. Unterhalb der Kirche steht sein Denkmal. Mit schönen Blicken hinunter ins Lainsitztal zur Bürgerspitalskirche wandern Sie bis zur Stiege, gehen dort rechts die Treppen hinunter zur Straße und dort wiederum rechts zur **Bürgerspitalskirche** ❷.

Das Bürgerspital ist das markanteste Bauwerk im Talgrund, es wurde im Jahr 1340 als Versorgungsstätte für alte, kranke und verarmte Bürger errichtet und im Barock neu gebaut. In der im Kern gotischen Bürgerspitalskirche (Heiligengeistkirche) kamen bei Restaurierungsarbeiten Fresken aus der Bauzeit zum Vorschein.

Zwischen Kirche und Parkplatz hindurch, auf der Spitalgasse an einigen Häusern vorbei, nach dem letzten Haus beginnt der zuerst schmale Weg an der Lainsitz bachaufwärts. Die erste Station ist der Barfußpark, eine Kneippanlage auf einer Wiese. Sie wandern weiter auf dem schattigen Uferweg neben dem rauschenden Bach, zwei Brücken führen zu Wiesen auf der anderen Seite.

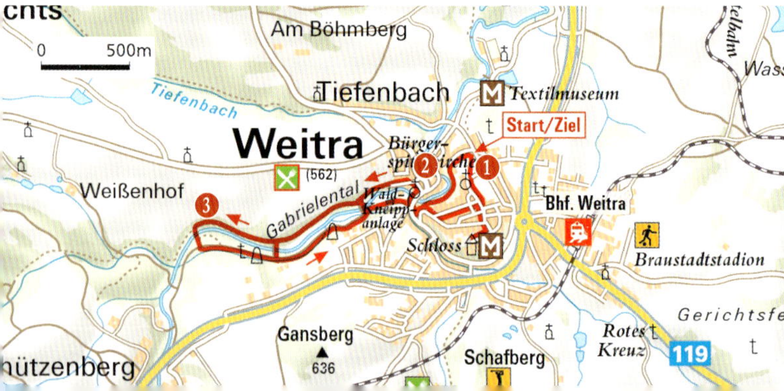

Bei einem Wehr wird die Lainsitz gestaut und fließt in einem Tunnel zum kleinen Kraftwerk, der Wultschaubach fließt seitlich vorbei ins Bachbett der Lainsitz. Nun geht es noch kurz am Wultschaubach entlang, dann bei einer **Wegkreuzung** 3 mit einer Wegsäule aus Granit nach links. Sie überqueren den Bach auf einer Brücke und gehen wieder links am Ufer zurück zum Stauwehr.

Sie überqueren nun die Lainsitz, biegen nach links und wandern auf dem breiten Weg talauswärts. Bald sind Sie bei der Carolinenwiese mit dem Pyramidenstein aus dem Jahr 1854. Danach passieren Sie einen kleinen Springbrunnen und wenig später eine Gedenktafel für Landgräfin Gabriele Fürstenberg.

Am kleinen Kraftwerkshaus der ehemaligen Hammerschmiede vorbei führt der Weg nun zurück in die Stadt, vor den ersten Häusern bietet sich ein schöner Blick zur Pfarrkirche oben und dem kleinen Kirchturm der Bürgerspitalskirche unten im Tal.

Durch die Fischergasse mit alten Häusern gelangen Sie zur Straße und zur Stiege, auf dem Treppenweg nun hinauf, durch das Tor und auf der Unteren Landstraße zum zentralen Rathausplatz, dem Stadtzentrum.

Nach einer Einkehr – in der Café-Konditorei Weingartner gibt es die Esterházy-Schnitten – empfiehlt sich eine Schlossbesichtigung, bevor Sie vom Rathausplatz durch die Kirchengasse zur Stadtpfarrkirche und dann rechts durch die Pfarrhofgasse zur Promenade zurückkehren.

Weitra

Weitra, die kleine Stadt im nordwestlichen Waldviertel, bezeichnet sich gerne als „Das Tor zum Waldviertel“. Wie Zwettl und Gmünd ist sie auch eine Gründung der Kuenringer, zwischen 1201 und 1208 ließ Hadmar II. die Grenz- und Burgstadt auf einem strategisch günstigen Granitplateau über der Lainsitz errichten und mit einer festen Mauer umgeben.

Sie diente der Grenzsicherung und in unruhigen Zeiten als Zufluchtsort für die ländliche Bevölkerung. Die meisten Bewohner waren „Ackerbürger“, das heißt, die Gewerbetreibenden besaßen neben ihrem Gewerbe auch noch eine Landwirtschaft. Dies zeigt sich bis heute an der Bauweise der Häuser – zur Straßenfront eine stolze städtische Fassade, hinten ein großer Wirtschaftshof. Renaissance und Barock prägen die Häuser um den zentralen Rathausplatz, das Rathaus selbst stammt aus dem Ende des 19. Jahrhunderts. 1993 wurde im benachbarten Gebäude eine unterirdische Zisterne mit Kreuzrippengewölbe aus dem späten 14. Jahrhundert entdeckt, die sich aus drei Quellen – dem Regenwasser, dem Grundwasser und dem Überlauf des Brunnens – speiste. Das Wahrzeichen der Stadt ist das Schloss. Wolf Rumpf, Freiherr von Wielroß, ließ Ende des 16. Jahrhunderts die Burg zu einem Renaissanceschloss umbauen. Rumpf verstarb früh, seine Witwe heiratete den Grafen Fürstenberg, seit damals ist das Schloss im Besitz dieser Familie.

Ein empfehlenswerter Rundgang führt zum schönen Arkadenhof, zum Neo-Rokokotheater und zum viereckigen Bergfried mit herrlicher Aussicht. Im Keller ist das Biermuseum untergebracht, wo man Interessantes über das Bierbrauen und dessen lange Tradition in der Braustadt Weitra erfährt. Seit 1321, als König Friedrich der Schöne der Stadt das Braurecht verlieh, wird hier Bier gebraut, damit ist Weitra die älteste Braustadt Österreichs. www.schloss-weitra.at

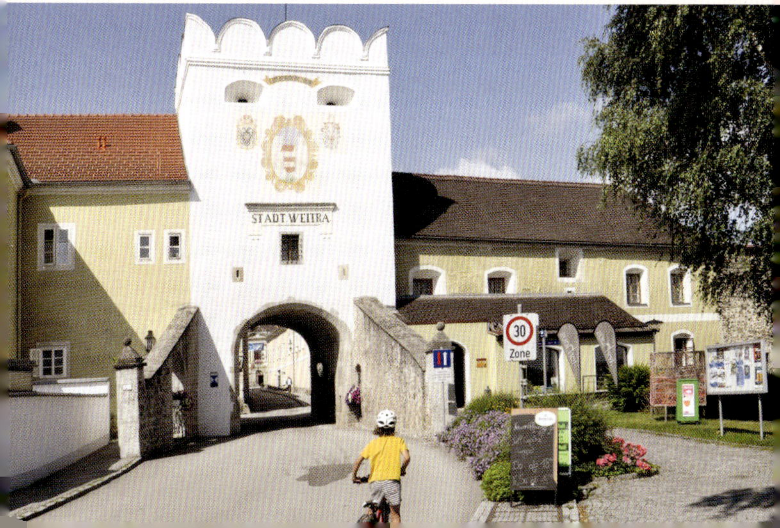

4

Gmünd: Naturpark Blockheide

Harmonische Natur- und Kulturlandschaft

●○○ 7,6 km · 2 Stunden · 50 hm

Charakter	Interessante Rundwanderung auf guten Wegen durch Heide und Wald, Steingiganten, Teiche und der Granitlehrpfad geben der Tour ihren besonderen Reiz.
Start/Ende	3950 Gmünd/Grillenstein, Parkplatz, oder Großeibenstein, Parkplatz
Markierung	Der beschriebene Marienkäferweg ist gelb markiert, die Granitrunde rot
Anfahrt	Von Gmünd den Schildern „Blockheide" folgen
Einkehr	Im Zentrum: Schutzhaus Blockheide beim Aussichtsturm (schutzhaus-blockheide.at); in Großeibenstein: Gasthaus zur Blockheide (+43 [0] 2852 53182), Latschenhütte (www.latschenhuette.com); in Grillenstein: Schlüsselwirt (www.gasthaus-schuesselwirt.at)
Information	Im Zentrum beim Aussichtsturm, Anfang April bis Ende Okt. www.blockheide.at
Sehenswertes	Steinformationen, geologisches Freilichtmuseum, Granitbearbeitungslehrpfad

Offene Blockheidelandschaft

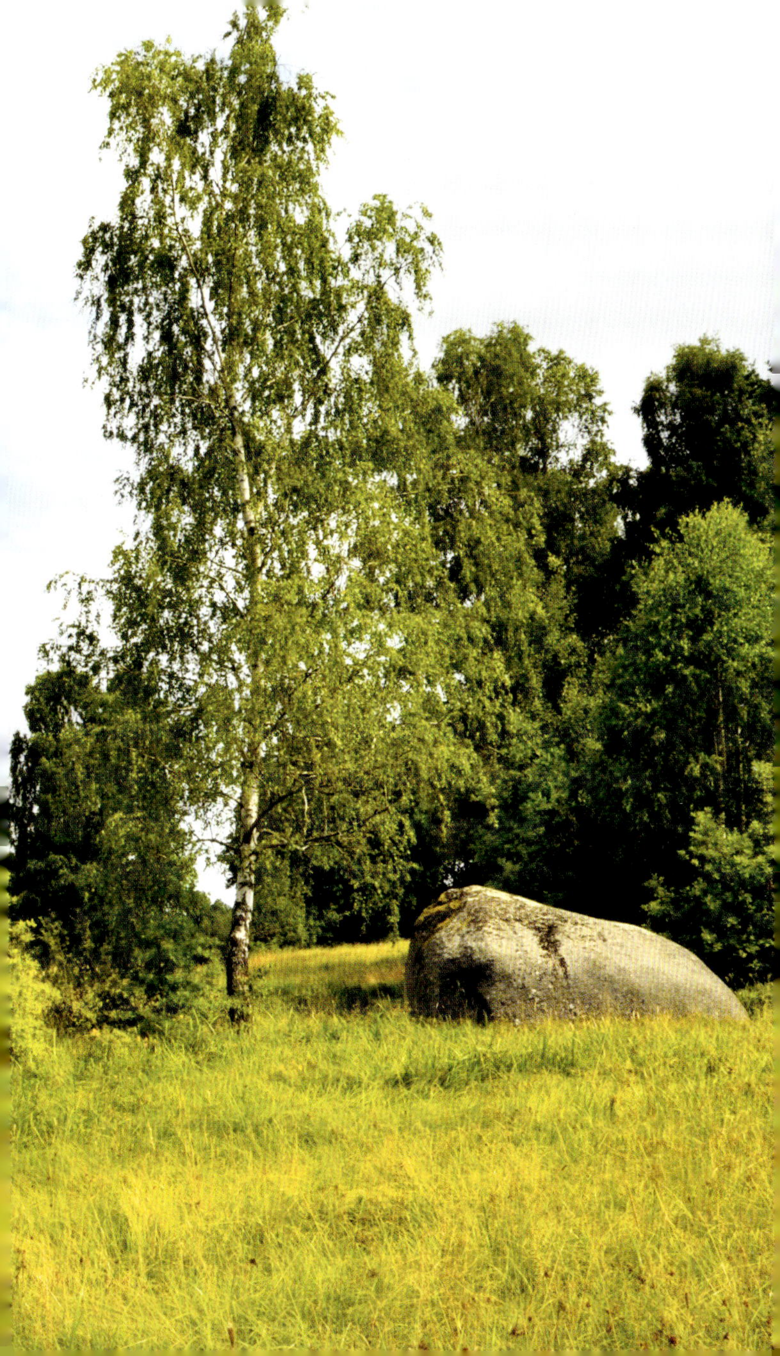

Die Blockheide Gmünd-Eibenstein mit ihren Wackelsteinen, bizarren Steinformen, Büheln, Wiesen und dem Blockheideteich ist ein beliebtes Ausflugsziel im Waldviertel. Vier ausgeschilderte Themenwege – der Marienkäferweg, die Granittour, die Mythologietour und die Landschaftskultour – führen durch das Naturschutzgebiet, im Zentrum befinden sich neben den interessanten Steinformationen das Infobüro, der Aussichtsturm, ein Robinsonspielplatz und die Schutzhaus-Jausenstation.

Vom Parkplatz hinter dem Gasthaus Schüsselwirt in **Gmünd/Grillenstein** ❶ (480 m) gehen Sie die

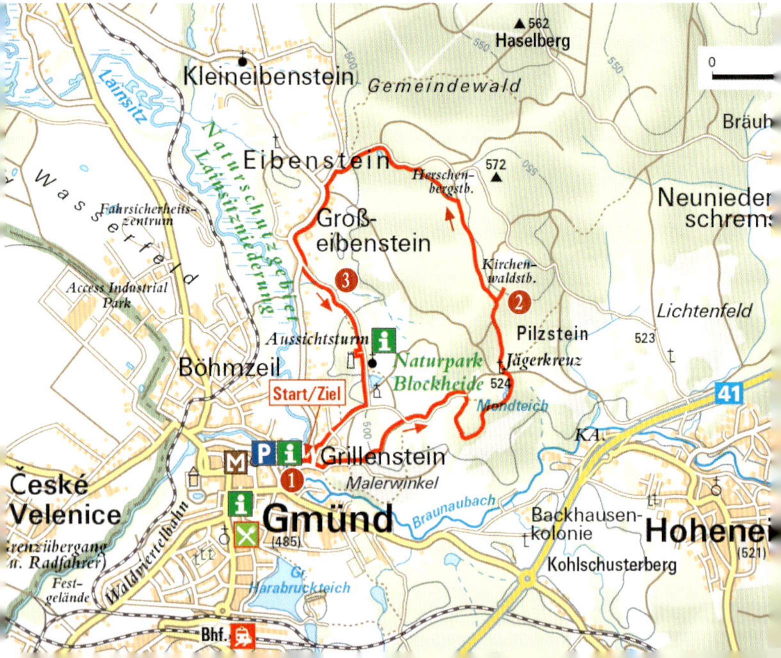

Schulersteingasse hinauf zum Eingang in den Naturpark und folgen nun dem gelb markierten Marienkäferweg geradeaus, rechts führt der grün markierte Weg hinunter zum Märchenhain. Bei der Gabelung links geht es durch lichten Wald und Wiesen hinauf zu den Steingebilden Teufelsbett, Teufelsbrotlaib und Schuldstein beim 15. Meridian östlich von Greenwich. Im folgenden Abschnitt ist die Harmonie zwischen der alten bäuerlichen Kulturlandschaft, der extensiv genutzten Heide und der Natur mit ihren Büheln, Hecken, Feldrainen, Waldrändern und Feuchtbiotopen besonders schön zu sehen. Sie passieren das Schwedenkreuz, dessen Herkunft und Bedeutung im Dunkeln liegen, es könnte sich sowohl um ein hochmittelalterliches Sühnerelikt als auch um eine Erinnerung an die Schweden, die hier im 30-jährigen Krieg eingefallen waren.
Es geht durch die Heide weiter, im Wald leitet Sie dann ein Wegweiser auf den 1,2 Kilometer langen Granitbearbeitungslehrpfad nach rechts. Hier wird anschaulich die Bearbeitung und Verwendung des Granits gezeigt, zum Beispiel das Spalten mit Keilen, das Schneiden mit der Diamantsäge. Mühlsteine, Futtertröge, Grenzsteine dokumentieren, wie vielfältig der Granit im Alltag verwendet wurde und wird. Etwas abseits des Weges sehen Sie den Wackelstein II, bei einer Steinmetzhütte liegen die Mondteiche, zwei kleine Seen mit Seerosen in ehemaligen Steinbrüchen. Bei der Gabelung danach folgen

Sie dem Wegweiser zum **Pilzstein** 2, einem besonders schönen Steinensemble im Wald.
Bei dem mit einem Grasdach bedeckten Wasserhochbehälter treffen Sie wieder auf den Marienkäferweg. Ein längerer Abschnitt durch den Wald führt am Gedenkstein „Lutherische Kirche" vorbei, er erinnert an die große Bedeutung des Protestantismus in Niederösterreich vor der Gegenreformation. Vor der Abraumhalde des Herschenberger Steinbruchs geht's nach links durch Föhrenheidewald weiter bis nach Großeibenstein. Auf der Straße nun durch den Ort, vorbei am Gasthaus zur Blockheide, dahinter liegt der Parkplatz Großeibenstein. (Hier könnte die Tour ebenfalls gestartet werden.)
Danach in die Sackgasse zum Naturparkeingang. Vorbei am Gasthaus Latschenhütte führt der breite Weg direkt hinauf zur **Gmünder Höhe** 3 (506 m).
Dort können Sie im Schutzhaus einkehren, das Informationszentrum gibt Auskunft über die Entstehung der Gesteine der Blockheide vor 300 Millionen Jahren. Den besten Panoramablick über die Blockheidelandschaft und ins Gmünder Becken bietet der 25 Meter hohe, aus Lärchenstämmen gezimmerte Aussichtsturm (Zutrittsgebühr).

An einer Reihe großer, abgeschliffener Felsen vorbei wandern Sie danach hinunter zum Blockheideteich, eine besonders schöne Ecke des Naturparks. Der Weg zum

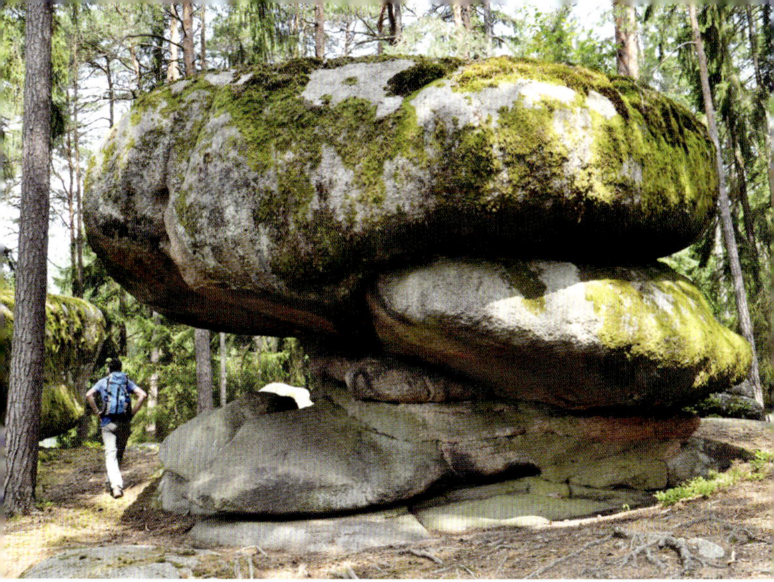

Pilzstein

Meridian führt dann durch das geologische Freilichtmuseum mit vielen verschiedenen Granitarten aus dem Waldviertel und der Sonnenuhr, bevor Sie vor dem Meridian rechts hinunter zum Ausgangspunkt zurückkehren.

Varianten

Eine kürzere Runde bietet die blau markierte Mythologietour, sie führt vom Pilzstein über den Wackelstein III direkt zum Blockheideteich. Empfehlenswert ist auch der kleine Umweg anfangs vom Marienkäferweg am Eingang nach rechts zum Märchenhain mit idyllischer Flusspassage an der Braunau und über den Kuhschellenberg zurück. Der Weg Landschaftskultour ist grün markiert.

Blockheide Gmünd-Eibenstein

Im Jahr 1964 wurde das 105 Hektar große Gebiet der Bockheide bei Gmünd/Eibenstein zum Naturpark erklärt. Unter Schutz gestellt wurde damit eine schöne, viel besuchte und nur extensiv genutzte naturnahe Landschaft, die bekannt für ihre vielen Granitblöcke und imposanten Steingebilde ist.
Entstanden sind sie durch die unterirdische Wollsackverwitterung. Dabei verwittert der von Klüften und Spalten durchzogene Granit bereits unter der Oberfläche, durch Erosion kommen dann die abgerundeten Blockkerne, sogenannte Restlinge, zum Vorschein. Schreitet die Verwitterung weiter fort, entstehen die Wackelsteine, die nur mehr an einem Punkt auf ihrer Unterlage aufliegen. Die vielgestaltigen Formen regten die Fantasie und Sagenbildung

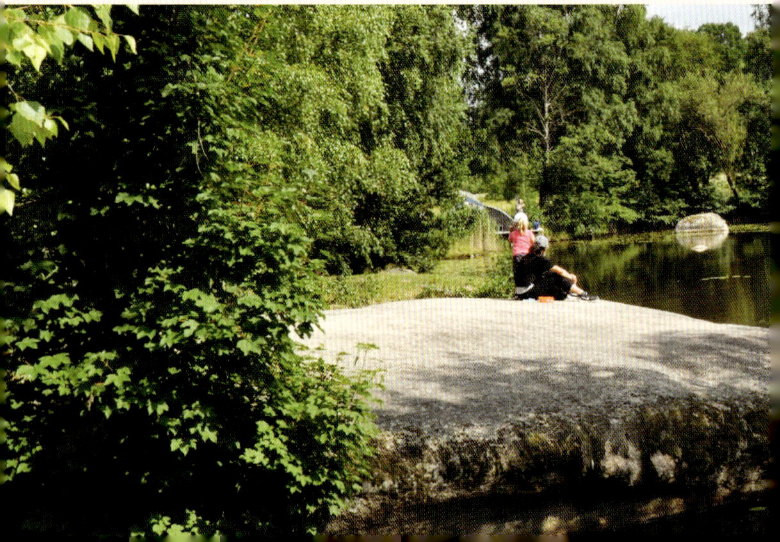

an. Namen wie „Teufelsbrotlaib“, „Teufelsbett“ oder „Koboldsteine“ erklärten die früher rätselhafte Herkunft.

Je nach Feuchtigkeit und Nährstoffgehalt des Bodens finden sich verschiedene Arten von Wiesen wie Mager- oder Feuchtwiesen. Auf den flachgründigen, nicht ackerfähigen Böden entwickelten sich Heidewiesen. Teiche und Reste eines Niedermoors weisen auf einen wasserundurchlässigen Untergrund. Der Wald spielt nur eine geringe Rolle, besonders um die Granitsteine finden sich reizvolle Bühel mit Wacholder, Rotföhren, Eichen und anderen Laubgehölzen. Die Buntheit aus blütenreichen Wiesen, Heide, Büschen, Hecken und lockerem Wald beherbergt eine große Vielfalt an Kleinsäugern, Insekten, Schmetterlingen und Vögeln.

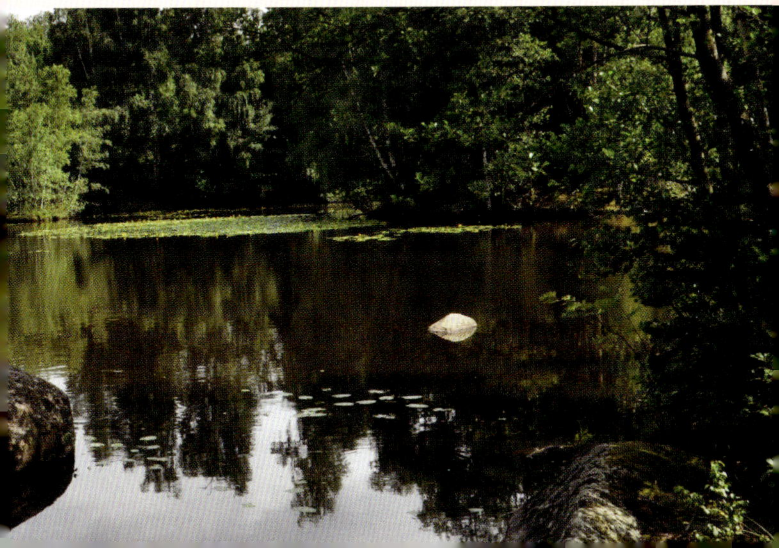

5

Pürbach: Acht-Teiche-Wanderung

Fischteiche im Waldviertel

●○○ 7 km · 1 ¾ Stunden · 10 hm

Charakter	Leichte, ruhige und ebene Rundwanderung auf Forstwegen durch bewaldetes Teichgebiet, überwiegend schattig und besonders stimmungsvoll im Herbst. Nach stärkeren Regenfällen können manche Wegabschnitte matschig sein.
Start/Ende	3943 Pürbach, Bahnhof
Markierung	Keine
Anfahrt	Pürbach liegt an der L 66, ca. 4 Kilometer südlich von Schrems, Bahnhof der Franz-Josefs-Bahn.
Einkehr	Landgasthaus Braunstein in Pürbach nahe dem Bahnhof (www.gasthaus-braunstein.at)
Sehenswertes	Waldviertler Hoftheater, zu einem Theater umgebauter Bauernhof in Pürbach 14 (www.hoftheater.at)

Westlich von Pürbach liegt eine Anzahl von größeren und kleineren Teichen in einem stillen Waldgebiet, die im Mittelalter von böhmischen Teichgräbern für die Fischzucht angelegt wurden. Heute sind sie naturnahe Landschaften und Lebensraum für eine große

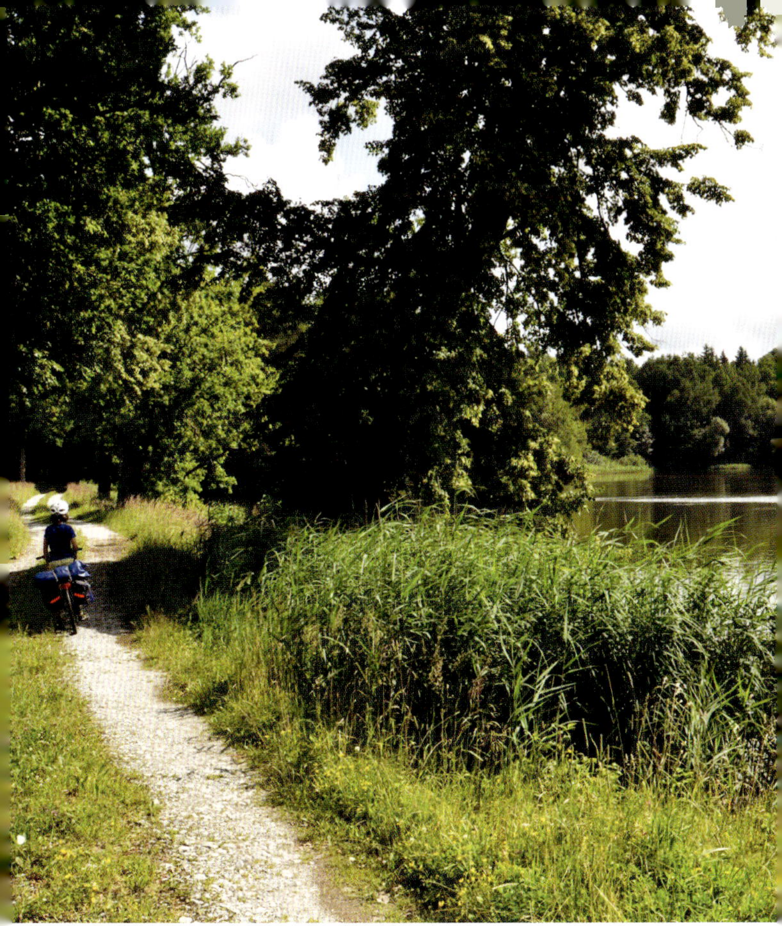

Am Althöllteich

Anzahl an Wasservögeln. Die ausgedehnte Teichplatte erstreckt sich bis Hoheneich, die beschriebene Runde durch die typische Waldviertler Teichlandschaft führt an acht Fischteichen unterschiedlicher Größe vorbei.

Am Westende des **Bahnhofs Pürbach** ❶ (531 m) gehen Sie die kleine absperrte Straße hinauf, dann geradeaus weiter und am Ende links zur L66. Nach 200 Metern auf dem rechten Begleitweg links auf einen Feldweg zum Otterteich. Am Aufzuchtteich entlang wandern Sie dann zum Damm des **Frauenteiches** ❷ und auf diesem rechts. Der Teich ist in weiten Teilen von Niedermoor umgeben. Sie kommen wieder zur L66, überqueren die Landesstraße und folgen nun einen Kilometer lang der Gemeindestraße Richtung Ullrichs. Die von Alleebäumen gesäumte Straße führt am langsam verfallenden alten Jagdhaus vorbei zum Spielbergteich, danach geht es durch den Wald.

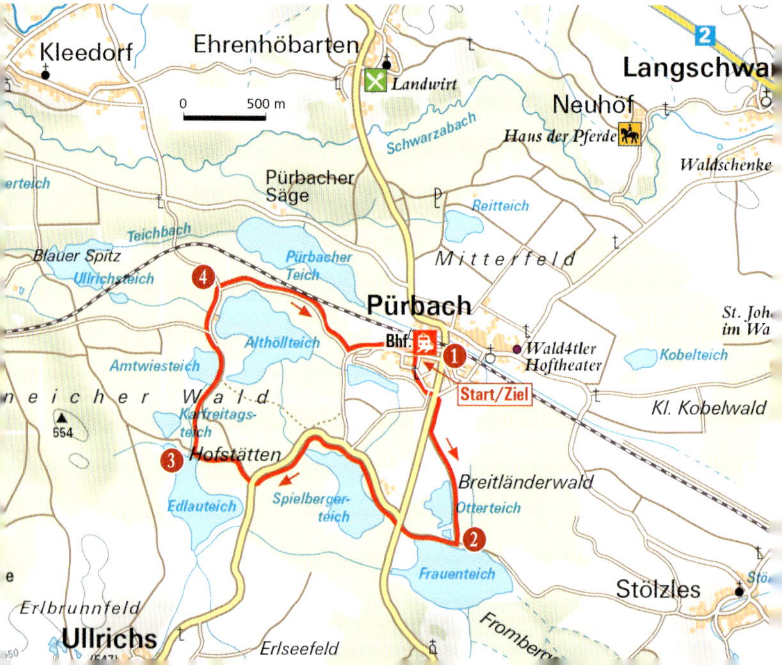

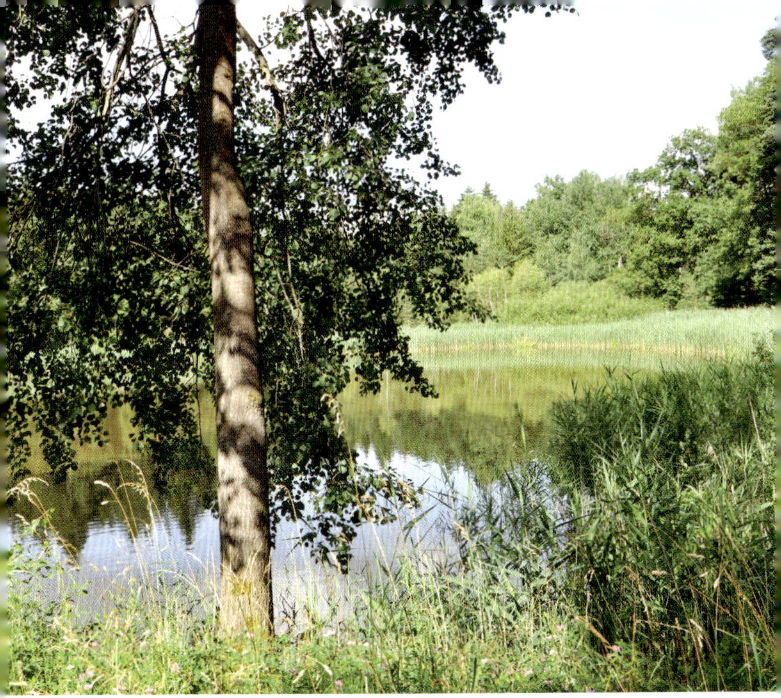

Am Edlauteich

In dieser skandinavisch anmutenden Landschaft wurde 2011 der Beginn des Spielfilms „Der Chinese" nach dem Roman von Henning Mankell gedreht, man stellte das Ortsschild „Hesjövallen" vor dem alten Jagdhaus mit der typischen Holzveranda auf und fertig war die Kulisse.

Wo die Straße vor dem offenen Gelände eine Linkskurve macht, biegen Sie nach rechts in die Forststraße. Bei der folgenden Gabelung nach links und auf der Forststraße bleibend zum großen **Edlauteich** 3 (540 m). Die Teiche sind hier ganz von Wald umgeben, knapp vor dem dahinter liegenden kleinen Karfreitagsteich biegen

Sie nach rechts, beim Querweg danach links zum Amtswiesteich. Beim nächsten Querweg, einer Forststraße, nach rechts und auf dem Damm des **Althöllteichs** ❹, danach rechts. Der Weg führt nun ein Stück entlang der Bahn, bei der Gabelung gehen Sie geradeaus weiter zum Mitterhöllteich, auch dieser dient heute ausschließlich der Fischzucht, etliche Jahre war er der Pürbacher Badeteich. Hier biegen Sie nach links zurück zum nahen **Bahnhof Pürbach** ❶.

Teiche

An die dreißig größere und unzählige kleine Teiche prägen die Landschaft im Nordwesten des Waldviertels. Die Waldviertler Teiche sind „Lebensräume aus zweiter Hand" und wurden schon vor Jahrhunderten zur Fischzucht angelegt, Hauptfischart ist der Karpfen. Er wächst nur sehr langsam und braucht drei Sommer, um ein Speisefisch mit zwei Kilogramm zu werden, seit 1999 ist der „Waldviertler Karpfen" eine geschützte Marke.
Im ersten Zuchtjahr wächst die Fischbrut in kleinen Aufzuchtteichen bis zu einem Gewicht von 50 Gramm heran. Im zweiten und dritten Zuchtjahr kommen die Karpfen in größere Teiche, da sie mehr Platz brauchen. Ein besonderes Ereignis ist das Abfischen im Herbst: Dabei werden

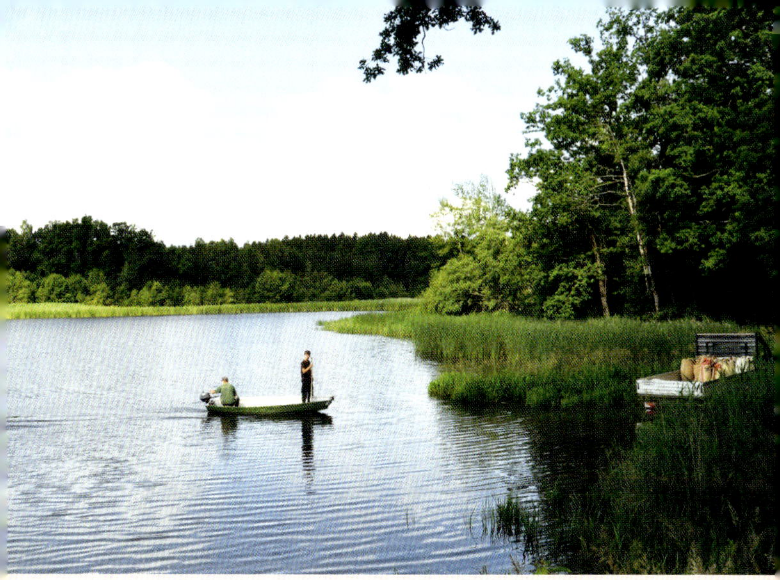

die Teiche fast zur Gänze abgelassen und die Karpfen mit Zugnetzen und Keschern aus dem Wasser geholt.

Viele der Teiche werden heute jedoch nicht mehr zur Fischzucht genutzt, sie sind längst natürliche Biotope geworden, die auch nicht mehr abgelassen werden, um sie jährlich oder im Zweijahreszyklus abzufischen. Einige wurden auch zu Naturschutzgebieten erklärt, eine große Vielfalt an Wasservögeln tummelt sich hier: Stock-, Tafel- und Reiherente, Blässhuhn, Hauben- und Zwergtaucher, Höckerschwan und Graureiher können besonders häufig beobachtet werden, mit etwas Glück sind auch Rohrsänger, Schwirle, Grasmücke, Pieper, Eisvogel, Rohrweihe, Wachtelkönig und Karmingimpel zu sehen.

6

Schrems: Moorwanderung

Durch den Naturpark Hochmoor Schrems

●○○ 6,1 km · 1 ¾ Stunden

Charakter	Naturkundlich interessante, ebene Rundwanderung auf Fahrwegen, Waldwegen und Pfaden.
Start/Ende	3943 Schrems, Moorbad
Markierung	Drei grün, gelb und blau markierte Tut-gut-Wege in unterschiedlichen Längen.
Anfahrt	Vom Schremser Hauptplatz den Wegweisern „Moorbad“ und „Naturpark“ folgen.
Einkehr	Café-Restaurant Moorbad und Café mit Imbiss im Naturparkzentrum.
Information	Im Naturparkzentrum UnterWasserReich (www.unterwasserreich.at)
Sehenswertes	UnterWasserReich

Im 119 Hektar großen Naturpark Hochmoor Schrems findet sich eine wunderbare Teich- und Moorlandschaft, die zwar über Jahrhunderte für den Torfabbau genutzt wurde, aber trotzdem noch immer eine Reihe seltener Tier- und Pflanzenarten birgt. Moorvegetation, Moorteiche, Aussichtsmonument „Himmelsleiter“, Schau-Torfstich und Moortretbecken machen die Wanderung auf den Schremser Moorwanderwegen zu einer attraktiven Rundtour.

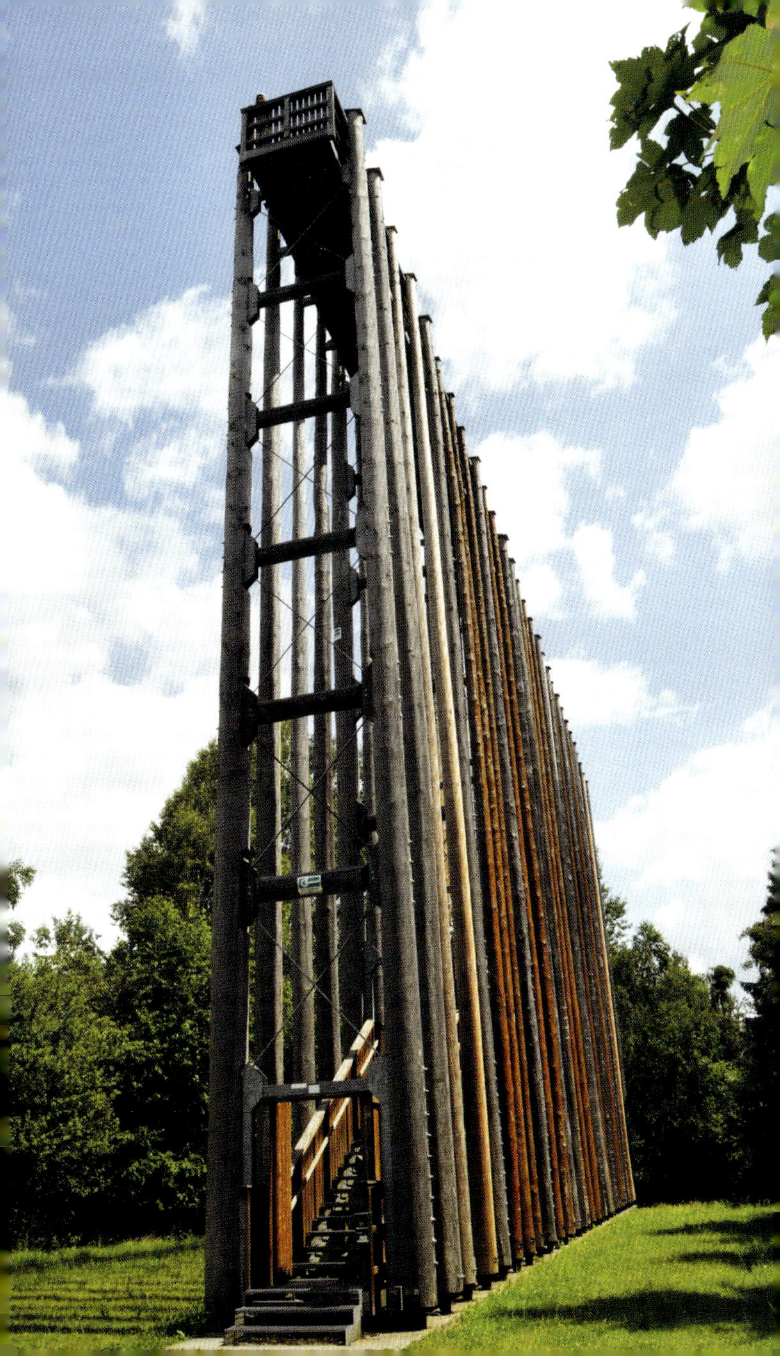

Die markierten Rundwanderwege durch das Schremser Moor starten beim Naturparkzentrum UnterWasserReich (Parkplatz). Empfehlenswert ist es jedoch, die Tour bereits beim **Moorbad** ❶ (535 m, Café-Restaurant mit Parkplatz) zu beginnen und auf dem Wiesenweg in 20 Minuten am schönen Moorbadeteich entlang zum **UnterWasserReich** ❷ zu wandern.
Beim Naturparkzentrum beginnen die drei ausgeschilderten Tut-gut-Routen, die Wege teilen sich erst nach dem Moortretbecken:

Route 1, grün: Hochmoor Schrems, 4,7 km
Route 2, gelb: Naturpark-Wanderung, 6 km
Route 3, blau: Wasser-Wiese-Wald, 9,7 km

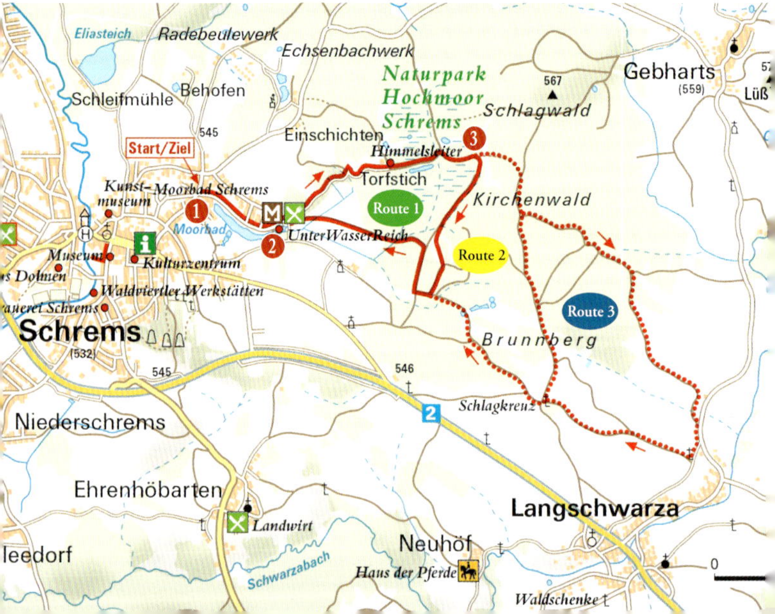

Die Wegweiser leiten Sie vom Parkplatz auf dem oberen Weg Richtung Himmelsleiter. Zu Beginn wandern Sie am Rand des flachen Beckens des ehemaligen Herrenteiches entlang, ein Boot am aufgeschütteten Ufer zeigt das ehemalige Wasserniveau. Ein schöner Weg führt durch den Wald und an Moorwiesen vorbei, nach der Steinhöhle erreichen Sie die Himmelsleiter. Diese Holzkonstruktion besteht aus 58 paarweise angeordneten Fichtenstämmen, 108 Stufen führen zur 33 Meter langen Plattform in über 18 Meter Höhe, von der Sie einen weiten Blick über die Moorlandschaft genießen (frei zugänglich von Anfang April bis Ende Oktober).
Neben dem Aussichtsmonument ist in einer Holzhütte ein Modell des im Dezember 1944 ins Schremser Moor gestürzten deutschen Jagdflugzeuges Messerschmitt Bf 109 ausgestellt.

Die nächste Attraktion am Weg ist der Prügelsteig, ein kurzer Steg in einen Moorteich mit typischer Moorvegetation, ein Paradies für Frösche und Insekten.
Danach gibts beim **Moortretbecken** 3 die Möglichkeit, im Moor zu waten und so auch die Gefahren des Moores zu erahnen.
Dahinter trennen sich die Wege: Route 1 (grün) führt rechts als Pfad durch den Naturpark, teilweise an einem Moorbach entlang, hier erleben Sie das Hochmoor am eindrücklichsten. Bei Route 2 (gelb) wandern Sie in

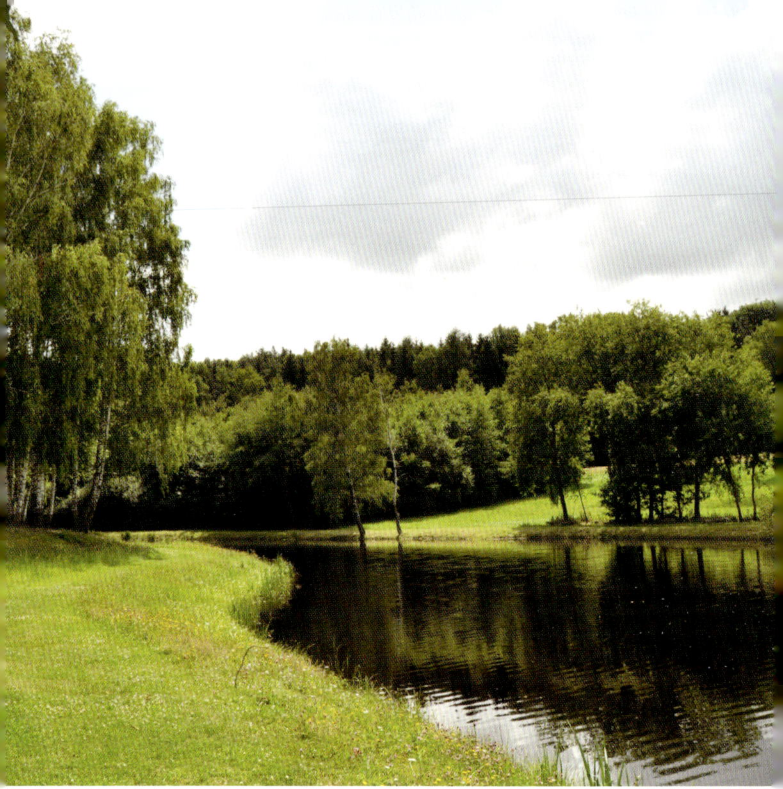

Moorbadeteich

einem längeren Abschnitt durch den Wald, bei Route 3 (blau) ausgedehnt durch Wald und über Wiesen.
Bei allen drei Routen kehren Sie im letzten Abschnitt auf einem Fahrweg durch die Wiesen des trockengelegten Herrenteiches zum **Naturparkzentrum** 2 zurück. Dort empfiehlt sich, das breite Angebot zu nutzen, bevor Sie auf dem Wiesenweg neben dem Moorbadeteich zum Ausgangspunkt zurückkehren.

Naturparkzentrum UnterWasserReich

Der Wassergarten zeigt die Vielfalt der Waldviertler Feuchtgebiete mit ihren typischen Pflanzen wie Seerosen, Wollgras, Torfmoos oder Sonnentau. Beim Rundgang über die Wasserterrassen kann man Frösche, Ringelnattern, Libellen und Schmetterlinge beobachten, eine Mikroskop-Liveshow zeigt die Planktonlebewesen ganz groß. Hauptattraktion sind jedoch zweifellos die Fischotter, die man im begehbaren Otterbau beobachten kann.
Geöffnet: Ende März bis Ende Oktober gegen Eintrittsgebühr, auch Führungen und Otter-Schaufütterungen werden angeboten.
Außerdem verfügt der Naturpark über ein angeschlossenes Café zum Einkehren und einen kleinen Shop.
www.unterwasserreich.at

Moore

Das Waldviertel ist das an Hochmooren reichste Gebiet Österreichs, sie finden sich vor allem im Westen und Nordwesten der Region.
Moore sind feucht-nasse Lebensräume, die sich bei feuchtem Klima bilden, wenn der Untergrund wasserundurchlässig ist. Man unterscheidet Hochmoore und Niedermoore, erstere speisen sich aus dem Regenwasser, letztere aus dem Grundwasser. Typisch sind sogenannte

Bulten, bis 20 Zentimeter hohe Erhebungen, und vernässte Vertiefungen. Die Bildung eines Hochmoores ist ein Prozess, der Jahrtausende dauert: Auf den sauerstoff- und nährstoffarmen Böden siedeln sich spezialisierte Pflanzen an, in der typischen Moorvegetation finden sich das Wollgras oder der fleischfressende Sonnentau, die Moor-Preiselbeere, das Sumpf-Fingerkraut, Sumpf-Labkraut und verschiedene Sumpfgräser. Der Moor-Heidewald weist einen dichten Bewuchs mit Heidekrautarten zwischen Rotföhren, Birken und Faulbaumsträuchern auf. Pflanzenreste, die sich wegen des Sauerstoffmangels nicht vollständig zersetzen, werden in Torf umgewandelt,

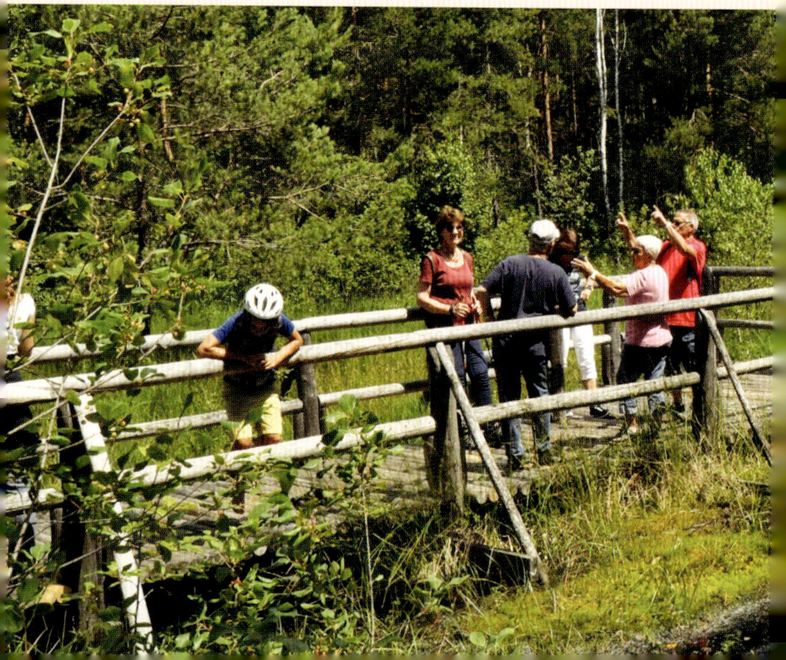

und weil die Produktion von organischem Material größer ist als ihr Abbau, wächst das Moor langsam über den Grundwasserspiegel hinaus, die Torfschicht kann eine Mächtigkeit von bis zu vier Metern erreichen.

Moore haben eine große ökologische Bedeutung, sie zählen aber durch Torfgewinnung, Trockenlegung und Forstwirtschaft zu den am stärksten gefährdeten Lebensräumen in Österreich. Die geltenden Schutzbestimmungen des Natura-2000-Programms erwiesen sich als zu gering, ein verstärktes, länderübergreifendes Schutzprogramm mit Tschechien soll nun einen wirksamen Schutz der wertvollen Landschaften bringen.

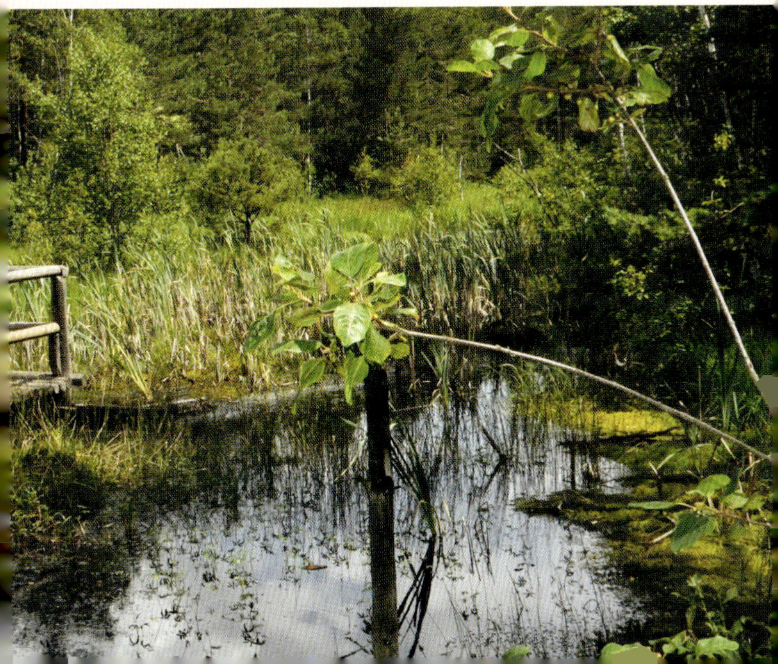

7

Litschau: Um den Herrensee

In Österreichs hohem Norden

●○○ 4,8 km · 1 ½ Stunden · 40 hm

Charakter	Feine Rundtour, immer auf schattigem Uferweg, das Strandbad lädt zum Baden ein.
Start/Ende	3874 Litschau, Stadtplatz am unteren Ende
Markierung	Wegweiser Seeuferrundweg
Anfahrt	Von Gmünd 23 Kilometer auf der L 62
Einkehr	Restaurant Seeblick am unteren Ende des Sees (www.seeblick-weber.at), Restaurant Verweilzeit beim Strandbad am Ostufer (www.litschau.at)
Information	Im Rathaus, Stadtplatz 25 (www.litschau.at)
Hörenswertes	Schrammel.Klang.Festival

Litschau liegt in 534 Meter Höhe westlich der mitteleuropäischen Wasserscheide. Der aus Herrensee und Schönauer Teich kommende Reißbach fließt zur Elbe. Die Anfänge des Herrensees gehen auf die Errichtung der „Herrenwehr“ am Reißbach 1551 zurück, der so entstandene kleine Herrenteich betrieb die Hofmühle. Mit dem Dammbau im Jahr 1887 erreichte er seine heutige Größe von 23 Hektar. Im Zuge der touristischen Entwicklung wurde er zum Herrensee mit Strandbad und Restaurant am Ostufer. Rund um den See findet jährlich im Juli das Schrammel.Klang.Festival statt.

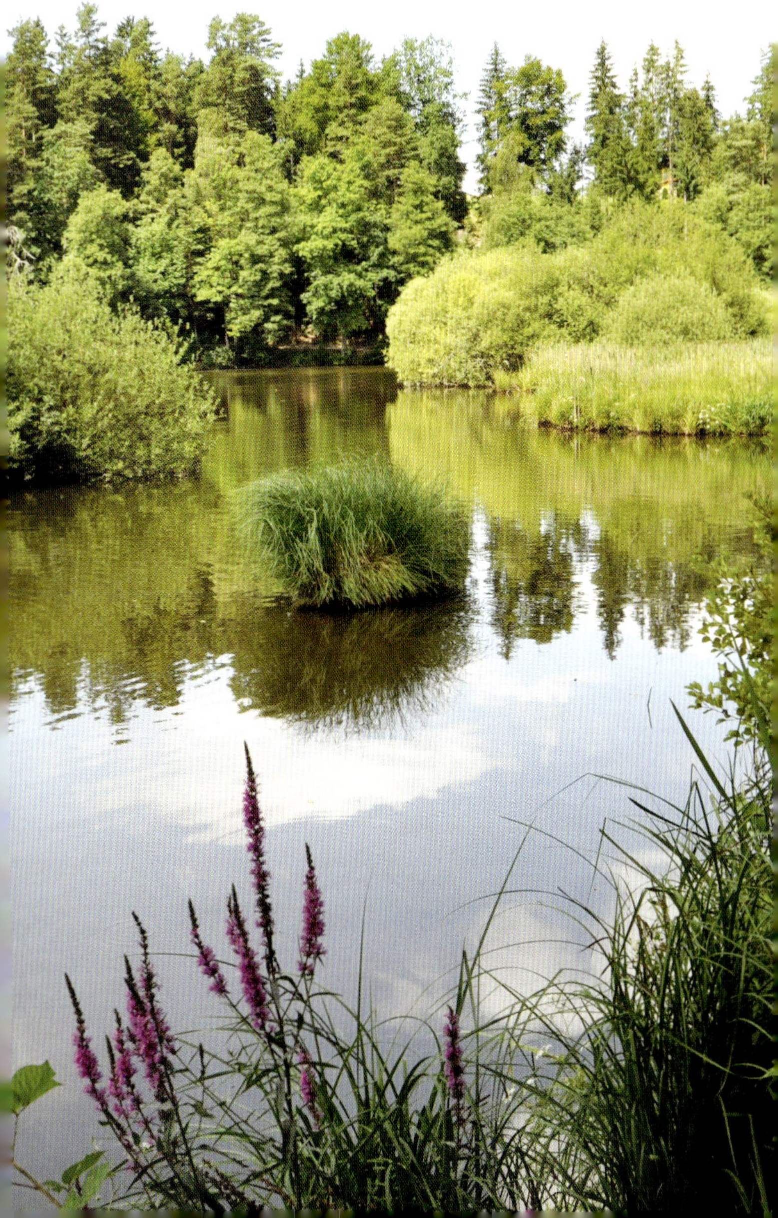

Die Rundwanderung beginnt am unteren östlichen Ende des **Litschauer Stadtplatzes** 1 (530 m, Parkmöglichkeit). Sie gehen vor zum See, biegen nach links und umrunden den See nun im Uhrzeigersinn. Auf dem 1887 errichteten Damm mit alten Eichen kommen Sie zum Auslass mit schönem Blick auf das Schloss. Bei der Hafenbar mit kleinem Bootsverleih gibt es Kaffee und Kuchen, dahinter liegt das Restaurant Seeblick. Auf dem promenadenartigen Uferweg, gesäumt von Birken, Kiefern, Fichten und Eichen, wandern Sie immer entlang des Seeufers, einmal vorbei an einer kleinen Feriensiedlung. Am oberen Ende geht der See langsam in ein

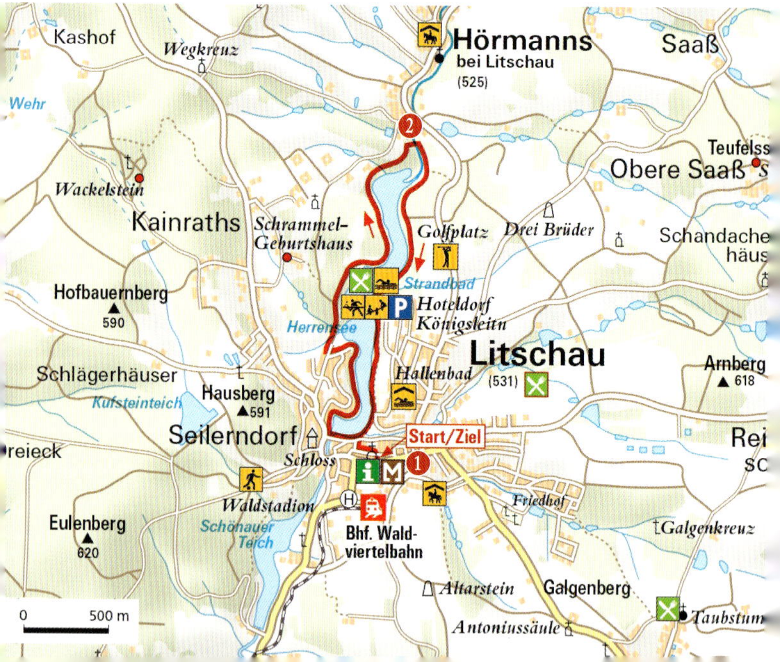

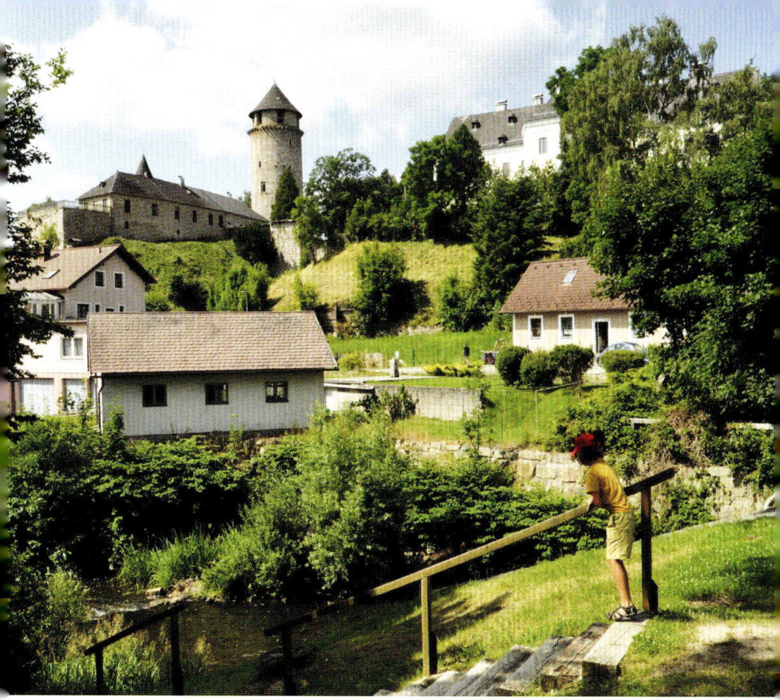

Schloss Litschau

Niedermoor mit Verlandungszonen mit Schilf, Binsen und Röhricht über, hier tummeln sich Frösche, Reiherenten, Tafelenten und viele andere Wasservögel.
Auf einer **Brücke** 2 überqueren Sie den in den See fließenden Reißbach, am Berghang sehen Sie einige Felsen mit typischer Wollsackverwitterung. Etwas später erreichen Sie das Strandbad, bei Badewetter muss man außen herumgehen, sonst führt der Weg mittendurch, der Zugang ist beim Restaurant Verweilzeit, das zur gemütlichen Einkehr lockt.

Danach kommen Sie noch an den Denkmälern der Dichter Karl Zimmel und Robert Hamerling vorbei, bevor sich die Runde schließt und Sie wieder beim **Ausgangspunkt** ❶ angelangt sind.

Litschau – Schrammelmusik

Die planmäßig angelegte Stadt Litschau ist die nördlichste Stadt Österreichs, im Jahr 1386 wurde die 1215 als Grenzbefestigung errichtete Burgsiedlung zur Stadt erhoben. In diese Zeit fällt auch der Umbau der ursprünglich romanischen Pfarrkirche St. Michael zu einer monumentalen gotischen Hallenkirche, einige gotische Fresken wurden bei der letzten Renovierung wieder freigelegt. Die Mitte des abfallenden Stadtplatzes ziert der Schrammelbrunnen, am westlichen Ende der Stadt thront das Schloss auf einem Felsen. Sein heutiges Erscheinungsbild ist von mehreren Erweiterungen geprägt, neben der eigentlichen Kernburg mit dem Hungerturm steht das „Neue Schloss“ aus dem 18. Jahrhundert, es ist in Privatbesitz und kann nicht besichtigt werden.

Der berühmteste Litschauer ist Kaspar Schrammel, der hier im Jahr 1811 geboren wurde. Er war Weber und trat als Klarinettist bei dörflichen Festen auf. 1846 übersiedelte er nach Wien und widmete sich nun ganz der

Musik, ebenso seine beiden berühmten Söhne Johann und Josef. 1878 gründeten sie ein kleines Ensemble, mit dem sie volkstümliche Tänze, Märsche, Walzer und Lieder spielten. Die typische Besetzung waren zwei Geigen, eine Kontragitarre und eine Klarinette, später kam noch die Knopfharmonika dazu. Die Schrammelmusik wird vor allem durch weinende (raunzende), melancholische, aber trotzdem chansonartig beschwingte Instrumentierung charakterisiert. Mit ihrer Art, Wienerlieder zu spielen, erlangten die Schrammeln so große Berühmtheit, dass schon zu ihren Lebzeiten das Wienerlied unter der Bezeichnung „Schrammelmusik" bekannt war.
Diesem Erbe – auch in neuem Gewand – widmet sich das beliebte Schrammel.Klang.Festival am Herrensee.

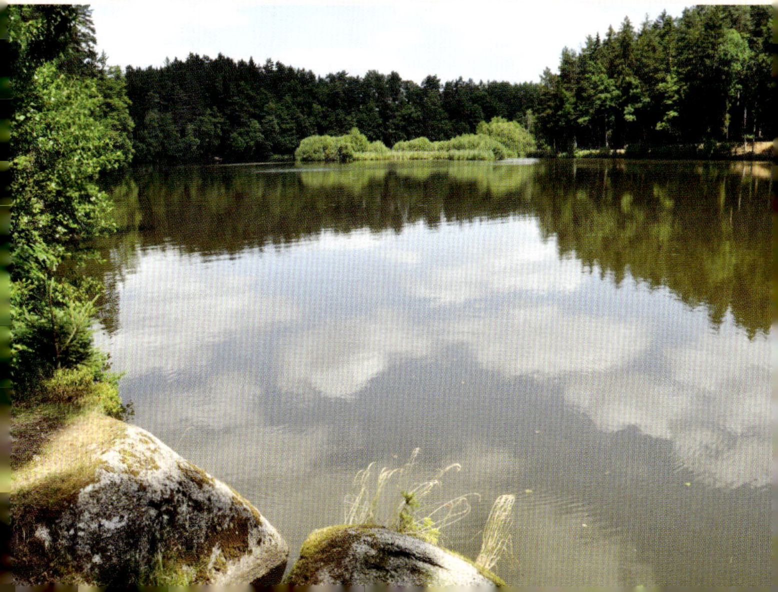

8

Von der Hahnmühle nach Raabs

Entlang der Deutschen Thaya

●◐○ 11,1 km · 2 ¾ Stunden · 50 hm

Charakter	Erholsame Rundwanderung, Hinweg auf schattigem Uferweg, Rückweg über die Hochebene überwiegend sonnig.
Start/Ende	3820 Hahnmühle
Markierung	Hinweg bis Raabs Weg Nr. 630, Rückweg bis zur T-Kreuzung Weg Nr. 611, abschnittsweise auch Themenwege wie Romantikweg oder Graselweg
Anfahrt	Von der Bundesstraße abzweigen Richtung Liebnitzmühle, Parkmöglichkeit auf dem Talboden bei der Hahnmühle. Einstieg auch in Raabs möglich.
Einkehr	Hotel-Restaurant „Thaya" (www.stadthotel-raabs.com), Wirtshaus Raffetseder (+43 [0]2846 216), Raabser Stadtkrug (www.zwickl-holz.at/raabser-stadtkrug)
Information	Im Raabser Rathaus, Hauptstraße 25 (www.thayatal.com)
Sehenswertes	Burg Raabs

Der offizielle, 181 Kilometer lange Thayatal-Wanderweg Nr. 630 vom Nebelstein nach Retz ist kein durchgängig begehbarer Uferweg, oft schneidet er Schlingen ab, führt über Höhen und durch Wälder. Von der

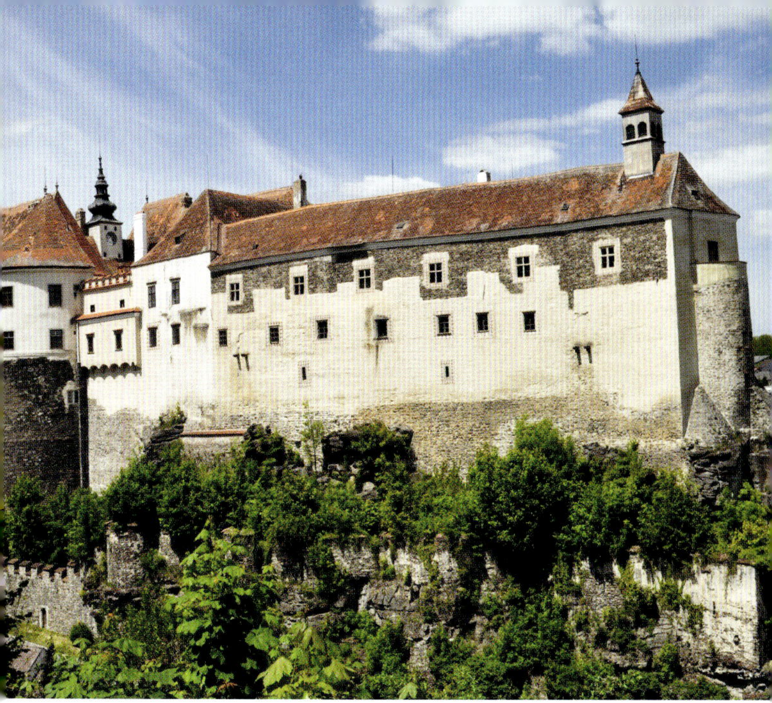

Burg Raabs

Hahnmühle bis nach Raabs verläuft er aber am Ufer der deutschen Thaya entlang, es ist eine der schönsten Passagen des Weitwanderweges.
Der attraktive Weg und Einkehrmöglichkeiten in Raabs machen die Tour zu einer Genusstour.

Gleich nach der **Hahnmühle** 1 (435 m) beginnt der romantische Thaya-Uferweg Nr. 630 zwischen Felsen und Fluss, bei der Abzweigung vor der **Reismühle** 2 mündet der Rückweg gegen Ende der Tour wieder in den Uferweg. Bei der ehemaligen Reismühle wird das Wasser heute zur Energiegewinnung genutzt. Weiter geht es entlang der Thaya, auf einem Treppenweg und dann Pfad umgehen Sie einen Uferfelsen, bevor Sie beim Wasserwerk der Gemeinde Raabs die Abzweigung des direkten Weges von Oberndorf erreichen (Tut-gut-Weg, Rastplatz).

Weiter direkt am Fluss entlang und bei einer Gabelung auf den rechten Weg, er führt mit kurzem Aufstieg zu einem überdachten Rastplatz auf einem Uferfelsen mit herrlichem Thayablick.

Dann geht es wieder hinunter zum Fluss, kurz auf einem Fahrweg, Sie biegen in den ersten Pfad links ein und

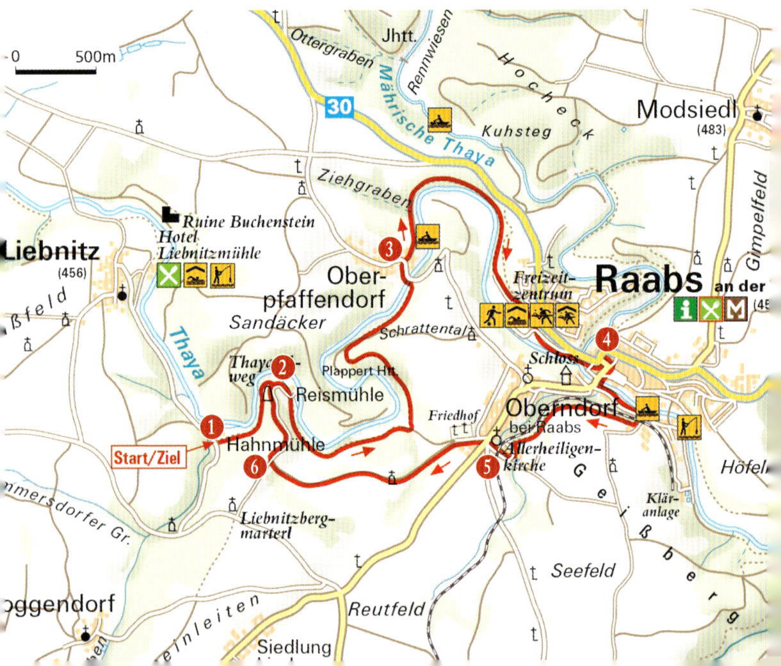

erreichen bald die Brücke nach **Oberpfaffendorf** 3, wo Sie auf die linke Uferseite wechseln. Beim Bauernhaus rechts, kurz danach passieren Sie die ehemalige Abdeckerei, wo im 18. Jahrhundert von der Familie Grasel Tierkadaver verwertet wurden.
Auf dem anschließenden Uferweg bis Raabs rücken die Felsen oft nah an den Fluss, vom Tennisplatz vor Raabs bietet sich ein erster freier Blick auf die imposante Nordfassade der Burg. Nach dem Vitalbad führt der Weg über die Holzbrücke, durch den ehemaligen Meierhof unterhalb des Burgfelsens und dann über die Straßenbrücke zum Hauptplatz von **Raabs an der Thaya** 4 (410 m).

Nach einer möglichen Einkehr gehen Sie über die Thayabrücke zurück und links durch die Bahnstraße. Bei der Kehre vor dem Lagerhaus auf dem ehemaligen Bahnhofsgelände biegen Sie rechts in den Radweg und folgen diesem zehn Minuten, von einem Rastplatz gegenüber der Burg bietet sich ein eindrucksvoller Blick auf die langgestreckte Südseite der Burganlage. Bei der Querstraße verlassen Sie den Radweg, schwenken nach rechts zur Hauptstraße und wieder nach rechts. Nach 20 Metern bei der spätgotischen Allerheiligenkirche von **Oberndorf** 5 (455 m) queren Sie die Hauptstraße und biegen in die Seitenstraße. Hier gehen Sie rechts an der Tankstelle vorbei (Weg Nr. 611). Vor dem Friedhof

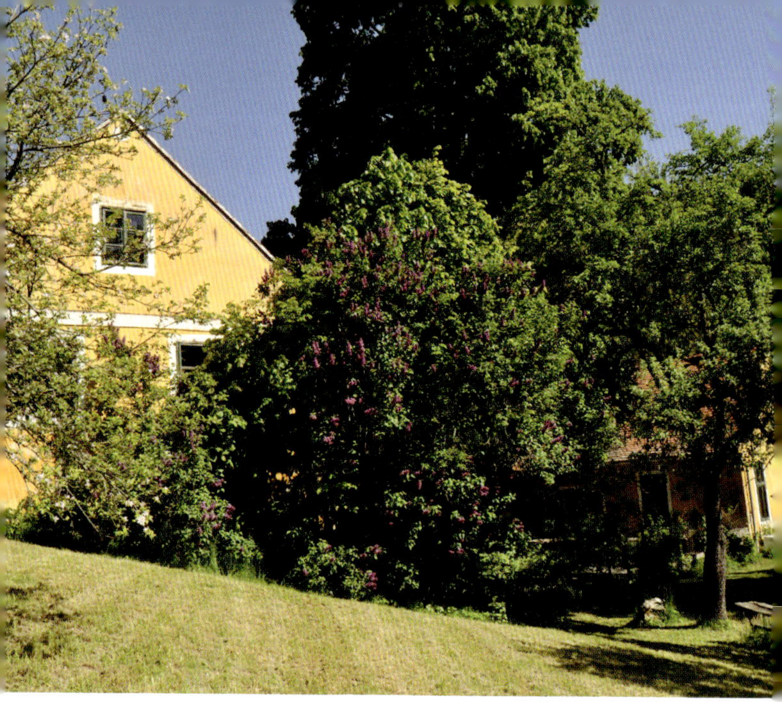

Die Reismühle

wählen Sie den linken Weg leicht abfallend, bei der nächsten Gabelung geht es wieder links, der Feldweg (Tut-gut-Weg) geradeaus führt direkt zur Thaya, er bietet an heißen Tagen mehr Schatten.

Über die Hochebene wandern Sie nun weiter bis zu einer **T-Kreuzung** 6, verlassen den Weg Nr. 611 und biegen hier nach rechts. Der Fahrweg trifft vor der Reismühle auf den Uferweg, auf dem Sie nach links wieder zum Ausgangspunkt an der **Hahnmühle** 1 zurückkehren.

Räuberhauptmann Grasel

Der berüchtigte Räuberhauptmann Johann Georg Grasel (1790–1818) ist eine Gestalt, die durch viele Jahrzehnte die Fantasie der Menschen im Waldviertel beschäftigte, unzählige Geschichten ranken sich um ihn. Er stammte aus armen Verhältnissen, als Sohn eines Abdeckers gehörte er zu den Außenseitern der Gesellschaft. Abdecker waren für die Beseitigung von Tierkadavern zuständig, aus denen Leim, Knochenmehl, Seife oder Bleichmittel gewonnen wurden. Abdecker waren ständig von Armut bedroht und hatten kaum Chancen gesellschaftlich aufzusteigen, eher glitten sie in das kriminelle Milieu ab. So auch der berüchtigte Räuberhauptmann Johann Grasel, der von Diebstählen, Raub, Betrug und Hehlerei lebte. Dabei scharte er eine Bande um sich, was ihm den Ruf eines gefürchteten Räuberhauptmanns einbrachte. Für seine 205 Straftaten mit zwei dadurch verursachten Todesfällen wurde er 1818 in Wien hingerichtet.

In der Volksüberlieferung wurde er postum und ohne reale Basis als edler Räuber stilisiert und oft gezielt als Touristenattraktion vermarktet, Erzählungen und Theaterstücke wurden über ihn geschrieben, Höhlen, Themenwege, Wirtshäuser und Heurige nach ihm benannt. 1969 wurde der Stoff unter dem Titel „Die Moritat vom Räuberhauptmann Johann Georg Grasel“ auch verfilmt.

9

Raabs an der Thaya

Spaziergang an der mährischen Thaya

●○○ 4,8 km · 1 ¼ Stunden · 20 hm

Charakter	Romantischer Flussspaziergang.
Start/Ende	3820 Raabs, Hauptplatz
Markierung	Tut-gut-Weg 1
Anfahrt	Raabs liegt an der B 30 an der Thaya
Einkehr	Hotel-Restaurant „Thaya" (www.stadthotel-raabs.com), Wirtshaus Raffetseder (+43 [0]2846 216), Raabser Stadtkrug (www.zwickl-holz.at/raabser-stadtkrug)
Information	Im Raabser Rathaus, Hauptstraße 25 (www.thayatal.com)
Sehenswertes	Burg Raabs

Ein besonders schöner Spaziergang lässt sich an den Ufern der Mährischen Thaya bei Raabs unternehmen. Bis zu 40 Meter hohe Gneisfelsen begleiten anfangs das Ufer, man geht ein Stück ins Tal hinein und am Ende über die „Winterleite" nach Raabs zurück. Nach der kurzen Wanderung bleibt dann noch Zeit für eine Besichtigung der Raabser Burg, eine der interessantesten Österreichs.

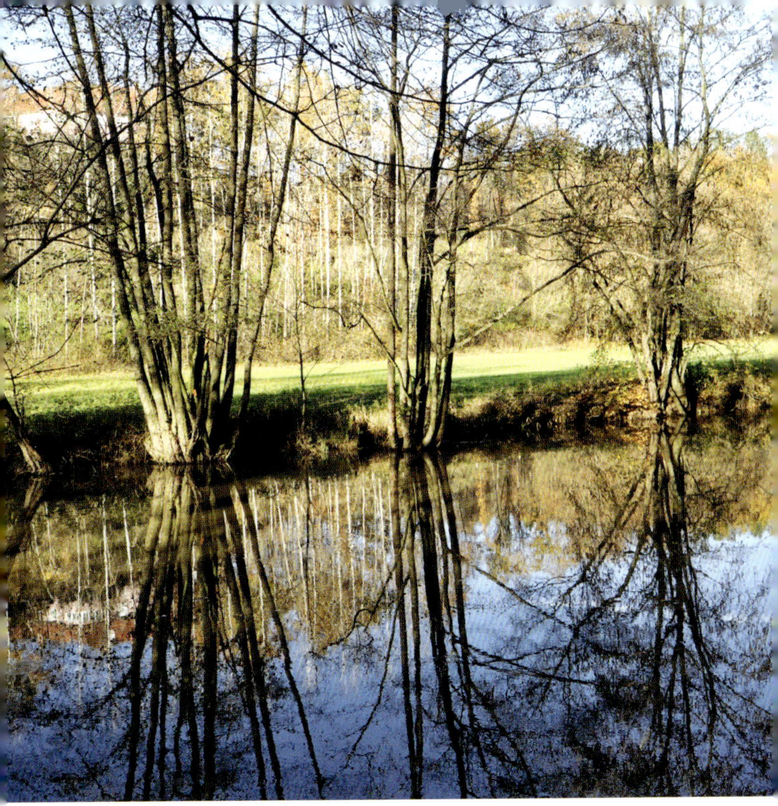

Mährische Thaya

Vom **Hauptplatz** ❶ (410 m) folgen Sie der Hauptstraße vorbei an der Raabser Weinstube Richtung Drosendorf. Nach der Kurve leitet Sie der Wegweiser „Thayarunde“ nach links in den Modsiedlersteig, bei der Gabelung geht es dann geradeaus auf dem Tut-gut-Weg. Bald beginnt der malerische, anfangs von Felsen gerahmte Weg entlang der Mährischen Thaya. Bei einer **Unterstandshütte** ❷ zweigt der Tut-gut-Weg 1 nach links ab, Sie folgen aber noch weitere 20 Minuten dem Tut-gut-Weg 2 geradeaus weiter am Fluss entlang. Immer nahe der Thaya geht's durch Lichtungen und am Waldrand zu einem Hangpfad oberhalb von Felsen und dann wieder auf einem Fahrweg durch flaches Terrain. Wo der **Fahrweg** 3 (420 m) ein Knie macht und nach rechts hinaufbiegt, endet die ge(h)mütliche Strecke und Sie kehren auf demselben Weg zurück bis zur **Unterstandshütte** 2 und der Abzweigung.

Hier folgen Sie nun dem Tut-gut-Weg 1 und biegen nach rechts über die Holzbrücke auf die andere Uferseite. Auf einem ähnlich schönen Uferweg wandern

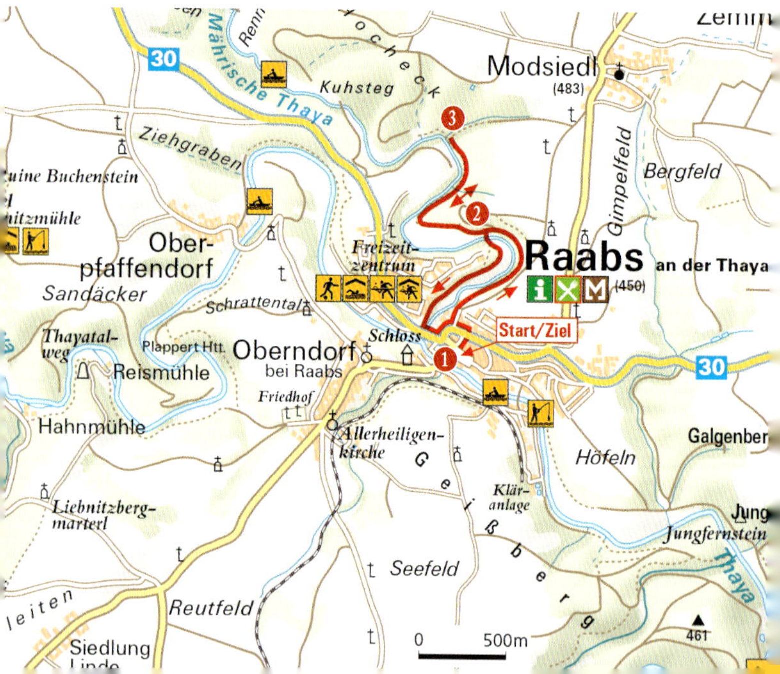

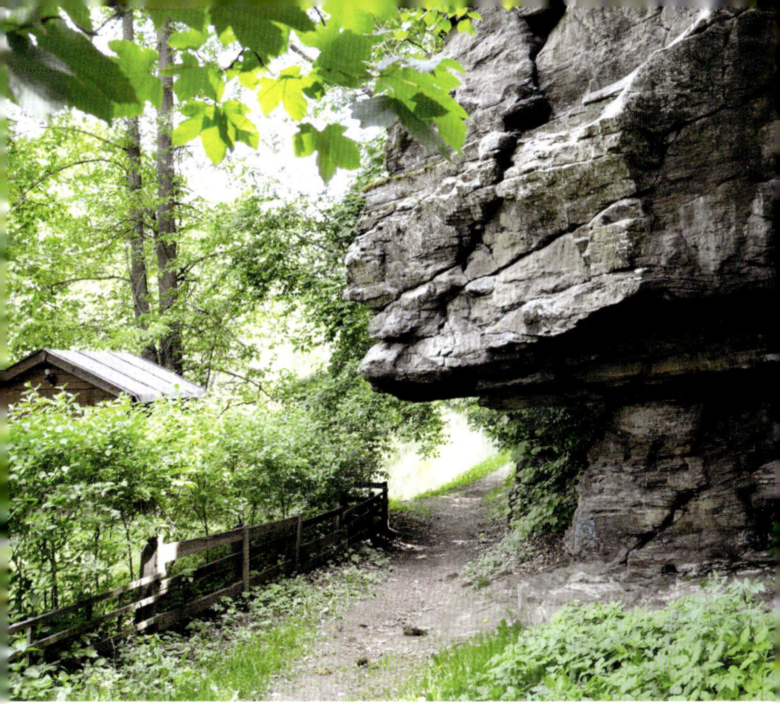

Weg an der Mährischen Thaya

Sie nun zurück nach Raabs, von der Straße bietet sich ein imposanter Blick zur Burg, bevor Sie ins Zentrum zurückkehren.
Attraktive Einkehrmöglichkeiten bieten das Hotel-Restaurant „Thaya“ mit Thayaterrasse, bekannt für seine Fischgerichte, das Wirtshaus Raffetseder, eine besondere Spezialität ist hier das Blunzengröstl, und das traditionsreiche Wirtshaus „Raabser Stadtkrug“ an der Hauptstraße beim Zusammenfluss der Deutschen und Mährischen Thaya.

Burg Raabs

Das Städtchen Raabs liegt in einer Talmulde am Zusammenfluss der Deutschen und Mährischen Thaya, überragt und beherrscht von der Burg Raabs aus dem 11. Jahrhundert. Die auf einem steil zur Thaya abfallenden Felsen errichtete Burg war eine der wichtigsten babenbergischen Befestigungen an der alten Grenze zu Böhmen. In Tschechien ist sie Namensgeberin für den Staat Österreich, dort heißt Österreich „Rakousko“, was so viel wie „Land hinter Raabs“ bedeutet. Im Lauf ihrer 900-jährigen Geschichte wurde sie unter wechselnden Besitzern und Stilepochen immer weiter ausgebaut und verändert, ihr heutiger Besitzer ist der Verleger Richard Pils.

Alles, was man sich von einer interessanten Burg erwartet, findet man hier: Steinbrücke über den Burggraben, von Arkaden gesäumter Vorhof, Bergfried, spitze Kegel- und steile Flankendächer, Burgkapelle, ein 40 Meter tiefer Brunnen, kleiner und großer Rittersaal, Rokokokamine, steinerne Wendeltreppen, schmiedeeiserne Türen …

Zu besichtigen nur mit Führung.
www.bibliothekderprovinz.at

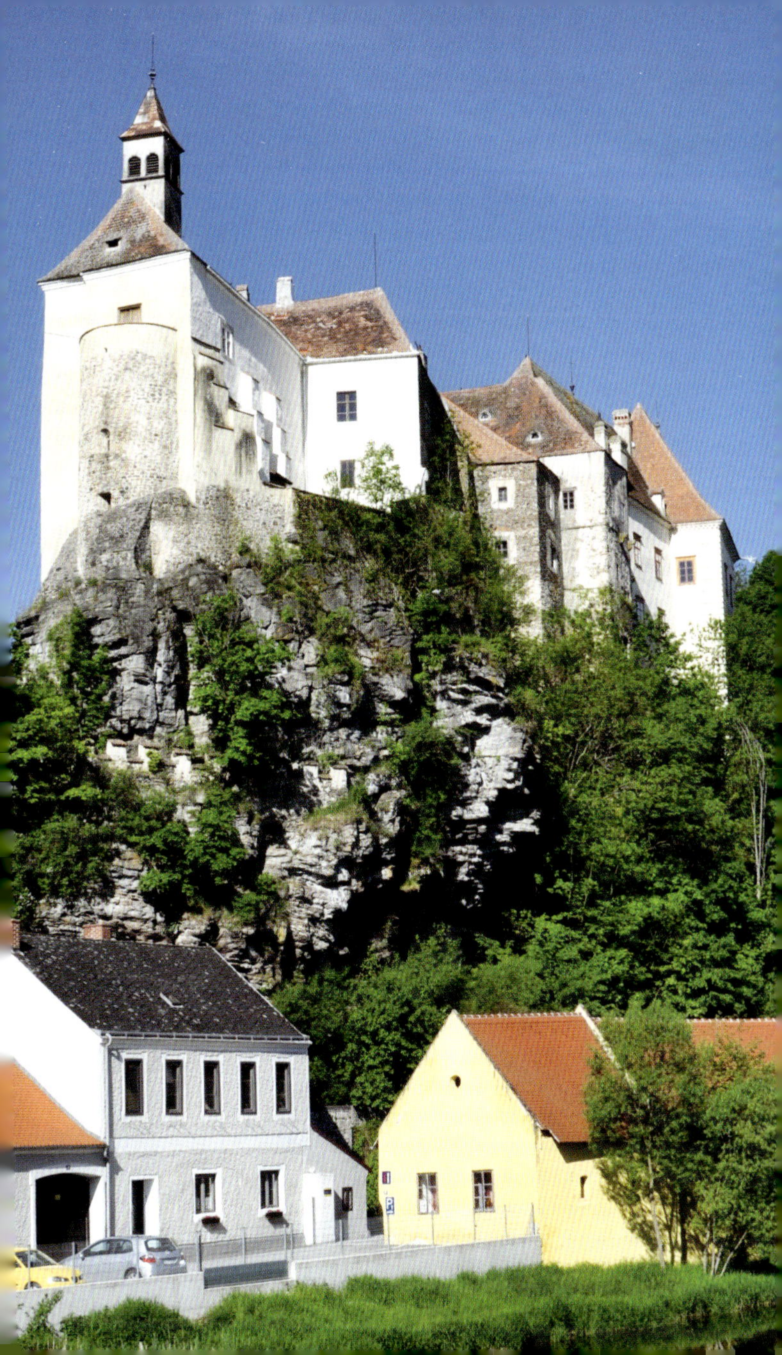

10

Raabs an der Thaya: Ruine Kollmitz

Ins romantische Thayatal

●●◐ 13,3 km · 4 Stunden · 220 hm

Charakter	Landschaftlich und kulturhistorisch interessante Rundwanderung auf guten Wegen, im ersten Abschnitt überwiegend schattig, im zweiten überwiegend sonnig. Ein romantischer Uferweg eröffnet die Tour, herrliche Aussichten bieten dann das Klinger-Mausoleum und der Uhufelsen, in der Ruine Kollmitz wird das Mittelalter lebendig.
Start/Ende	3820 Raabs, Hauptplatz
Markierung	Der Rundweg ist als Ritterweg Nr. 60 ausgeschildert, jedoch ohne die empfehlenswerte Schleife über Kollmitzdörfl, Mausoleum und Uhufelsen, die hier beschrieben wird.
Anfahrt	Raabs liegt an der B 30 an der Thaya.
Einkehr	Im Sommer Buffet in der Ruine Kollmitz (www.kollmitz.at), in Raabs: Hotel-Restaurant „Thaya“ (www.stadthotel-raabs.com), Wirtshaus Raffetseder (+43 [0]2846 216), Raabser Stadtkrug (www.zwickl-holz.at/raabser-stadtkrug)
Information	Im Raabser Rathaus, Hauptstraße 25, (www.thayatal.com)
Sehenswertes	Ruine Kollmitz, Aussichten vom Klinger-Mausoleum und Uhufelsen

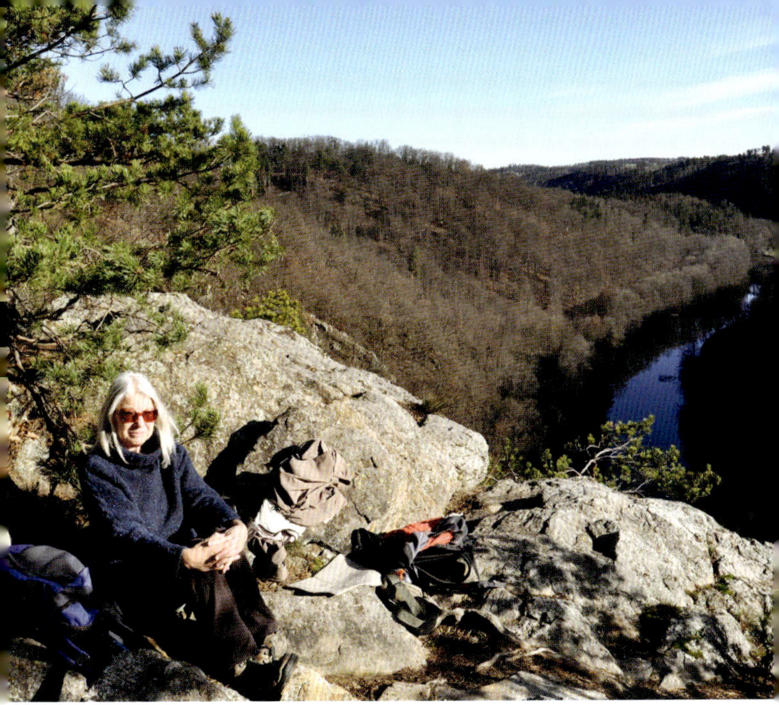

Blick vom Uhufelsen ins Thayatal

Das kleine Städtchen Raabs am Fuß der Burg war mit dieser jahrhundertlang eng verbunden, im Dreißigjährigen Krieg brannte es fast vollständig ab und musste neu aufgebaut werden. Landwirtschaftliche Märkte verliehen ihm regionale Bedeutung, durch den Anschluss an das Bahnnetz entwickelte sich Raabs im 20. Jahrhundert zu einer beliebten Sommerfrische, 1926 wurde der Markt zur Stadt erhoben. Die Stichbahn wurde 2001 aufgelassen, die Gleise demontiert, auf dem alten Bahndamm verläuft nun ein Abschnitt des Thayatal-Radweges.

Vom **Hauptplatz in Raabs** 1 (410 m) wandern Sie auf der Hauptstraße (Dauerparkmöglichkeit) zum Feuerwehrhaus und hier rechts in den Kollmitzsteig mit einigen schönen Villen aus der Zeit der Sommerfrische. Der Steig geht am Ende in den promenadenartigen und von Linden und Kiefern gesäumten Uferweg über. Zwischen Felsen und Talwiesen wandern Sie an der Thaya entlang, nach dem Jungfernstein beginnt bei der Lichtung Bruckgraben der Anstieg auf breitem Weg durch die bewaldete Wirtleiten zu den Äckern und Wiesen vor Kollmitzdörfl. Nach einem Obstgarten zweigt rechts die direkte Route Nr. 60 zur Ruine Kollmitz ab, lohnender ist die Schleife über Kollmitzdörfl, Mausoleum und Uhufelsen.

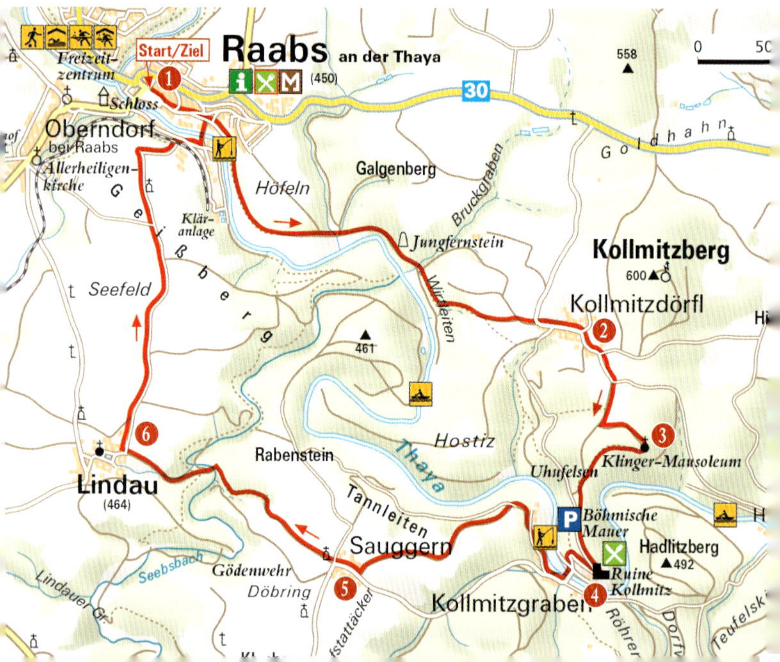

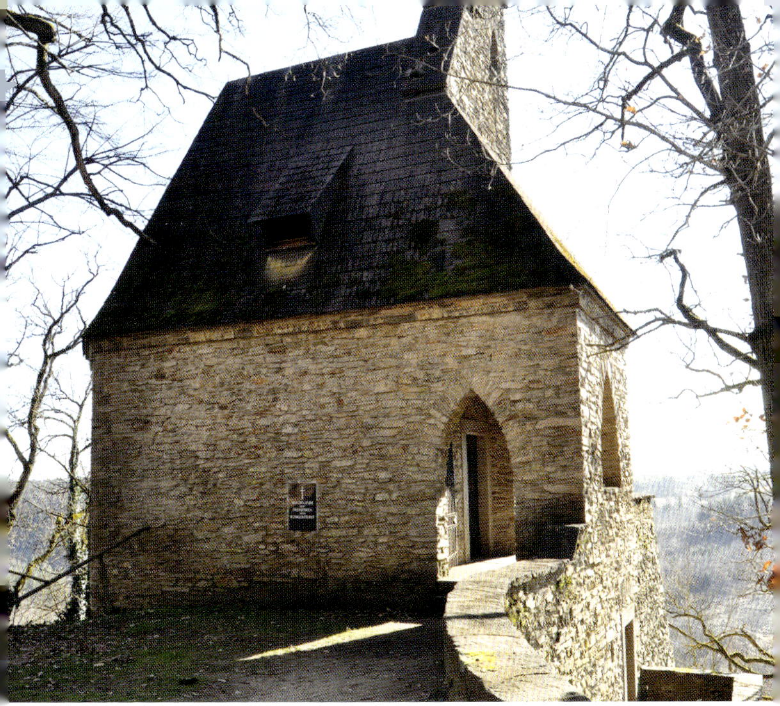

Klinger-Mausoleum

Von der Abzweigung gehen Sie also geradeaus weiter nach **Kollmitzdörfl** ❷, das sich aus einem Meierhof der Burg Kollmitz entwickelt hat. Bei der Statue des heiligen Nepomuk vor einer alten Linde (Naturdenkmal) nun geradeaus und danach bei der Gabelung rechts (Wegweiser „Mausoleum"). Am Ortsende auf dem Fahrweg zum Waldrand, dort links und an der Ecke rechts durch den Wald zum **Klinger-Mausoleum** ❸ (520 m). Von der kleinen Terrasse bietet sich ein herrlicher Blick über das tief eingeschnittene Thayatal gegen die Haidlmühle.

Das aus Bruchsteinen errichtete zweigeschoßige Bauwerk mit Glockenturm und Terrasse ließ der Raabser Burgherr nach einer Familientragödie 1926 errichten. Die verbotene Liebe der Gattin des Barons Klinger zu einem jungen russischen Prinzen endete tragisch, beim Duell zwischen Klinger und dem Prinzen wurden beide schwer verletzt, darauf beging die Baronin Selbstmord. Der Prinz starb, Baron Klinger überlebte und ließ das Mausoleum als Bestattungsort der Familie erbauen.
Nun geht es wieder wenige Meter zurück und beim Wegweiser zur Ruine nach links in den Pfad, er führt durch Mischwald am Hang entlang und über einen Hügel. Bei einer Abzweigung (Wegweiser in beide Richtungen) machen Sie links den kurzen Abstecher zum Uhufelsen. Von dem mit Kiefern bestandenen Naturmonument genießen Sie den schönsten Blick auf die Hadlitzbergschlinge der Thaya, die pannonische Flora erinnert an südliche Landschaften, Vorsicht mit Kindern, die Felswände fallen senkrecht ab!

Nun kehren Sie wieder zur Abzweigung zurück, auf dem Pfad gelangen Sie anschließend bald zur Schotterstraße und zur Böhmischen Mauer. Diese mächtige Schutzmauer wurde im 15. Jahrhundert erbaut, sie riegelte den Zugang 350 Meter vor der Burg Kollmitz ab, der Torturm war mit Graben und Zugbrücke gesichert.

Nach der Besichtigung der **Ruine Kollmitz** 4 wandern Sie auf der Zufahrtsstraße hinunter zur kleinen Siedlung Kollmitzgraben (393 m) eine alte Guts- und Handwerkersiedlung, die früher über eine Mühle, einen Meierhof, ein Brauhaus und eine Schmiede verfügte. Die Mühle wurde 1882 zu einem Sägewerk und 1924 zu einem Kleinkraftwerk umgebaut, das, modernisiert, heute noch in Betrieb ist.

Von der Thayabrücke bietet sich noch eine Aussicht auf die wie aus dem Felsen gewachsene gesamte Burganlage. Am Ortsende gehen Sie beim E-Werk geradeaus auf dem noch kurz asphaltierten Güterweg weiter, nach einem moderaten Anstieg erreichen Sie das kleine Angerdorf **Sauggern** 5 (475 m) mit seinem hölzernen Glockenturm. Auf einem Feldweg wandern Sie zum Wald und biegen dort links hinunter zum romantischen Seebsbachtal. In dem bewaldeten felsigen Halbrund überqueren Sie den Bach auf einem Steg und wandern auf einem Fahrweg hinauf nach **Lindau** 6. Vor dem Dorf geht es jetzt nach rechts und auf asphaltiertem Agrarweg über die Hochfläche zurück nach Raabs. Vom Lagerhaus/Silo, hier war der ehemalige Bahnhof, hinunter zum Thayasteg. Dieser Eisensteg wurde 1904 als direkte Verbindung vom Bahnhof zu den Villen am Nordufer der Thaya erbaut und bietet eine schöne Durchsicht zur Raabser Burg.

Vom Kollmitzsteig über die Hauptstraße gelangen Sie wieder zurück zum **Hauptplatz** ❶ mit mehreren Einkehrmöglichkeiten.

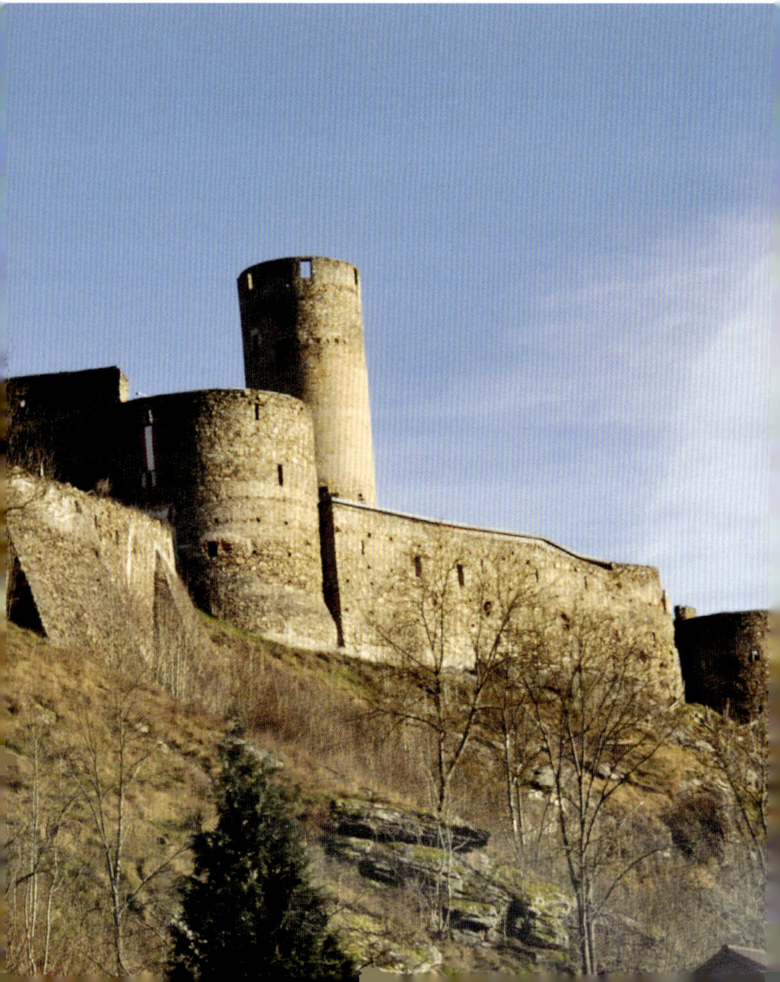

Ruine Kollmitz

Die romantischste und größte Ruine des Waldviertels ist jene von Kollmitz. Einst war sie eine der größten Burganlagen und wurde von Hermann von Cholmucze im 12. Jahrhundert zur Grenzverteidigung gegen Böhmen in einer Schleife der Thaya auf einem Felsen erbaut. Ihre wechselhafte Geschichte endet im 18. Jahrhundert. Warum die Burg damals aufgegeben wurde, ist bis heute nicht eindeutig geklärt. Vielleicht wurde sie durch einen Brand zerstört oder die Dachsteuer (wurde nach der Dachgröße bemessen) war zu hoch, vielleicht war sie dem letzten Besitzer auch einfach zu groß und wurde nicht mehr benötigt. Nach ihrer Auflassung diente sie jedenfalls als Steinbruch, viele Bauernhäuser und auch die Kirche von Großau sind aus ihren Steinen erbaut worden.

Heute stehen dennoch einige imposante Reste der gewaltigen Hauptburg und zweier Rundtürme. Dass Kollmitz einst eine prächtige Feste gewesen sein muss, zeigen die repräsentative Toranlage und der hohe Hungerturm. Die Ruine kann das ganze Jahr über besichtigt werden, die Jausenstation hat nur im Sommer bei Schönwetter geöffnet. Auskünfte, auch über Führungen: +43 (0)664 4615881

11

Nationalpark Thayatal: Einsiedlerweg

Zur Thaya und durch die kleinste Stadt Österreichs

●●○ 8,6 km · 2 ¾ Stunden · 180 hm

Charakter	Abwechslungsreiche Rundtour im Thayatal durch Hangwälder, über zwei hervorragende Aussichtspunkte, am Ufer der Thaya entlang und durch die kleine Stadt Hardegg zur großen Burg. Schattige Waldwege und -pfade, ein steiler Abstieg auf gesichertem Steig.
Start/Ende	2082 Hardegg, Nationalparkhaus
Markierung	Der Rundweg ist als Einsiedlerweg Nr. 2 (blaue Wegweiser) ausgeschildert
Anfahrt	Das Nationalparkhaus befindet sich an der L 38 am Plateau zwischen Merkersdorf und Hardegg
Einkehr	Restaurant im Nationalparkhaus (www.np-thayatal.at); Hardegg: Gasthaus Thayabrücke (www.thaya-bruecke.at), Gasthaus Hammerschmiede (www.gasthof-hammerschmiede.com)
Information	Im modernen Nationalparkhaus gibt es eine Fülle von Ausstellungen und Interessantes (z. B. eine Wildkatzenanlage), außerdem eine E-Ladestation und ein Café-Restaurant (Ende März bis Ende Okt.) www.np-thayatal.at
Sehenswertes	Stadt und Burg Hardegg

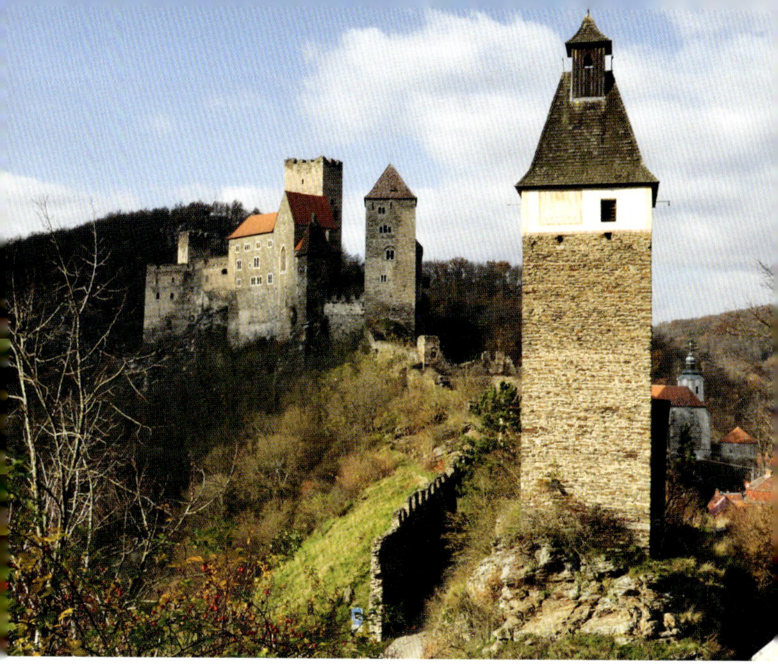
Hardegg: Uhrturm und Burg

Kleinräumig gibt es hier sehr viel zu erleben, die Gegend wirbt besonders mit zwei Superlativen: Der Nationalpark Thayatal ist mit 13,3 Quadratkilometern der kleinste Nationalpark und Hardegg ist mit nicht einmal 100 Einwohnern (Hauptwohnsitz) die kleinste Stadt Österreichs – auch das macht die Region zu einem kleinen Paradies für Wanderfreunde.

Vom **Nationalparkhaus** ❶ (419 m) gehen Sie vor zur Einfahrt und biegen links in den Güterweg, Wegweiser „Einsiedlerweg Nr. 2" zum Wald. Rechts liegt ein Feld mit Chinaschilf, dem auffälligen asiatischen Riesengras, das der Energieerzeugung dient. Im ersten Abschnitt ist der Weg auch als Wildkatzenweg mit Infotafeln über die hier wieder lebenden Wildkatzen ausgeschildert.

Auf breitem Weg wandern Sie leicht abwärts durch den Hangwald des Ochsengrabens, nach der Kreuzung mit dem Thayatalweg geradeaus weiter auf dem Hohlweg hinunter zur Oberen Bärenwiese an der Thaya. Am Prallhang gegenüber ragen steile Felsen auf. Der Weg macht einen Linksknick und führt eben zum schönen Rastplatz am Fuß des **Einsiedlerfelsens** ❷ (285 m). In zwölf Metern Höhe befinden sich die Reste einer gemauerten Einsiedlerklause auf einem Felsvorsprung. Der Sage nach soll Uto von Hardenstein die Klause erbaut und hier als Buße für eine Bluttat ein Einsiedlerleben geführt haben.

Sie gehen nun fünf Minuten auf dem Herweg zurück und biegen bei der Abzweigung rechts die Stufen hinauf Richtung Aussichtspunkt (Wegweiser).

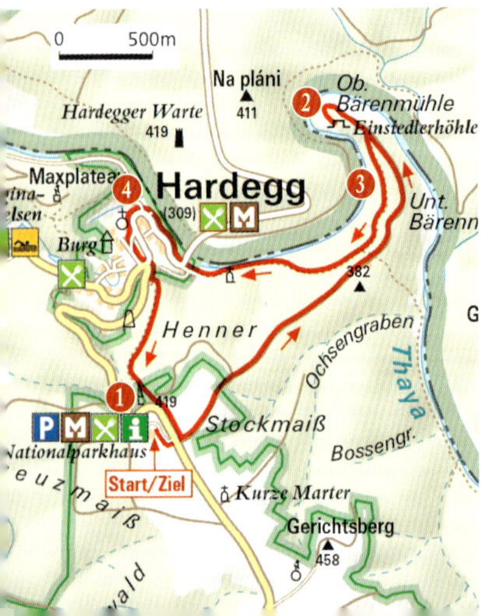

Ein Pfad führt zu einem ersten **Aussichtspunkt** ❸ (335 m) mit schönem Blick ins Thayatal, vom zweiten Aussichtspunkt genießen Sie dann freie Sicht zur Burg Hardegg. Der Pfad führt nun weiter entlang des Hanges, von links stößt der Thayatalweg Nr. 1. dazu. Auf dem mit Geländer gesicherten „Gabrielensteig" geht's dann steil mit einigen Stufen hinunter zur Thaya und auf dem Uferweg weiter nach **Hardegg** 4 (290 m), zur Thayabrücke mit gleichnamigem Gasthaus.

Die Brücke wurde 1874, noch in der Monarchie, errichtet. Nach dem Ersten Weltkrieg und der Grenzziehung zwischen Österreich und der Tschechoslowakei war sie eine Grenzbrücke und wurde von Zollhäusern an beiden Ufern bewacht. Bis zum Ende des Zweiten Weltkrieges konnte sie benutzt werden, ab 1945 wurde der Grenzübergang wegen des Eisernen Vorhangs geschlossen und die Fahrbahn demontiert. Die Wiedereröffnung erfolgte am 12. April 1990, allerdings nur für Fußgänger und Radfahrer.

Auf der einzigen Hauptstraße wandern Sie durch die 1363 erstmals erwähnte kleine Stadt Hardegg, im Zentrum gibt's ein Geschäft mit Bäckerei. Ein Abstecher zur im Kern romanischen und später barockisierten Kirche mit dem romanischen Karner lohnt sich, bevor Sie auf der Straße hinauf zum Sattel beim romanischen Uhr- oder Stadtturm mit Zugang zur Burg und Café gehen.

Der Burgberg teilt Hardegg in zwei Teile – die thayaseitig gelegene ursprünglich mittelalterliche „Stadt" und die nördlich am Fugnitzbach gelegene Vorstadt aus dem 19. und 20. Jahrhundert.

Die exponiert gelegene Burg Hardegg war eine der Grenzlandfesten, die gegen die Böhmen aus der Babenbergerzeit Mitte des 12. Jahrhunderts erbaut und später erweitert worden ist. Im Jahr 1745 wurde sie durch ein Erdbeben stark in Mitleidenschaft gezogen und aufgegeben. Ende des 19. Jahrhunderts begann die Revitalisierung und Teile wurden wieder aufgebaut, Dächer neu gedeckt. Heute dient sie als Veranstaltungszentrum, eine Ausstellung erinnert an Maximilian von Mexiko, den Bruder von Kaiser Franz Josef, der 1867 in Mexiko hingerichtet wurde.
Die Burg kann ohne Führung erkundet werden.
20 Meter nach dem Parkplatz mit Blick zur Burg biegen Sie links in den Weg Nr. 2, „Kirchensteig", und wandern auf dem mäßig steilen Waldweg hinauf zum **Nationalparkhaus** 1, dem Ausgangspunkt der Rundtour.

Nationalpark Thayatal

Bis zu 150 Meter tief hat sich die Thaya im Nationalpark Thayatal in die Hochfläche eingeschnitten und ein Durchbruchstal geschaffen, das wegen seiner Unzugänglichkeit weitgehend von Eingriffen verschont geblieben ist. Entlang der Flussschleifen gibt es eine enge Verzahnung der verschiedenen Lebensräume, kaum anderswo findet man auf kleinstem Raum eine vergleichbare Vielfalt an Pflanzen und Tieren.

Steillagen, sanfte Hänge, Wiesen, Felsen, Auen, Trockenrasen, Mischwälder aus Hainbuchen, Rotbuchen, Eichen, Ahornen, Tannen, Föhren, Bergulmen und Linden bieten Platz für in anderen Gebieten schon sehr selten gewordene Tierarten wie Uhu, Eisvogel, Schwarzstorch, Wanderfalke, Seeadler oder die Wildkatze, die seit 2007 wieder im Revier heimisch ist.

Zum Schutz einer der artenreichsten und letzten naturnahen Tallandschaften Mitteleuropas wurde im Jahr 2000 in Österreich der 1 330 Hektar große Nationalpark Thayatal eingerichtet, in Tschechien schließt der 6 260 Hektar große Národní Park Podyjí an.

Thaya bei Hardegg

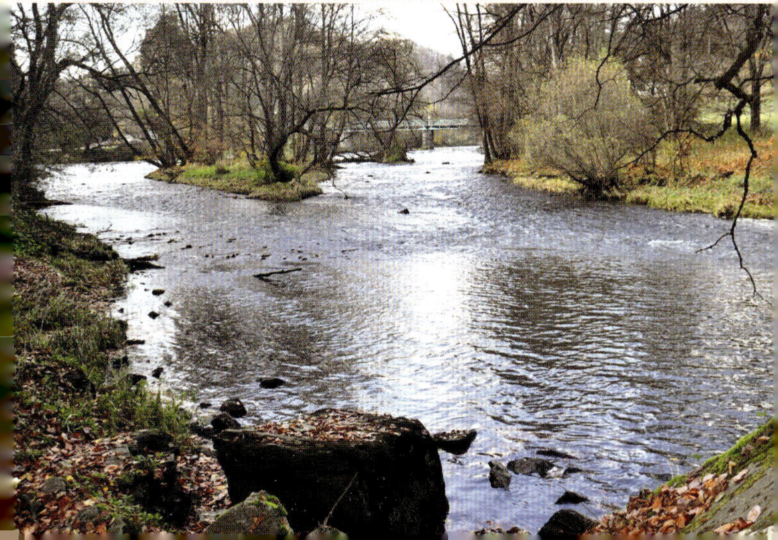

12

Nationalpark Thayatal: Merkersdorfer Rundwanderweg

Zur Ruine Kaja und zum Überstieg

●●○ 9 km · 3 Stunden · 160 hm

Charakter	Interessante und angenehme Rundwanderung entlang der Thaya und durch Hangwälder, schöne Aussichten von Felskanzeln über dem Fluss. Breite Wege, ein steiler Anstieg auf einem Pfad.
Start/Ende	2082 Merkersdorf, Parkplatz im Kajabachgraben am Ende der Stichstraße
Markierung	Ausgeschildert als Merkersdorfer Rundwanderweg 4, um den Umlaufberg Thayatalweg
Anfahrt	Merkersorf liegt an der L 38, 3 Kilometer südöstlich von Hardegg
Einkehr	Restaurant im Nationalparkhaus (www.np-thayatal.at), Hardegg: Gasthaus Thayabrücke (www.thaya-bruecke.at), Gasthaus Hammerschmiede (www.gasthof-hammerschmiede.com)
Information	Im Nationalparkhaus (www.np-thayatal.at)
Sehenswertes	Ruine Kaja, Aussicht vom Überstieg

Das Engtal der Thaya bildet im Nationalpark auf 10,5 Kilometern Luftlinie die Staatsgrenze, die tatsächliche Flusslänge beträgt jedoch 25 Kilometer, so

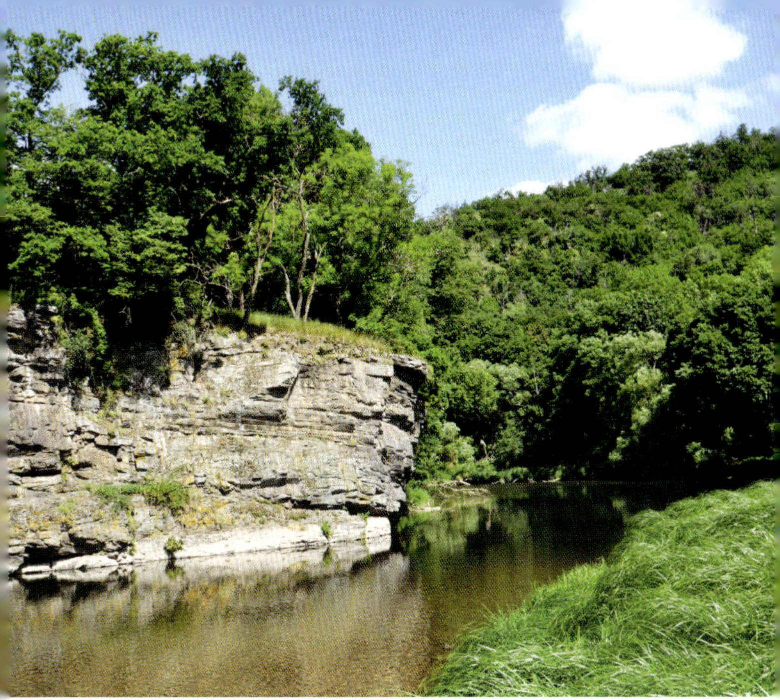

An der Thaya

vielfach gewunden hat sich die Thaya in die Hochfläche eingeschnitten. Manchmal rücken die Flussschlingen so eng aneinander, dass sie nur mehr durch einen niedrigen Sattel getrennt sind, die weiten Bögen umschließen sogenannte Umlaufberge. Der Merkersdorfer Rundwanderweg, kombiniert mit einem Abschnitt des Thayatalweges, führt zur Ruine Kaja, durch den Kajabachgraben zur Thaya und durch Wiesen und Wälder am Fluss entlang um den großen Umlaufberg. Die schönste Sicht auf zwei einander gegenüberliegende

Umlaufberge bietet der Abstecher zum Sattel am Überstieg, auf dem Granitzsteig und auf einem Güterweg über die Felder geht es zurück nach Merkersdorf. Die Runde ist wegen der Blütenpracht Anfang Juni und zur Zeit der Herbstfärbung besonders schön.

Die Rundwanderung startet in Merkersdorf am **Parkplatz** ❶ nahe der Ruine Kaja im Kajabachtal (340 m, Infotafeln über die Wanderwege im Nationalpark). Sie folgen dem Rundweg Nr. 4 über die Brücke, der breite Weg führt direkt zur nahen Ruine Kaja. Die auf einem Felssporn erbaute Burg wurde urkundlich 1196 erstmals erwähnt, die heutigen Mauern stammen aus

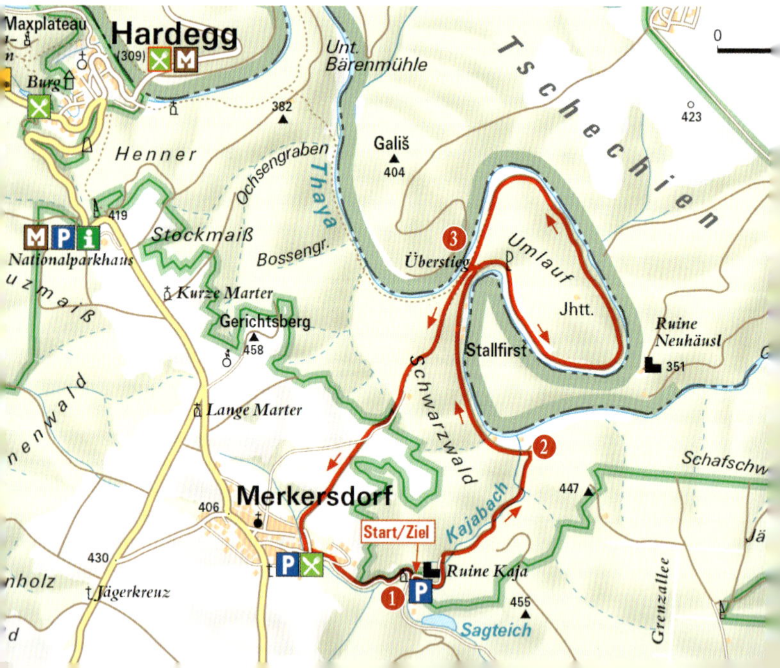

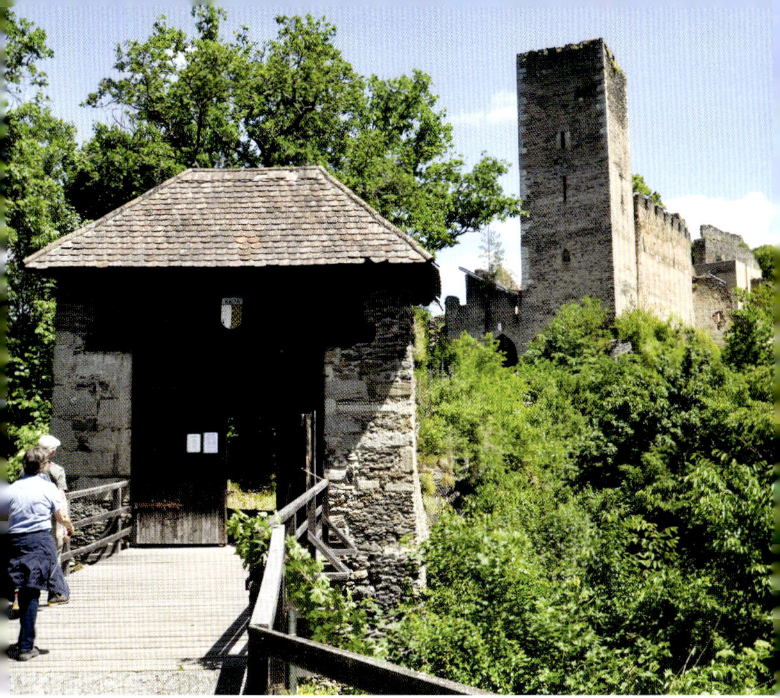

Ruine Kaja

dem 15. Jahrhundert. Ein Verein hat sich die Erhaltung und teilweise Revitalisierung der Feste zum Ziel gesetzt, einige Dächer wurden neu gedeckt, manche Räume für diverse Veranstaltungen eingerichtet. An Sonn- und Feiertagen kann die Burg von 10–17 Uhr besichtigt werden.
Danach wandern Sie durch das schattige Kajabachtal mit seinen mächtigen Felsen am Bach entlang hinunter zur Thaya, das Bachbett darf zum Schutz der Edelkrebspopulation nicht betreten werden. Die **Thaya** 2 (270 m)

erreichen Sie bei den Thayawiesen, jenseits des Flusses thront rechts die Ruine Neuhäusl auf einem Felsen. Der Weg schwenkt nach links und führt nun schön entlang des Flusses weiter. In 20 Minuten gelangen Sie zur Abzweigung zum Überstieg, der Weg Nr. 4 biegt hier links die Stufen hinauf. Sie folgen nun dem Thayatalweg 1a und wandern weiter am Ufer flussaufwärts um den Umlaufberg. Es ist eine besonders schöne Passage mit unterschiedlichen und wechselnden Uferlandschaften, dem felsigen Prallhang und dem flachen Gleithang mit Talwiesen. In der Flussmitte verläuft die Staatsgrenze. Auf der Höhe der Ruine Neuhäusl dreht der Weg, auf der schattigen Nordseite verengt sich das Tal, die Wiesen werden weniger. Sie gelangen zur zweiten **Abzweigung zum Überstieg** 3 (280 m) und machen hier nun den Abstecher auf dem steilen Pfad mit etlichen Stufen hinauf zu diesem hervorragenden Aussichtspunkt. Der Überstieg (300 m) bietet den besten Blick über die Flussschlingen der Thaya, hier verengt sich das Bergmassiv zu einem felsigen Kamm. Bemerkenswert ist auch die pannonische Flora: Am steilen, südexponierten Hang wachsen Dirndlsträucher, Ginster, Schwalbenwurz, Zarte Flockenblume, Färber-Kamille, Federgras und die Bunte Schwertlilie.

Zurück zur Abzweigung gehen Sie noch 200 Meter am Fluss entlang weiter und biegen bei der nächsten Abzweigung nach links hinauf in den Granitzsteig, wieder Weg 4. Er führt in Serpentinen den steilen, bewaldeten

Hang hinauf, von weiteren Aussichtsfelsen bieten sich wieder schöne Thayablicke, bevor Sie eine Rastbank am Rand der Talschulter erreichen (405 m). Ende Mai/Anfang Juni blühen am Weg Pechnelken, Glockenblumen, Natternkopf und die seltenen Türkenbundlilien.
Der Weg wird nun breiter und flacher, nach dem Waldaustritt geht es kurz auf einem asphaltierten Güterweg und dann geradeaus auf einem Fahrweg durch Felder zurück nach Merkersdorf, im Ort auf der Stichstraße wandern Sie hinunter zum **Parkplatz** 1.

Blick vom Überstieg

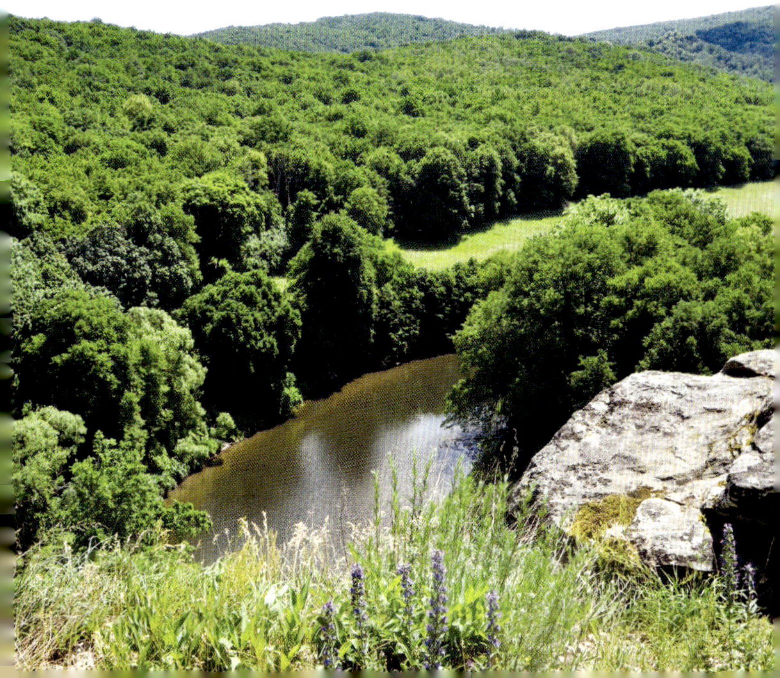

13

Pulkau: Bründltal und Teufelswand

Zwischen Wald- und Weinviertel

●◐○ 8,5 km · 2 ½ Stunden · 160 hm

Charakter	Interessante Rundwanderung im Grenzgebiet zwischen Wald- und Weinviertel. Die Etappe durch die Weinrieden ist typisch für das Weinviertel. Das dicht bewaldete Durchbruchstal der Pulkau mit seinem hier unregulierten Bach, den mit Moos bewachsenen Granitblöcken und der Teufelswand erinnert an das Waldviertel.
Start/Ende	3741 Pulkau, Parkplatz Freizeitzentrum
Markierung	Ausgeschildert als Tut-gut-Weg 2
Anfahrt	Von der Bundesstraße direkt oder durch die Stadt zum Freizeitzentrum, Waldbad, Camping
Einkehr	Im Badebuffet im Sonnenwaldbad Pulkau (badebuffet.at), in der Weinterrasse (weinterrasse-pulkau.at), Gasthaus zur Traube auf dem Rathausplatz (+43 [0]664 3956750)
Information	Pulkau, Rathausplatz 5, www.pulkau.gv.at
Sehenswertes	Stadtzentrum von Pulkau mit Heilig-Blut-Kirche und Michaelskirche

Das Weinstädtchen Pulkau wird als das „Tor zum Weinviertel“ bezeichnet. Das Ortsbild bestimmen im Zentrum schön renovierte alte Häuser und zwei

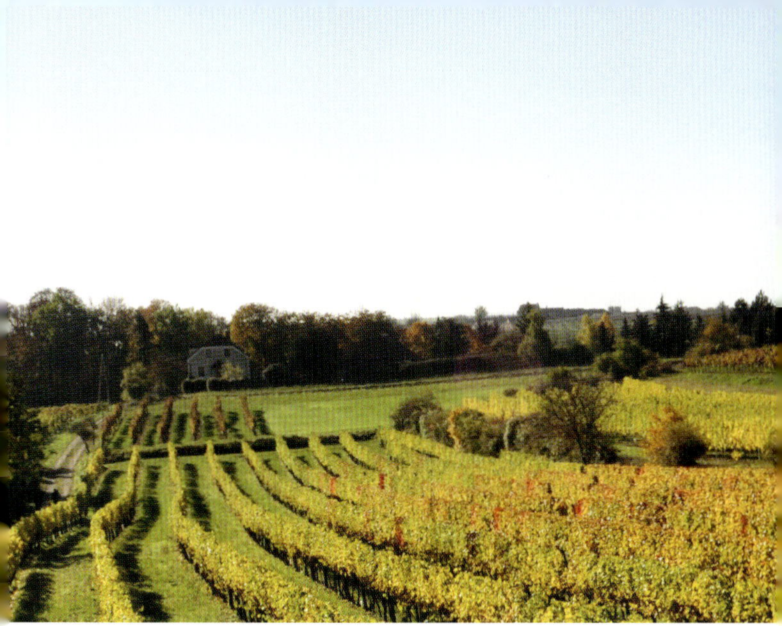

Weingarten bei Pulkau

sehenswerte Kirchen: die nur aus Chor und Querhaus bestehende gotische „Heilig-Blut-Kirche“ mit ihrem berühmten Flügelaltar der Donauschule und auf dem Kirchenberg die romanisch-gotische Michaelskirche mit dem Karner.

Die Rundwanderung beginnt in **Pulkau** 1 am Parkplatz beim Freizeitzentrum (273 m). An der Straße steht eine Infotafel mit den Tut-gut-Wegen, Sie folgen dem Weg Nr. 2.
Auf der Zufahrtsstraße, vorbei am Campingplatz, gehen Sie bis zum letzten Haus, dort beginnt der Waldweg,

dem Sie nun ins Bründltal folgen. Bei der Rastbank zweigt rechts der Quellenweg ab, ein Waldlehrpfad, der direkt am Bach entlang aufwärtsführt. Auf dem Pfad geht es kurz durch einen felsigen Waldgraben mit Stegen und gesicherten Passagen.

An einem großen, schattigen Rastplatz mit dicken Kalkbändern, aus denen teilweise Grotten herausgewittert sind, steht die 1724 erbaute barocke **Bründlkapelle** ❷ (335 m), eine Wallfahrtskapelle mit Einsiedelei. Der daneben liegenden Quelle „Pulkauer Bründl" wurde früher heilende Wirkung nachgesagt, heute hat sie nicht einmal mehr Trinkwasserqualität.

Oberhalb der Kapelle biegen Sie nach rechts und wandern an Weinrieden vorbei auf den Hochkogel zu. Am Fuß des Hügels geht es dann geradeaus weiter und den bewaldeten Hang hinauf zum **Hochkogelkreuz** ❸ auf dem bewaldeten Gipfel (391m) mit Rastbank.

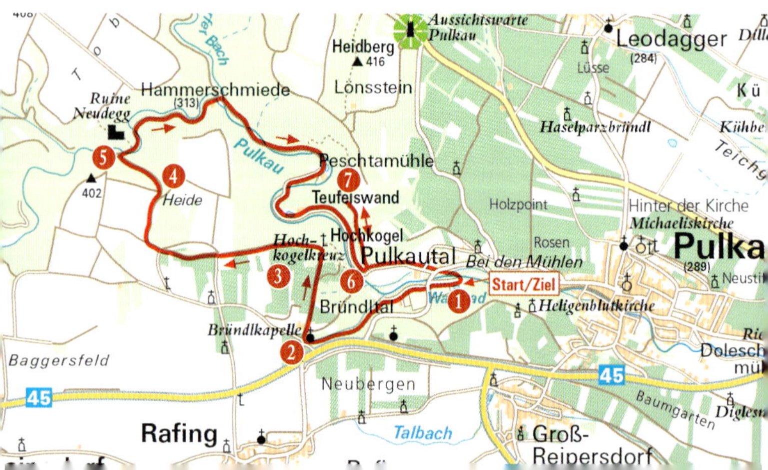

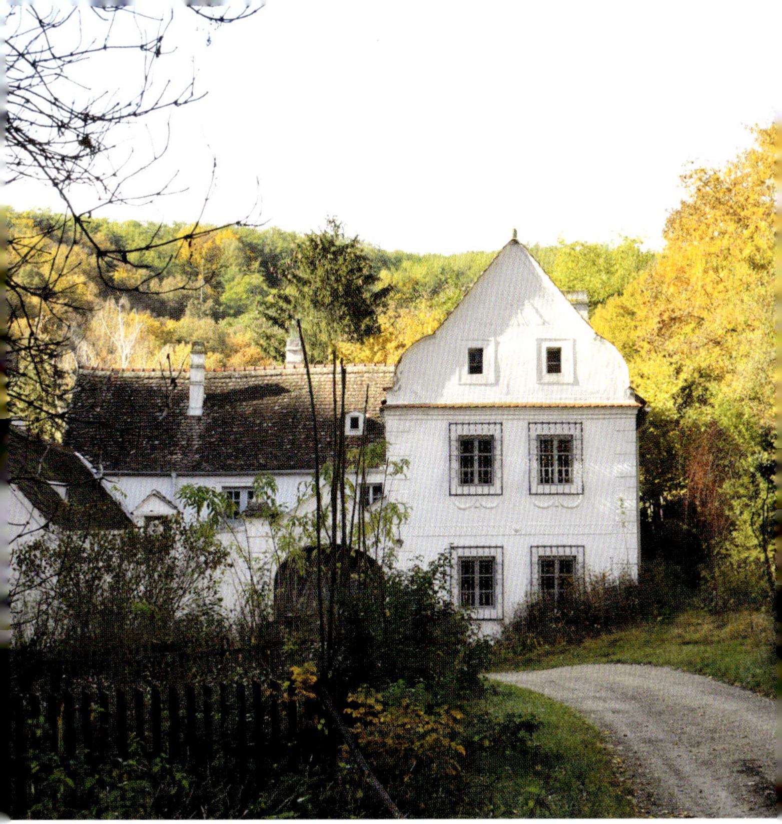

Mühle im Pulkautal

Nach einer kurzen Pause schwenken Sie nach links, wieder auf den Tut-gut-Weg 2 und wandern zuerst durch Laubmischwald und dann mit schönem Blick über die sanft hügelige Landschaft mit Weinrieden am Waldrand entlang.
Bei einem einmündenden asphaltierten Güterweg geht es geradeaus weiter, bei der nächsten Kreuzung nach

50 Metern rechts in den anfangs noch asphaltierten Fahrweg. Der Weg dreht nach rechts durch Felder zum Wald, beim Waldeintritt biegen Sie beim **Rastplatz** 4 in den linken, abwärts führenden Waldweg. Der folgende Abschnitt durch das Pulkautal ist zusätzlich rot-weiß-rot markiert (Weg Nr. 663). Nach wenigen Minuten treffen Sie auf die **Pulkau** 5 und folgen dem Bach nun talauswärts. Zunächst geht's auf einem Pfad durch Wald und Lichtungen, mehrmals queren Sie die Pulkau, der Pfad im romantischen Waldtal mit seinen bemoosten Granitblöcken wird allmählich zum Weg und dann beim ersten Haus, der ehemaligen Hammerschmiede, zum Fahrweg.
Sie passieren die Peschtamühle und später die Hahnmühle. Früher arbeiteten im engen Tal mehrere Mühlen, heute sind sie schön zu Zweitwohnsitzen renoviert. Am Ausgang des Tales biegt der Weg Nr. 663 nach rechts, Sie bleiben auf dem Fahrweg, beim gelben Haus gleich danach befindet sich die ausgeschilderte **Abzweigung** 6 zur Teufelswand. Ein Steig bringt Sie durch den mit Felsen durchsetzten Trockenhang hinauf zu den markanten, senkrecht abfallenden Felsen der **Teufelswand** 7 (340 m), was hin und zurück einen lohnenden Abstecher von 20 Minuten ausmacht.
Nach der Rückkehr zur **Abzweigung** 6 (295 m) wandern Sie auf dem Fahrweg weiter, vorbei an Erdkellern und Höfen, und erreichen bald die Straße und rechts den **Parkplatz** 1, den Ausgangspunkt der Wanderung.

Teufelswand

Die Teufelswand ist ein zum Naturdenkmal erklärter Felsgrat aus dem Granit der Thayamasse im mittleren Pulkautal gegenüber dem Hochkogel. Von der Felskante bietet sich ein Blick in das tief in die Böhmische Masse eingeschnittene Pulkautal. Während dichter Laubmischwald die Schattseite und den Talgrund bedeckt, findet sich auf der steinigen Sonnseite ein lockerer Hangwald mit Eichen- und Föhren, die pannonische Flora bietet zudem vielen Insekten und Kleintieren einen Lebensraum, zum Beispiel den geschützten Smaragdeidechsen. Besonders schön ist die Teufelswand zur Frühjahrsblüte von April bis Ende Mai und zur Zeit der Herbstfärbung.
Der Name „Teufelswand" leitet sich von einer Sage her, nach der der Teufel vergeblich versucht habe, hier die Pulkau zu stauen.

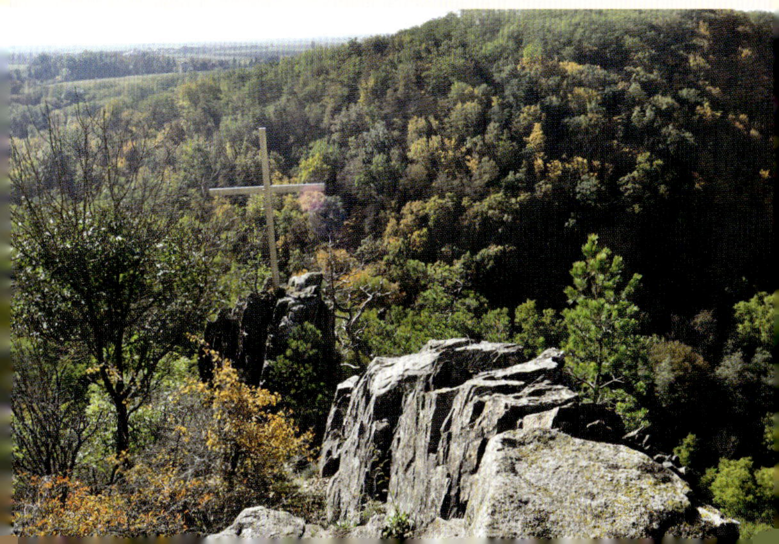

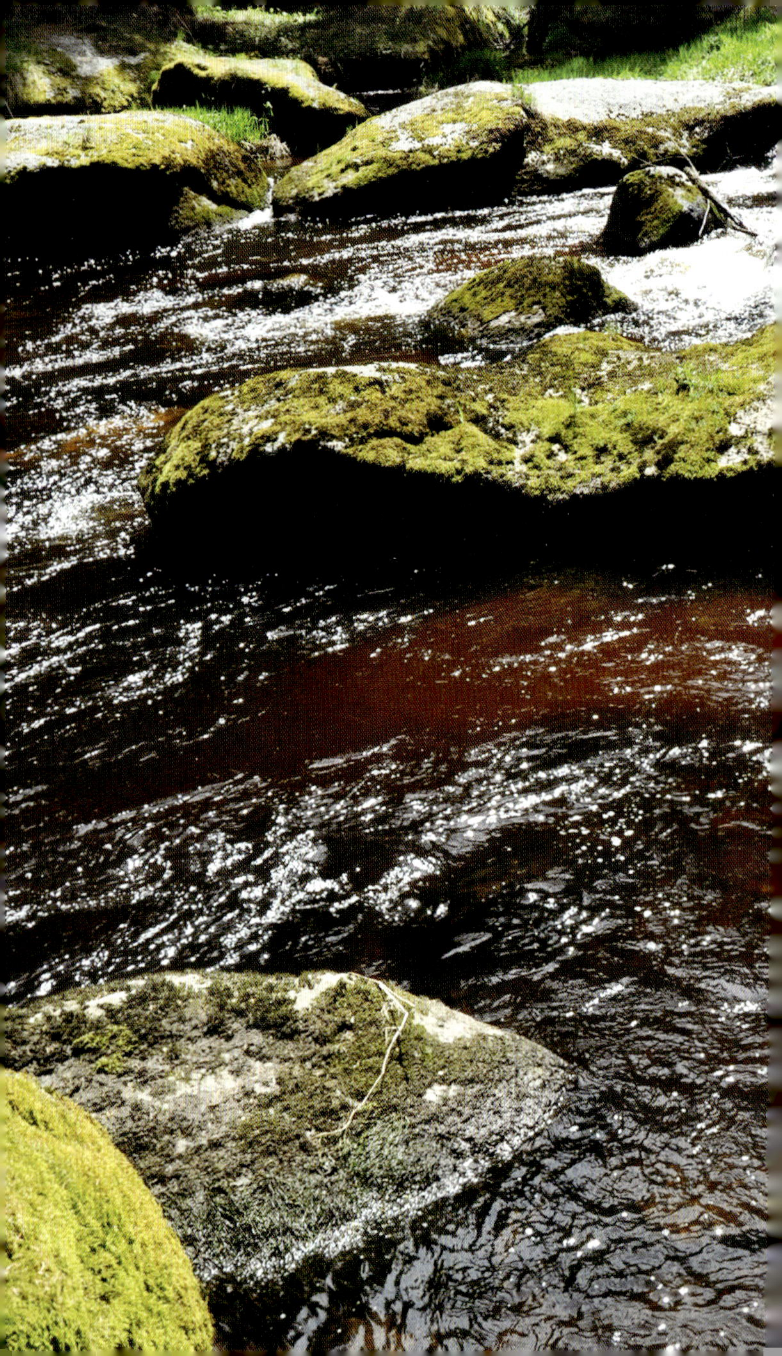

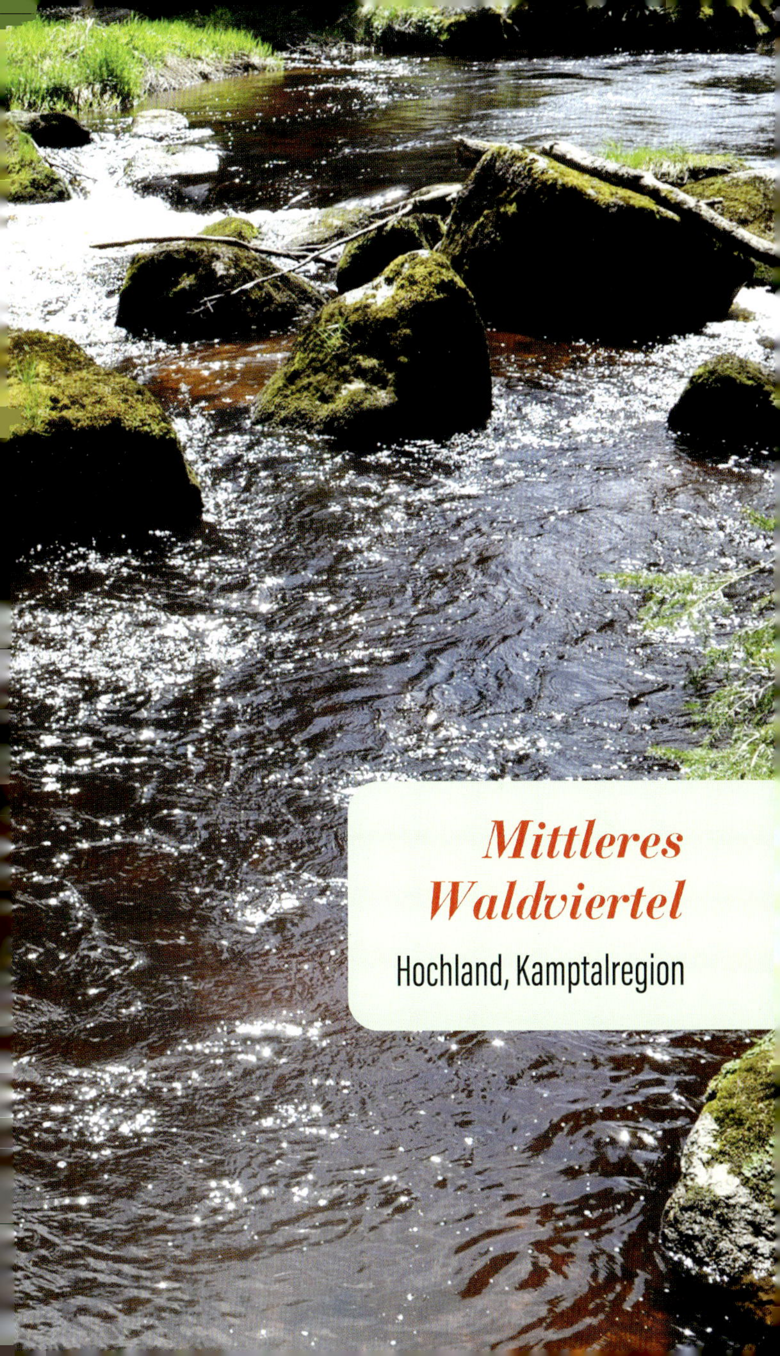

Mittleres Waldviertel

Hochland, Kamptalregion

Rund ein Drittel des Waldviertels wird vom Kamp entwässert, er ist damit der größte Fluss im Gneis- und Granitplateau. Seine Quellflüsse sind der Große und der Kleine Kamp, die Zwettl und der Purzelkamp, die alle im Granithochland im westlichen Waldviertel entspringen. Der Name „Kamp" leitet sich vom keltischen Stamm „camp-" her, was soviel wie „krumm" oder „der Gekrümmte" heißt. Er weist mehr als 200 größere und kleinere Windungen sowie 20 Umlaufberge auf.
Die höchstgelegenen Quellbäche liegen in einer Seehöhe von rund 900 Metern, die vielen Moore im flachen Quellgebiet verleihen dem Wasser zusammen mit dem eisenhaltigen Boden die charakteristische Braunfärbung.
Die Kamp-Oberläufe fließen mäandrierend durch flache Wiesenmulden und mit wasserfallähnlichen Kaskaden über steile Geländestufen in Waldtälern. Tief ins Gelände eingeschnittene Talmäander prägen den Mittellauf von Zwettl ostwärts.
Hier beginnen die Kampseen, die drei in der Mitte des 20. Jahrhunderts errichteten Speicherseen. Sie sind ein beliebtes Ziel sommerlicher Bade- oder Segelausflüge. Ursprünglich geblieben ist das steile und tiefe mittlere Kamptal zwischen Wegscheid und Rosenburg, ein Juwel einer Fluss-, Wald- und Felsenlandschaft.
Bei Rosenburg, wo der Kamp ein Knie macht und nach Süden der Donau zufließt, beginnt das breitere, dichter

besiedelte untere Kamptal. Das Sohlental und die begünstigten fruchtbaren Hochflächen bieten mehr Raum und sind seit Jahrtausenden von Menschen bewohnt, wie Funde aus der Jungsteinzeit, der Bronze-, Eisen- und Römerzeit belegen. Auf dem Schanzberg bei Gars bestand ein frühmittelalterlicher slawischer Zentralort. Im 11. Jahrhundert war die Garser Burg für einige Jahre Hauptsitz der Babenberger. Von ihren Dienstleuten, den Kuenringern, wurden weite Gebiete des Waldviertels nachhaltig erschlossen.
Die 1889 eröffnete Kamptalbahn belebte die Sommerfrische, die nach einigen Krisen im modernen Gewand des Gesundheitstourismus weiterlebt.

Obwohl der Kamp mit seinen 159 Kilometern kein sehr langer Fluss ist, verbindet er doch sehr unterschiedliche Naturlandschaften – von den Waldbergen des Quellgebietes bis zum Weinland des untersten Kamptals.
Der starke Gegensatz beruht neben dem Höhenabfall von 700 Metern auch auf dem Unterschied zwischen dem harten, seichtgründigen Granit im Oberlauf und dem porösen Löss im Unterlauf sowie auf dem Wechsel vom ozeanisch beeinflussten Klima mit winterlich kalten Nordwinden der westlichen Höhenzüge zum warmtrockenen pannonischen Klima im Horner Becken und unteren Kamptal.

14

Langschlag: Klauskapelle

Auf dem Waldlehrpfad und zum Bruder Klaus

●◐○ 9,8 km · 2 ½ Stunden · 90 hm

Charakter	Erholsame Wanderung vorwiegend auf breiten Wegen, Rundweg auf dem Waldlehrpfad, Abstecher zur Klauskapelle mit schöner Flusspassage. Überwiegend schattig, Kneippmöglichkeit bei der Klauskapelle.
Start/Ende	3921 Langschlag, Parkplatz von Groß Gerungs kommend am Ortseingang an der B 38
Markierung	Waldlehrpfad Weg Nr. 94, Richtung Klauskapelle Wege Nr. 92, 93 bis zur Straße
Anfahrt	Langschlag liegt an der B 38, 6 Kilometer westlich von Groß Gerungs
Einkehr	Café Einfalt (www.waldviertlermohnzelten.at), Wurzelhof (www.wurzelhof2-0.at)
Information	Markplatz 37 (www.langschlag.at)
Sehenswertes	Kleines Bahnmuseum am Bahnhof, Klauskapelle

In der Gemeinde Langschlag gibt es viele Wandermöglichkeiten, unter anderem die Themenwege Steinwanderweg und Bahnwanderweg. Eine besonders schöne Runde bietet der Waldlehrpfad: Angenehme Wege mit vielen verschiedenen alten Bäumen am Wegrand – 60 Baum- und Straucharten sind mit Tafeln versehen – interessante Felsformationen und der Wechsel

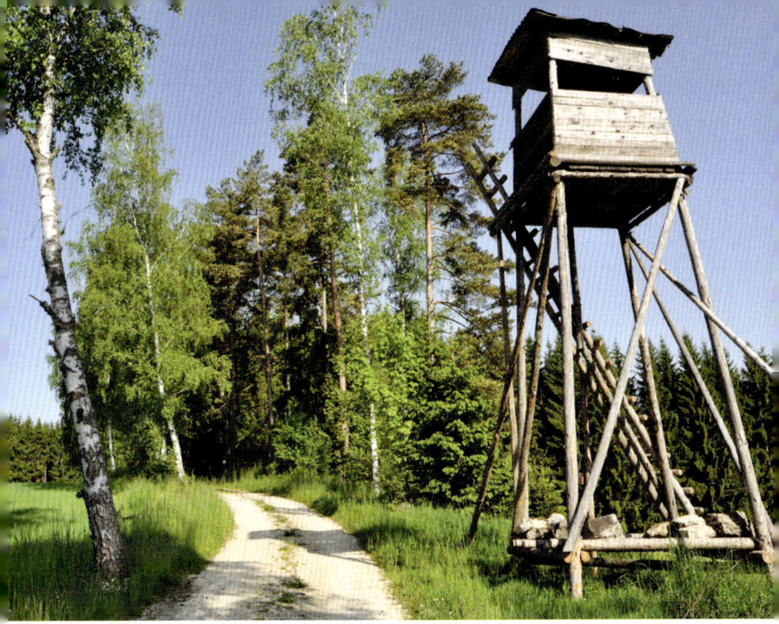

Hochstand am Waldlehrpfad

zwischen Lichtungen und Wald machen die Runde äußerst kurzweilig, ein Highlight ist der Abstecher zur Klauskapelle, Teil der Kraftarena Groß Gerungs.

Die Wanderung beginnt beim Parkplatz am östlichen Ortsende von **Langschlag** 1 (765 m), eine Infotafel zeigt die verschiedenen Wanderwege der Gemeinde. Sie überqueren die Gleise der Schmalspurbahn und folgen den Wegweisern Waldlehrpfad Nr. 94 nach links. Nach fünf Minuten auf der Nebenstraße schwenken Sie auf den Fahrweg nach links zum Wald. Der Waldboden ist von Heidelbeeren bedeckt und durchsetzt mit

Restlingen und imposanten Granitfelsen, typisch für die Landschaft rund um Langschlag. Sie passieren eine Rasthütte, gelangen nach einer Lichtung zu einem Teich und dann zum **Kerbelhof** 2 (750 m), dem ehemaligen Meierhof eines heute nicht mehr existierenden Schlosses. Hier verlassen Sie für einen Abstecher den Waldlehrpfad und folgen dem Weg Nr. 92, 93 Richtung Klauskapelle nach links. Kurz wandern Sie auf dem Fahrweg, vorne ist bereits die Villa Krätschmer zu sehen. Sie wurde 1898 vom Unternehmer Heinrich Krätschmer erbaut, der in der danebenliegenden Fabrik bis 1934 Holzwaren aller Art erzeugte. Heute ist sie auch als „Schloss Harruck" bekannt, von der ehemaligen Fabrik existieren nur noch einige Mauerreste. 150 Meter vor der Villa biegen Sie nach rechts in den grasbewachsenen Fahrweg, der bald zum Pfad wird und mit guter Sicht auf das Gebäude am

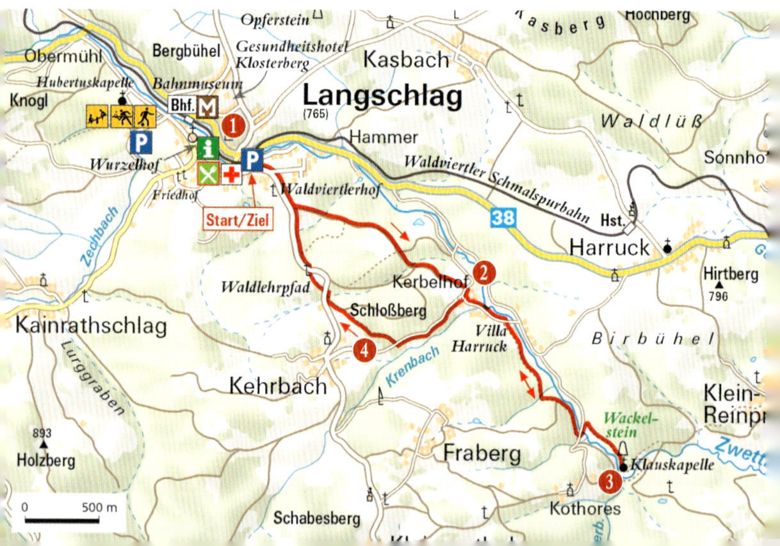

Hang entlangführt. Abwechselnd auf Pfaden und Fahrwegen wandern Sie oberhalb der rauschenden Zwettl weiter über den Hang bis zur Querstraße. Hier verlassen Sie den Weg Nr. 92, 93 und biegen nach links. Sie überqueren den Zwettlbach und schwenken beim Parkplatz in den ebenen Weg nach rechts. Es folgt nun eine kurzes, aber besonders schönes Wegstück entlang des Baches mit verstreuten Granitblöcken bis zur **Klauskapelle** 3 (730 m) an einem stimmungsvollen Platz zwischen Bach und mächtigen Felsen. Hier bietet sich eine Rast oder ein Kneippversuch an.
Auf dem Herweg wandern Sie anschließend zum **Kerbelhof** 2 zurück (Abzweigungen der Pfade beachten!).
Nun setzen Sie den Waldlehrpfad-Rundweg nach links über den Schlossberg fort, nur mehr der Name erinnert noch an eine frühere Herrschaft. Nach dem Wald zweigt in einer Lichtung rechts ein Wiesenweg ab, der über die sanfte Kuppe des **Schlossberges** 4 (820 m) führt.
Anschließend überqueren Sie die Straße und wandern zunächst auf dem Fahrweg und am Ende zehn Minuten auf der Nebenstraße zurück zum Ausgangspunkt.

Nach der Wanderung

Sommerliche Badefreuden bietet der Frauenwieserteich, mit Buffet, fünf Kilometer Richtung Karlstift. Im Langschläger Spezialitätenladen im Bahnhofsgebäude verkaufen Bauern aus der Umgebung ihre frischen Produkte, im Café Einfalt, Bahnhofstraße 12, gibt es Kaffee und Kuchen, im Wurzelhof, einem denkmalgeschützten Vierkanter am Marktplatz, kann man gut essen.

Klauskapelle

Die heutige Klauskapelle war ursprünglich ein einfaches 1915 erbautes Blockhaus, das der Besitzerin der Fabrik Kehrbach als Ausflugsziel und Erholungsort diente und in den 1930er-Jahren an die Gastwirtsfamilie Schuster verkauft wurde. Diese wandelte es nach dem Zweiten Weltkrieg im Andenken an den gefallenen Sohn in eine Kapelle um, die 1948 dem Schweizer Nationalheiligen Nikolaus von Flue geweiht wurde, die Herzen in den Fensterläden erinnern noch an die frühere Verwendung. Nikolaus von Flue galt schon zu Lebzeiten (1417–1487) seinen Zeitgenossen als „lebendiger Heiliger". Der angesehene Bauer, Richter und Offizier war ein geschätzter Ratgeber und Friedensstifter und bewahrte 1481 die Eidgenossenschaft vor einem Bürgerkrieg. Mit 48 Jahren legte er all seine Ämter nieder, zog sich in eine Einsiedelei in die Ranft zurück und nannte sich fortan „Bruder Klaus". Wegen seiner tiefen Verbindung zu Christus, seinem vorbildlichen Leben, seinem Gerechtigkeitssinn und seinem Anspruch, unter den Menschen Frieden zu stiften, wurde er 1947 heiliggesprochen.

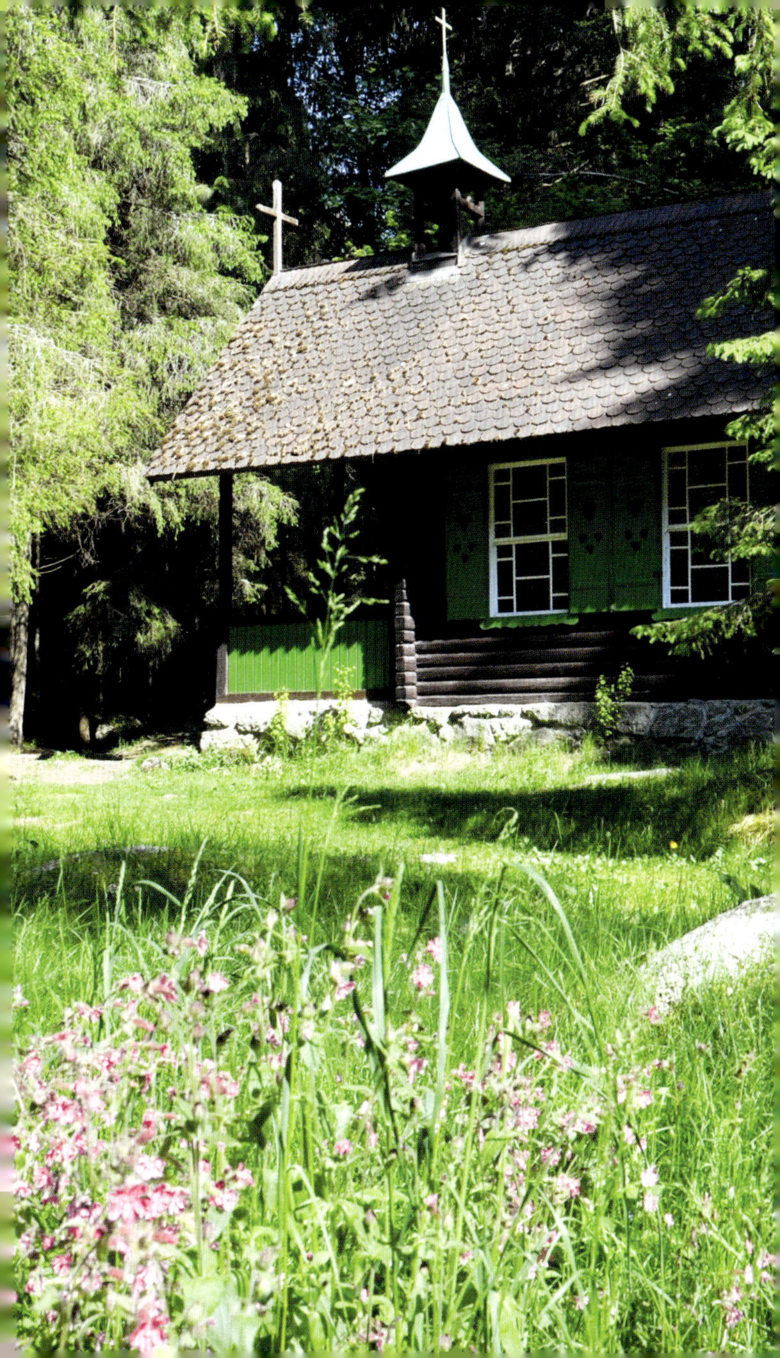

„Waldviertler Semmeringbahn"

Die rund 1800 Einwohner zählende Marktgemeinde Langschlag liegt im Waldviertler Hochland am Fuß des Kleinen Semmerings, der nur 90 Meter niedriger ist als der echte Semmering, hier verläuft die europäische Wasserscheide zwischen Zwettlbach (Richtung Donau/ Schwarzes Meer) und Lainsitz (Richtung Elbe/Nordsee). Über ihn führt die „Waldviertler Semmeringbahn", eine Schmalspurbahn von Gmünd über Weitra, Langschlag nach Groß Gerungs, die 1903 eröffnete. Im Jahr 2001 wurde der fahrplanmäßige Betrieb wieder eingestellt. Seither läuft ein touristischer Betrieb auf der romantischen, 43 Kilometer langen Bahnstrecke. Die Fahrt in alten Waggons, gezogen von Diesel- oder Dampfloks, ist eine Zeitreise: Langsam zieht die Landschaft am offenen Abteilfenster vorbei, gemütlich geht's in vielen Windungen und auf Hangtrassen, auch durch zwei kleine Tunnel, über den 806 Meter hohen Kleinen Semmering.

Dampfloks müssen beim Halt in Bruderndorf Wasser nachfüllen, im Bahnhof Langschlag ist in einem Güterwaggon ein kleines Bahnmuseum eingerichtet.
Fahrplan und touristische Angebote unter
www.waldviertelbahn.at

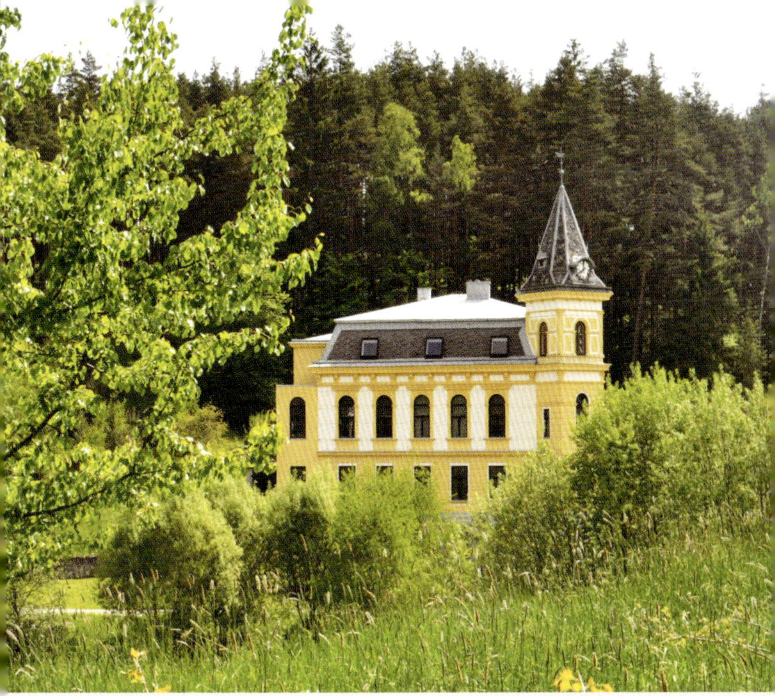

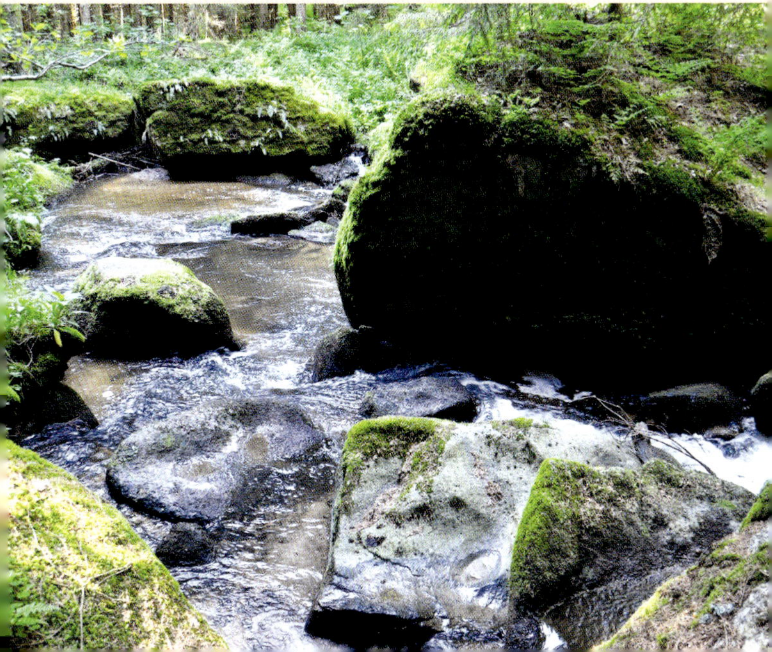

15

Arbesbach: Beeren-/Bärenweg

Zum Bärenasyl

●◐○ 10 km · 2 ½ Stunden · 50 hm

Charakter	Lohnende Rundwanderung auf breiten Wegen mit dem Besuch des Bärenschutzzentrums als Highlight. Schattig im ersten und aussichtsreich im letzten Teil.
Start/Ende	3920 Arbesbach, Ortsmitte, Busstation, Parkplätze
Markierung	Beeren-/Bärenweg Nr. 81
Anfahrt	Arbesbach liegt an der B 124, 12 Kilometer westlich von Rappottenstein
Einkehr	Bärenhof im Bärenschutzzentrum (www.baerentrail.at), Lokale im Ortszentrum
Information	Infohütte im Ortszentrum, www.arbesbach.at
Sehenswertes	Bärenschutzzentrum, Burgruine mit Aussichtsplattform, Museum alte Hammerschmiede

Arbesbach ist ein kleiner Hauptort im Granithochland mit mehreren Einkehrmöglichkeiten. Wahrzeichen ist der „Stockzahn des Waldviertels", ein 18 Meter hoher, auf einem Granitturm thronender Rest einer Kuenringerburg, heute mit Aussichtsplattform (Schlüssel in der Bäckerei Huber).

Der ausgeschilderte Beeren-/Bärenweg Nr. 81 führt vom Dorf durch den Wald am Galgenberg über Rosenegg

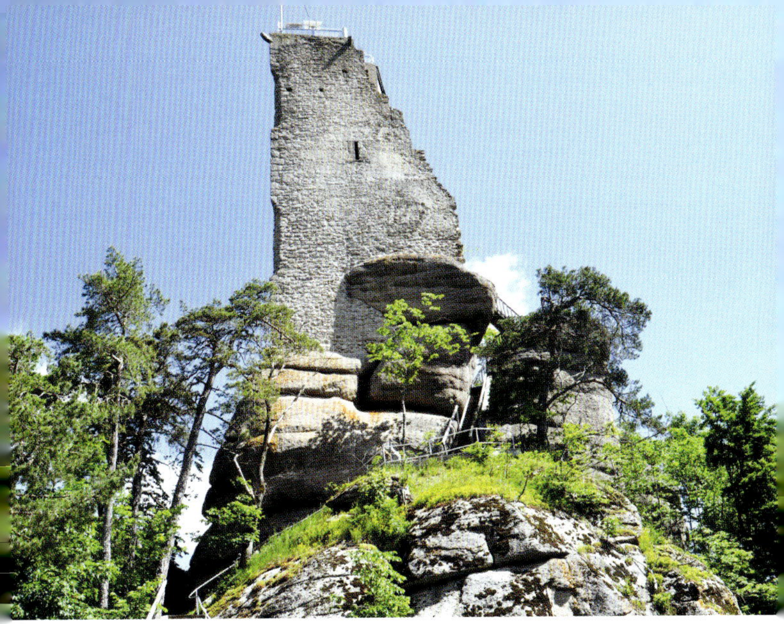

Ruine Arbesbach – der Stockzahn des Waldviertels

zum Bärenschutzzentrum. Über den Aussichtspunkt Buchegg gelangen Sie wieder nach Arbesbach zurück. Empfehlenswert ist auch der Besuch der alten Hammerschmiede am Großen Kamp nördlich des Ortes aus dem Jahr 1802, die zu einem lebendigen Museum umgewandelt wurde. Alle Geräte funktionieren noch so wie früher.

Die Rundwanderung startet bei der Busstation mit Infohütte in der Ortsmitte von **Arbesbach** 1 (849 m) und folgt dem Weg Nr. 81, Beeren-/Bärenweg Richtung Westen. Nach sieben Minuten auf der wenig befahrenen

Hauptstraße biegen Sie rechts in die Nebenstraße (Wegweiser Galgen) und wandern mit schönem Blick auf Arbesbach durch den Wald und über Wiesen. Tafeln informieren über die hier wachsenden verschiedenen Beerenarten, ein zehnminütiger Abstecher zum Galgen aus dem 17. Jahrhundert ist ausgeschildert. Nach dem letzten Haus geht es auf einer Forststraße in leichtem Auf und Ab weiter durch den Fichtenwald auf dem Galgenberg, bei einer Rastbank mit Bärenskulptur nach links. Beim Quersträßchen am Rosenegg wenden Sie sich nach rechts und biegen bald auf einen durch Stangen markierten Feldweg links ein. Dem Ackerrand folgend, gelangen Sie auf einem Fahrweg zu den Glashüttenhäusern und wandern auf dem Zufahrtssträßchen zur

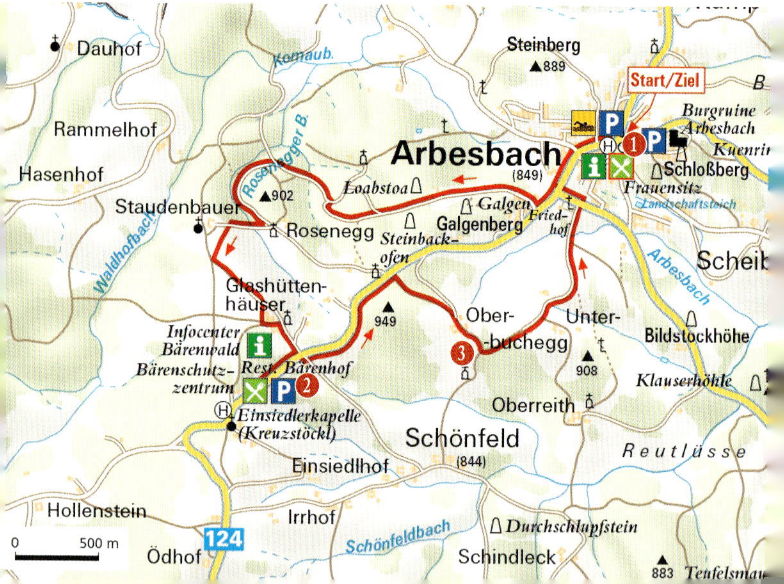

Hauptstraße. Hier machen Sie den Abstecher zum nahen **Bärenschutzzentrum** 2 (880 m) am Bärenwald. Es lohnt eine Einkehr im Bärenhof.
Nach dem Rundgang wandern Sie wieder auf der Straße zurück und 15 Minuten weiter bis zur Abzweigung rechts in den Wald hinein. Der Waldweg führt zu einem asphaltierten Güterweg. Mit schöner Sicht über die Landschaft geht es nun durch Felder zum Bauernhof **Oberbuchegg** 3 (900 m), danach auf einem Fahrweg nach links durch einen Waldstreifen und dann wieder mit freier Sicht auf Arbesbach und seine Ruine zurück ins Zentrum.

Bei den Glashüttenhäusern

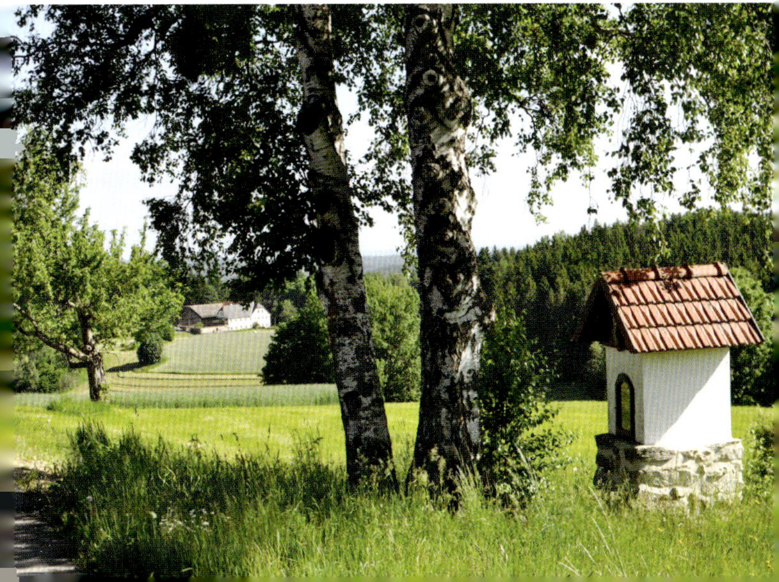

Bärenwald Arbesbach

Im Jahr 1998 startete die Tierschutzorganisation Vier Pfoten ein Bärenschutzprojekt und eröffnete das erste Freigehege im Wald bei Arbesbach.
Bären, die in Gefangenschaft oder im Zirkus gehalten wurden, können nicht mehr ausgewildert werden, da sie an den Menschen gewöhnt und verhaltensgestört sind. Der Bärenwald bietet solchen Bären die Möglichkeit, Instinkte und ihr natürliches Verhalten wiederzuentdecken. Dabei gilt der Grundsatz: Die Bären werden hier nicht zur Schau gestellt, der Kontakt zu Menschen ist auf ein Minimum begrenzt. Das erklärte Ziel ist es, über Leben und Bedürfnisse der Bären aufzuklären, strengere Haltungsrichtlinien für die Tiere durchzusetzen und Vorbild für andere Bärengehege zu sein.

In der 14 000 Quadratmeter großen Anlage im stark strukturierten Gelände können Bären ihre natürlichen Verhaltensweisen ausleben, können graben, umherstreifen, klettern. Es gibt einen Teich zum Baden und Höhlen für die arttypische Winterruhe.

2009 wurde die Anlage erweitert und ein Besucherzentrum, Spielplätze für Kinder, ein Niederseilgarten und ein Garten mit 20 verschiedenen Beerenarten geschaffen. Ein kleiner Teil der Anlage ist auf einem kurzen

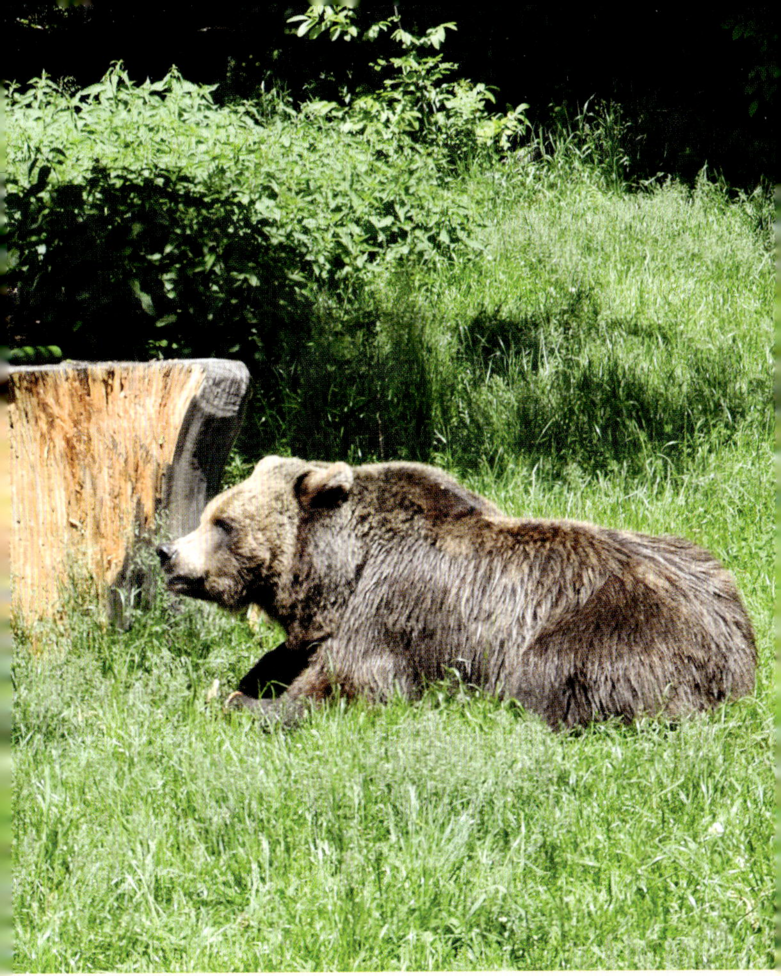

Rundweg öffentlich zugänglich, der größere nur im Rahmen von Führungen.
Geöffnet von Ostern bis Allerheiligen, täglich 10–18 Uhr.
www.baerenwald.at

16

Altmelon: Luaga Lucka und Meloner Au

Granitsteine und Moorwald

●●○ 12,5 km · 3 Stunden · 90 hm

Charakter	Die lohnende Waldwanderung ist eine Kombination zweier Rundwege – zu den imposanten Steinformationen Fahrthofer Höhlen und Luaga Lucka sowie durch die stille Wald- und Moorlandschaft der Meloner Au.
Start/Ende	3633 Altmelon, Kirche
Markierung	1. Teil: Luaga Lucka Weg Nr. 72, dann unmarkiert. 2. Teil: Durch die Meloner Au Moorwanderweg Nr. 77 in Gegenrichtung ausgeschildert
Anfahrt	Altmelon liegt an der B 119, 5 Kilometer südlich von Arbesbach
Einkehr	Im Zentrum Kirchenwirt (www.gasthof-lichtenwallner.at) oder Dorfwirt an der Hauptstraße (www.spieglaltmelon.at), Kaffee und Kuchen gibt es täglich im Café Frühwirth ebenfalls an der Hauptstraße (www.fruehwirth-baecker.at)
Information	www.altmelon.at
Sehenswertes	Interessante Steingebilde, geschützte Moorlandschaft
Kurzvariante	Moorwanderweg 77, 6 km, 1,5 Stunden, nur von 20. Juni bis Ende November möglich

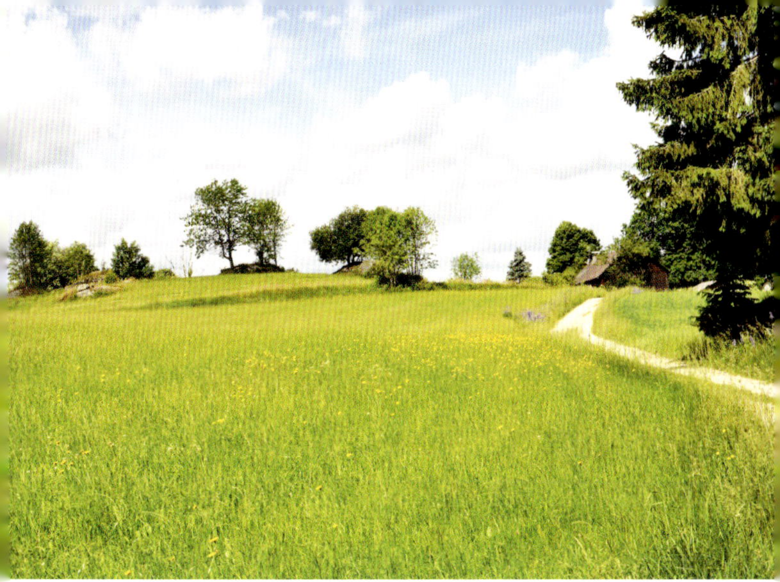

Bei Fichtenbach

Die Marktgemeinde Altmelon ist eine alte Kuenringersiedlung in 900 Meter Seehöhe im Granithochland, 1259 wurde sie erstmals urkundlich erwähnt. Ein besonderes Gepräge geben der umliegenden Waldlandschaft die vielen Felsen der Fahrthofer Höhlen, die Luaga Lucka und die Meloner Au. In den Fahrthofer Höhlen und der Luaga Lucka bilden riesige Steine, Granit-Restlinge, die aneinander lehnen oder übereinandergeschichtet sind, zahlreiche Stollen und Höhlen. Die Meloner Au ist ein geschütztes Wald- und Hochmoorgebiet, das nur vom 20. Juni bis Ende November betreten werden darf.

Die Rundwanderung startet auf dem Parkplatz gegenüber der Kirche von **Altmelon** 1 (880 m) bei der Infotafel über alle Wanderwege. Auf der Straße gehen Sie kurz nach Norden Richtung Arbesbach, biegen nach dem Ortsendeschild rechts in den Fahrweg und folgen nach 50 Metern geradeaus dem Luaga-Lucka-Weg Nr. 72. Durch den von Granitfelsen durchsetzten Fichtenhochwald mit vielen Heidelbeeren geht es leicht abfallend in die Talmulde des Galgenbergbaches und dann wieder leicht ansteigend zu einem Zufahrtssträßchen. Den direkten Pfad über das Fahrthoferbründl hinauf zu den Fahrthofer Höhlen hat ein uneinsichtiger Grundbesitzer abgesperrt. Auf dem Sträßchen gehen Sie im spitzen Winkel nach links zurück, nach 300 Metern biegt

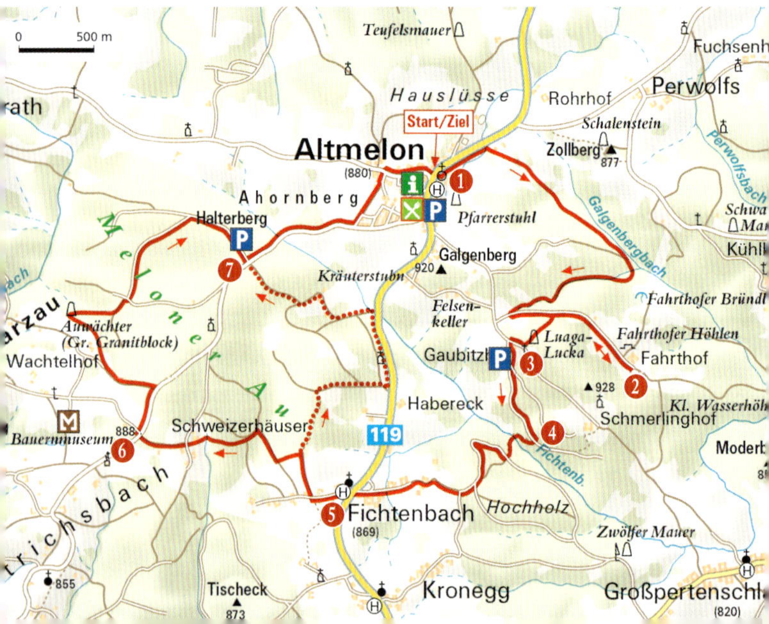

der Weg zur Luaga-Lucka nach rechts ab. Hier empfiehlt sich aber der kurze Abstecher fünf Minuten auf dem Sträßchen weiter zu den **Fahrthofer Höhlen** ❷ (860 m), nach der Kuppe links, 100 Meter am Waldrand entlang. Im Wald breitet sich hier eine urtümliche Felslandschaft mit Spalten, Klüften und Höhlen zwischen den mächtigen Granitblöcken aus, die schönsten Formationen liegen gleich links der Hütte.

Zurück zur Abzweigung biegen Sie nun nach links in den Weg hinauf zur **Luaga Lucka** ❸ (900 m), einer weiteren besonderen Steinformation vor der Anhöhe links. Die Luaga Lucka wirkt wie ein Steinhaufen, in den man hineingehen kann, Gesteinsriesen sind übereinander aufgetürmt und bilden Höhlen mit verschiedenen Räumen, die Namen wie „Kuchl" oder „Liegestatt" tragen.

Die Anhöhe erreichen Sie dann beim Gaubitzhof mit Rastbank. Der Rundweg Nr. 72 biegt hier nach rechts in einer halben Stunde zurück nach Altmelon.

Für die hier beschriebene Runde zur Meloner Au überqueren Sie jedoch die Straße, spazieren rechts am Hof vorbei und hinter dem Hof in den Güterweg abwärts. Bei einer Gabelung rechts am Waldrand entlang hinunter zum Talboden und auf einem Wiesenweg zum **Teich beim Fichtenbach** ❹ (850 m).

Ein breiter Holzsteg führt über den Bach, beim ersten Querweg geht es zunächst geradeaus und beim zweiten Querweg, einem Fahrweg, nach rechts (Weg Nr. 74 in

Gegenrichtung ausgeschildert). Bei einem Wegdreieck wählen Sie nun den rechten Weg weiter zu einer Lichtung, dort wieder rechts zum Bauernhof bei einem schönen Bühel. Jetzt geht es links auf dem Zufahrtssträßchen durch die lockere Siedlung zur **Kapelle Fichtenbach** **5** (869 m) an der B 119.
Sie überqueren die Straße, gehen noch 300 Meter geradeaus weiter und biegen nach einem Bauernhof rechts in den Güterweg zum Wald, wo Sie auf den Weg Nr. 77 treffen (Infotafel, Rastbänke). Die folgende Etappe durch die Meloner Au ist nur vom 20. Juni bis 30. November möglich. Sollten Sie außerhalb dieser Zeit unterwegs sein, folgen Sie dem Weg Nr. 77 in der ausgeschilderten Richtung, er führt ab hier am Rand des Naturschutzgebietes durch die Fichtenbacher Au zum Parkplatz Halterberg und ist das ganze Jahr über begehbar.

Zum Moor folgen Sie ansonsten dem Moorwanderweg 77 in die Gegenrichtung der Ausschilderung: 20 Meter nach der Infotafel biegen Sie nach links in den Reitweg, durch Moorwald kommen Sie zu einem Fahrweg und gehen hier wieder nach links. Bei einer Gabelung – der Reitweg biegt nach rechts – geradeaus auf dem breiten Weg bleiben und Schilder der Gegenrichtung beachten, zu den **Schweizerhäusern** **6** (888 m). Dort durch eine Wiese hinauf, kurz auf einem asphaltierten Weg zum Wald und auf einem Fahrweg durch den Wald zu einer Nebenstraße (ausgeschilderter Abstecher zum Bauernmuseum). Auf der Straße nach rechts und nach drei Minuten nach links (Infotafel am Rand des Naturschutzgebietes Meloner Au).

Nun folgt ein besonders schöner Abschnitt durch den Moorwald, bei einer Kehre liegt linkerhand die Steinformation „Auwächter", Trittsichere können hinaufsteigen, am Wegrand blühen Ende Juni die Lupinen.

Fünf Minuten danach biegt der Weg nach links und durchquert das Zentrum des Naturschutzgebietes, das Brutgebiet der Auerhähne. An weiteren

Teich beim Fichtenbach

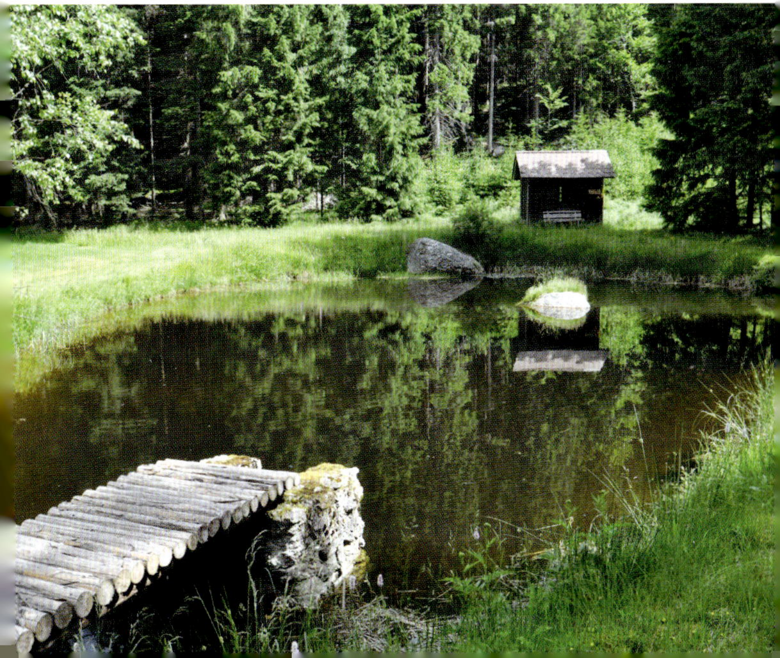

Steinformationen vorbei gelangen Sie schließlich zum **Parkplatz Halterberg** 7 (900 m) mit Infotafeln.
Hier nach links, zehn Minuten auf der Nebenstraße dahin, am Ortsanfang links hinauf, über die Kuppe und dann rechts hinunter zur Kirche von **Altmelon** 1 zurück.

Kurzvariante: Eine schöne kurze Runde bietet der Moorwanderweg Nr. 77. In diesem Fall starten Sie vom **Parkplatz Halterberg** 7 und folgen der Wegnummer 77 gegen den Uhrzeigersinn. Nach der ersten Hälfte können Sie von der Straße einen kurzen, ausgeschilderten Abstecher zum Bauernmuseum der Familie Wagener machen.
Nach den Schweizerhäusern führt der Weg von der Abzweigung/Fichtenbach weiter durch den Wald Richtung Straße und dann durch die Fichtenbacher Au wieder zum Parkplatz zurück.

Anfahrt zum Parkplatz Halterberg: Von Altmelon Richtung Purrath, 1,5 km.

Meloner Au

Die Meloner Au gilt als eines der schönsten Hochmoorgebiete des Waldviertels. Das 163 Hektar große Moorgebiet steht seit 1992 unter Naturschutz und darf nur vom 20. Juni bis 30. November bewandert werden. Es handelt sich um einen Mix aus Hoch-, Übergangs- und Niedermooren, die sich über ein stilles Waldgebiet verteilen. Auf dem Wanderweg durch das Naturschutzgebiet kann man die verschiedenen Moortypen entdecken: In Hochmooren wächst Torf besonders hoch und der Boden ist extrem sauer, Nährstoffe bekommen die spezialisierten Pflanzen fast nur über das Regenwasser.
Niedermoore entwickeln sich in Senken, Mulden und Flussniederungen. Das Wasser bleibt lange stehen, dadurch ist der Nährstoffgehalt sehr hoch.
Übergangsmoore befinden sich in der Entwicklung von Nieder- zu Hochmooren. Nur wenige Baumarten wachsen im Moorgebiet, in der Meloner Au sind das Latschen, Rotföhren, Birken und Fichten.
Ein Moor braucht für seine Entstehung Jahrtausende, das Moorwachstum begann vor etwa 11 000 Jahren nach dem Ende der letzten Eiszeit. Moore können mehr Kohlenstoff als jedes andere Ökosystem binden, sie sind außerdem wichtige Wasserspeicher und bringen hochspezialisierte Pflanzen und Lebewesen hervor, Wappentier der Meloner Au ist der seltene Auerhahn. (vgl. auch Info Tour 6, Seite 61 ff).

17

Schönbach: Lohnbachfall

Zum romantischen Wasserfall

●○○ 5 km · 1 ½ Stunden · 130 hm

Charakter	Kurze romantische Rundwanderung auf breiten Wegen, am Lohnbachfall gut ausgebaute Steiganlage, bei Lohn unbefahrene Nebenstraße.
Start/Ende	3911 Pehendorf, Parkplatz Lohnbachfall an der L 78
Markierung	Der Weg ist als kurze Lohnbachrunde 92 A ausgeschildert, auch Teddybärentrail
Anfahrt	Von Rappottenstein Richtung Arbesbach auf der B 124, auf der L 78 Richtung Schönbach abbiegen, der Parkplatz liegt einen Kilometer hinter Pehendorf
Einkehr	Lohnbachstüberl Gschwandtner (+43 [0]2827 7007)
Information	www.baerentrail.at
Sehenswertes	Naturdenkmal Lohnbachfall, Skulpturenpark „Kunst zwingt Rost“, in Schönbach: Kloster-Schul-Werkstätten & Museum

Rund einen Kilometer vor der Einmündung in den Kleinen Kamp überwindet der Lohnbach in einem wildromantischen Wasserfall eine Steilstufe im Gelände. Den Eindruck des Falles erweckt er vor allem zur Zeit der Schneeschmelze oder nach stärkeren Regenfällen, sonst rauscht der Bach kaum sichtbar, aber dafür

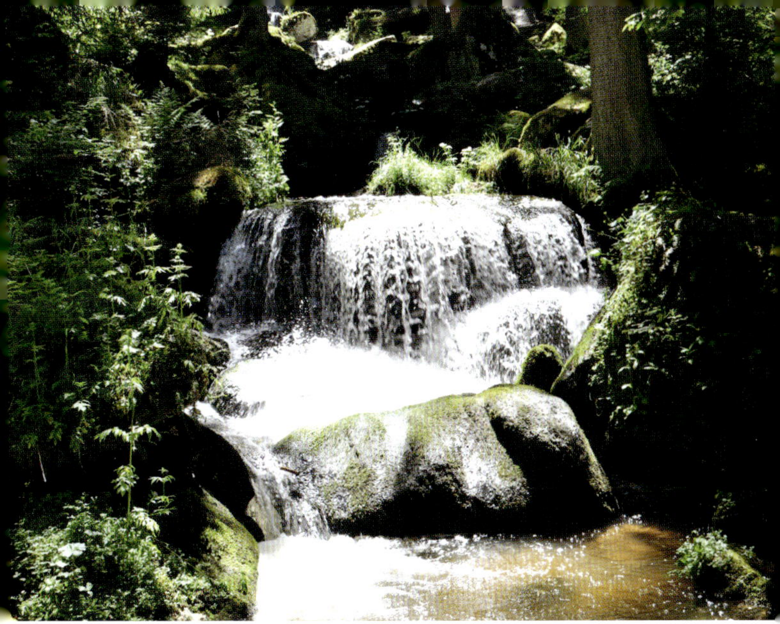

Lohnbachfall

deutlich hörbar unter den Felsblöcken hinunter. Die Schluchtstrecke ist etwa 200 Meter lang mit wechselnden Breiten, die größte Ausschwemmung ist die „Steinerne Stube“, ein Kluftspalt in der Blockformation. Bereits im Jahr 1930 wurde die Waldschlucht zum Naturdenkmal erklärt, durch eine im Jahr 2018 neu errichtete Steiganlage ist sie gut erschlossen.

Die Rundwanderung beginnt am **Parkplatz Lohnbachfall** 1 (660 m). Sie gehen zum Talboden hinunter, links und rechts der Straße liegt dort der Skulpturenpark „Kunst zwingt Rost“ von Helmuth Hammel, mehr als

200 Kunstwerke aus alten Eisenteilen sind hier zu bestaunen. Nun folgen Sie dem Weg Nr. 92 A nach rechts, von links werden Sie später hierher zurückkommen. Am Waldrand und an Wiesen entlang wandern Sie durch den schönen Talgrund, der Lohnbach mäandriert ruhig dahin. Nach 20 Minuten beginnt die Steilstufe, die der Lohnbach in mehreren Kaskaden überwindet. Von der Steiganlage mit Aussichtsplattformen bieten sich immer wieder interessante Blicke auf die vom Wasser um- oder überspülten, bemoosten oder glattgeschliffenen Granitfelsen, eine Rastbank gibt es bei der „Steinernen Stube". Auf der Schulter fließt dann der Bach wieder ruhig zwischen den Steinen dahin, beim **Zeller Steg** 2 (720 m) – der Name weist noch auf den alten Wallfahrerweg nach Mariazell – wechseln Sie ans andere Ufer und biegen nach links. Wer noch länger auf schönem Weg weiterwandern möchte, kann rechts noch einen Abstecher Richtung Brunnmühle machen.

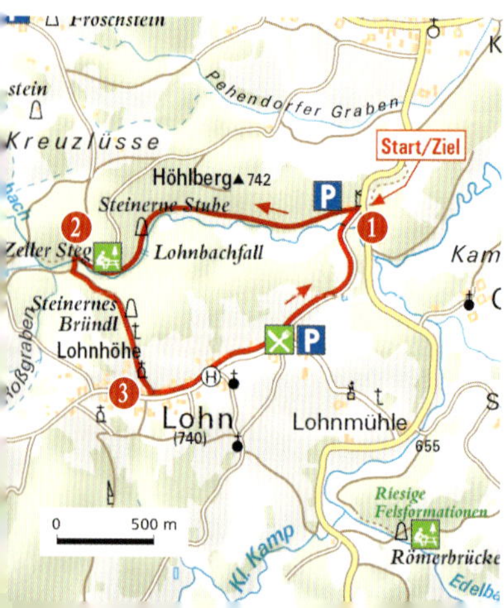

Der Rundweg Nr. 92 A führt vom Steg nach links weiter, zunächst am Ufer des Lohnbachs entlang und dreht dann rechts hinauf Richtung Lohnhöhe. Kurz vor dem Waldaustritt liegt links das „Steinerne Bründl", ein großer

Schalenstein mit einer 40 Zentimeter tiefen, immer mit Wasser gefüllten Schale.

Von der **Lohnhöhe** 3 (790 m) bietet sich dann eine schöne Aussicht über die Landschaft um Schönbach, der Weg führt oberhalb der Kapelle von Lohn vorbei und trifft am Ortsende auf die Zufahrtsstraße. Rechts liegt das Gasthaus Gschwandtner, links geht es auf der Nebenstraße abfallend zurück zum Parkplatz.

Steiganlage am Lohnbachfall

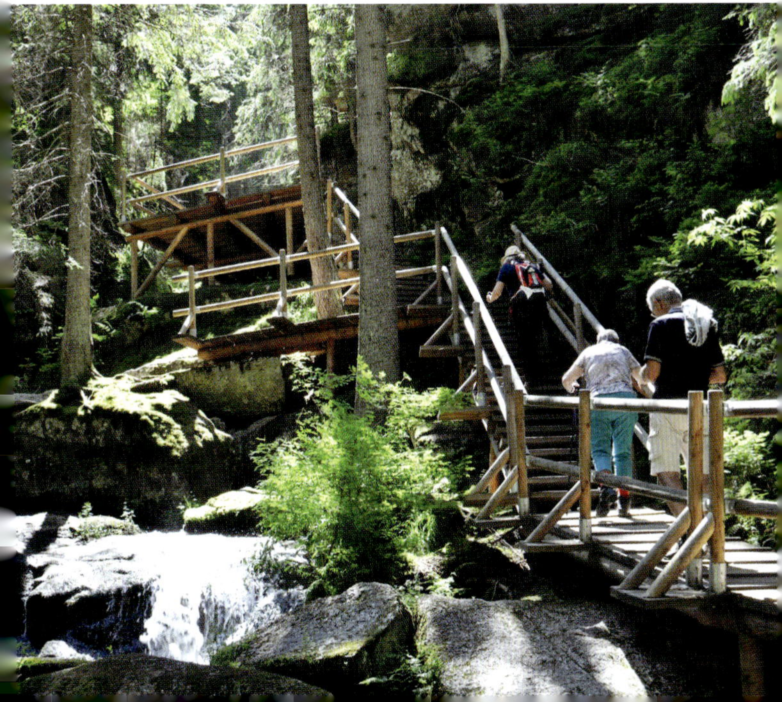

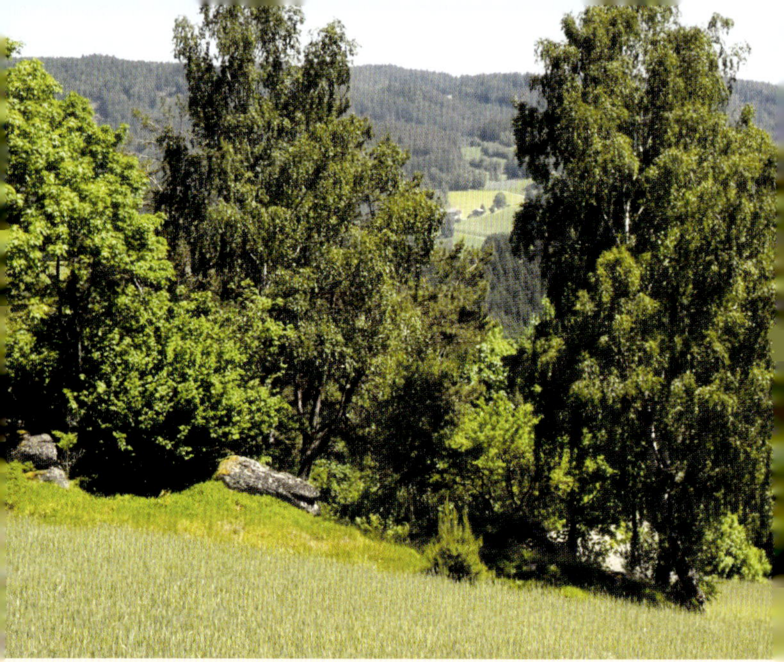

Schönbach: Handwerk erleben – Kloster-Schul-Werkstätten & Museum

Der 1351 erstmals urkundliche erwähnte Markt Schönbach gehörte zur Herrschaft Rappottenstein und war wegen seiner Gnadenstatue Maria-Rast ein beliebter Wallfahrtsort. An die gotische Hallenkirche mit ihren drei bekannten spätgotischen Flügelaltären wurde 1698 ein Hieronymitenkloster angebaut, das bis 1828 existierte.

Im Jahr 2007 ist mit den Kloster-Schul-Werkstätten neues Leben in einen Trakt des alten Klosters gekommen, eine gewerblich geführte Korbmanufaktur und

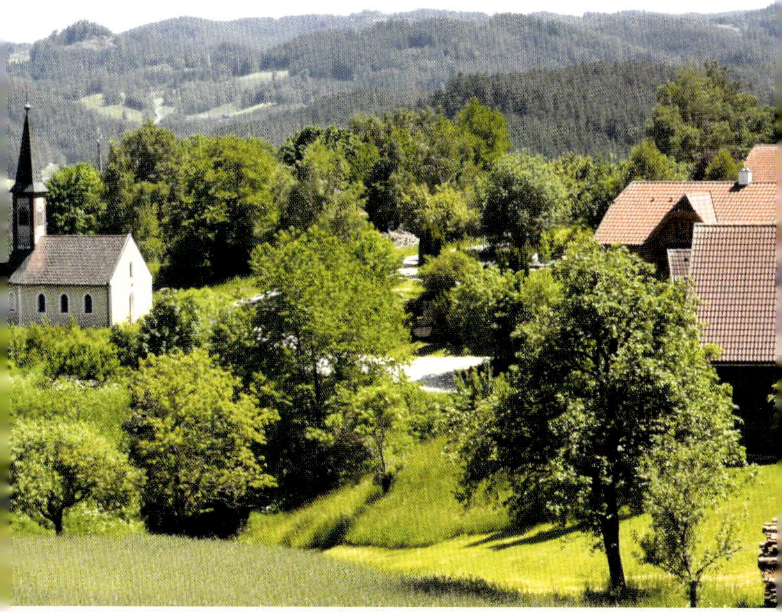

Seifensiederei machten den Anfang. In den Kloster-Schul-Werkstätten vermitteln Kurse altes handwerkliches Wissen, zum Beispiel zur Fertigung von Rechen oder Dachschindeln, das „Wäschepflegemuseum“ zeigt alte Techniken der Wäschepflege. Im Korb.Garten, einem Schaugarten, wachsen die Pflanzen, die den Naturseifen ihren Duft verleihen.
Präsentiert und zum Kauf angeboten wird die breite Palette von lokalen Erzeugnissen im Klosterladen.
www.handwerk-erleben.at

18

Kirchbachrunde

Durch das Paradies am Großen Kamp zur Aussichtskanzel

●●● 15 km · 4 Stunden · 230 hm

Charakter	Längere, abwechslungsreiche Rundwanderung auf guten Wegen, im ersten Teil Fluss-, im zweiten Teil Waldwanderung zu imposanten Steinformationen und einem hervorragenden Aussichtspunkt.
Start/Ende	3911 Kirchbach, Gasthaus, Geschäft, Parkplätze im Zentrum
Markierung	Bis zur Kampbrücke Paradiesweg Nr. 6, dann Weg Nr. 7 und 11, bis zur steinernen Wegsäule auch 612, abschnittsweise Bärentrail, immer rot-weiß-rot markiert
Anfahrt	3 Kilometer auf der L 7309 von Rappottenstein
Einkehr	In Kirchbach: Gasthof Kapeller (www.baerentrail.at)
Information	Infostand Rappottenstein im Zentrum (www.rappottenstein.at)
Sehenswertes	Interessante Steinformationen, Museum „Alte Brettersäge"

Von Kirchbach (641 m) aus lässt sich eine interessante Rundwanderung unternehmen:
Im ersten Abschnitt geht es durch das „Paradies", wie die Engtalstrecke des Großen Kamp zwischen Heumühle und Grünbach heißt. Seine Quellen liegen

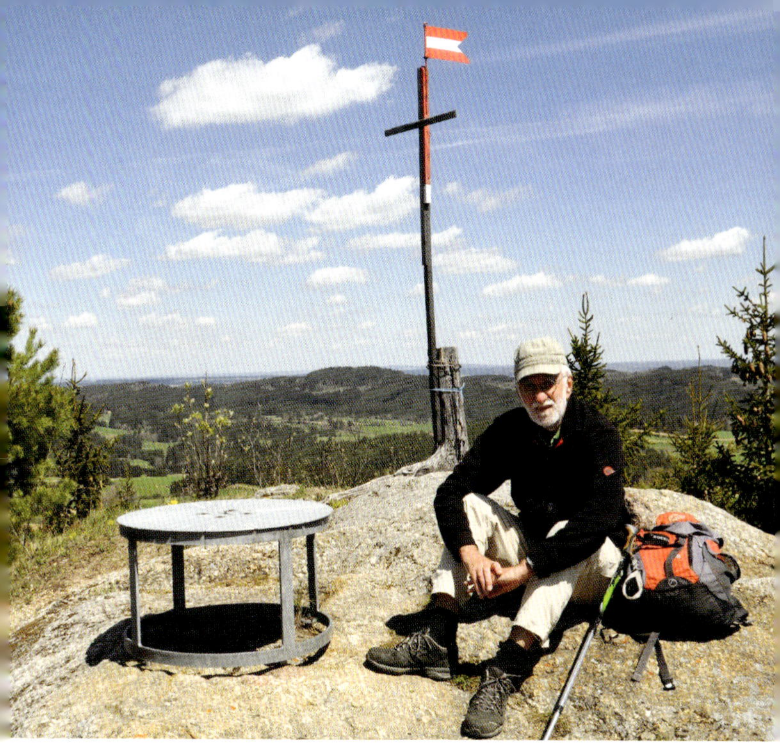

Rast am Aussichtsfelsen Burgleiten

nördlich von Liebenau, abwechselnd durchfließt er Wiesen und Waldland, sanfte Mulden und Engtäler. Der größte, jedoch großteils unterirdisch überwundene Katarakt ist der Höllfall, danach mäandriert der Große Kamp durch ein weites Muldental. Im engen „Paradies" hat sich er schluchtartig in das Granithochland eingegraben. Im Fluss, an den Ufern und Talhängen finden sich zahlreiche Felsen, der urtümlich erhaltene Lebensraum steht unter Naturschutz.

Der zweite Abschnitt der Wanderung führt durch den sogenannte Felsengarten mit fantastischen Steinformationen wie dem steinernen Torbogen, der Gletschermühle und der steinernen Stube am oder nahe beim Weg. Vom Granitkegel Burgleiten bietet sich ein herrlicher Rundblick über die waldreiche Landschaft, am Rückweg passieren Sie gegen Ende noch das Freilichtmuseum Brettersäge.

Die Wanderung beginnt mit einer gemütlichen Etappe von **Kirchbach** ❶ (641 m) hinunter zum Kamp. Von der Straße Richtung Rappottenstein zweigen Sie nach 100 Metern rechts ab und folgen dem Paradiesweg

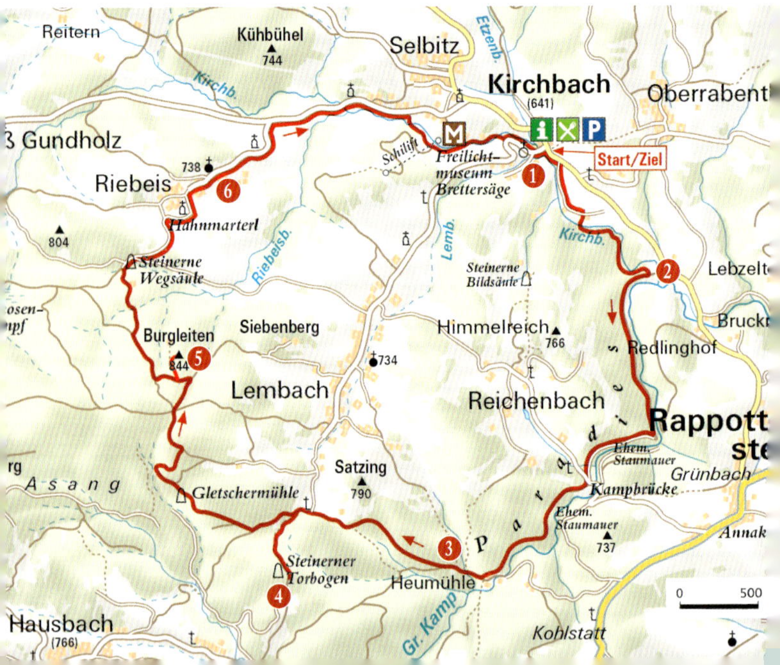

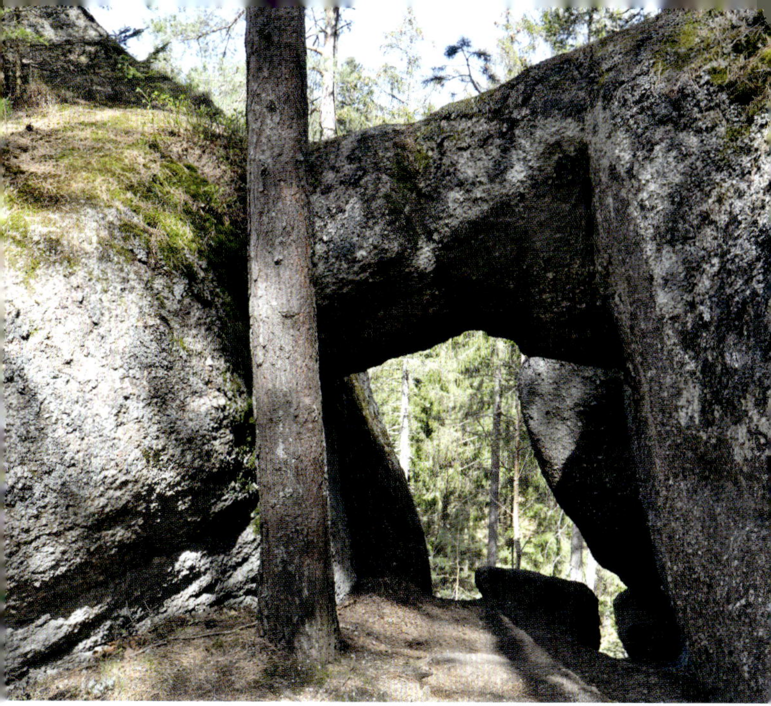

Steinerner Torbogen

Nr. 6. Nach dem Sägewerk und dem Wasserwerk geht es rechts über die kleine Brücke und im Wald immer am Kirchbach entlang. Bei der Mündung in den **Großen Kamp** ❷ (615 m) biegen Sie nach rechts und wandern flussaufwärts durch das Paradies und bei der Reichenbacher Kampbrücke geradeaus weiter bis zur **Heumühle** ❸ (680 m).

Durch den Felsengarten folgen Sie nun aufmerksam der rot-weiß-roten Markierung (Wege Nr. 7, 11 und 612). Sie verlassen den Fluss nach rechts und wandern ansteigend, bei der ersten Gabelung links, bei der zweiten rechts und auf dem Hauptweg bleibend hinauf zur Lichtung am Satzing. Großflächig wachsen hier im Wald die Heidelbeeren. Die Wegweiser leiten Sie anschließend auf einem Abstecher zum **Steinernen Torbogen** 4 (755 m), die natürliche Steinbrücke ist eine geologische Rarität im Granitgebirge, weitere fantastische Steinformationen wie der Pilzfelsen liegen in unmittelbarer Umgebung.

Sie kehren zur Abzweigung zurück, biegen nach links und wandern in deutlichem Auf und Ab weiter, hier kommen in Summe ein paar Höhenmeter zusammen. Sie passieren die „Gletschermühle", der Name ist jedoch irreführend, die runden Formen sind ein schönes Beispiel der Wollsackverwitterung (siehe Info Tour 4, Seite 48 f).

Danach führt der Weg an der Steinernen Stube vorbei, ein natürlicher Unterstand aus riesigen Granitsteinen, am obersten Felsen finden sich zwei durch natürliche Vergrusung entstandene Schalen.

Das nächste Ziel ist die Aussichtskanzel **Burgleiten** 5 (844 m), ein ausgeschilderter Stichweg zweigt im rechten Winkel nach rechts ab, am Gipfelfelsen ist eine kleine Steinstufe zu überwinden. Von dieser 844 Meter hoch gelegenen kegelförmig aus dem Wald aufragenden Felsformation bietet sich ein herrlicher Rundumblick über die waldreiche Landschaft des Hochlandes.

Zurück zur Abzweigung geht es nun gemütlich weiter, der rot-weiß-rot markierte Weg trifft auf einen breiten Forstweg. Bei der Steinernen Wegsäule wandern Sie geradeaus weiter. Achtung: Die Wegweiser sind hier missverständlich! Bei der Gabelung kurz danach nehmen Sie den linken Weg nach **Riebeis** 6 (738 m), eine kleine Ortschaft in einer sanften Mulde mit Feldern und Wiesen. Auf der Zufahrtsstraße geht es nun hinunter Richtung Kirchbach, nach dem Ortsschild von Selbitz biegt der Weg rechts ab und führt am Skilift und dann an der alten Brettersäge vorbei nach **Kirchbach** 1 und zurück zur Einkehr im Gasthof Kapeller.

Alte Brettersäge

Im Waldviertler Hochland spielt die Holzverarbeitung traditionell eine wichtige Rolle. In Kirchbach ist eine aus dem 19. Jahrhundert stammende wassergetriebene Brettersäge mit venezianischem Gatter erhalten geblieben. Die voll funktionsfähige Anlage mit Wasserrad, Antrieb, Sägeschlitten und Gatter wurde 1995 zum Sägewerksmuseum umgewandelt und kann nach Voranmeldung besichtigt werden, Franz Jahn, Tel.+43 (0)664 75087108, Rufanlage für spontane Besichtigungen auch am Museumseingang.

19

Am Kleinen Kamp bei Rappottenstein

Durch die Schütt und zur Burg Rappottenstein

●◐○ 8 km · 2 Stunden · 120 hm

Charakter	Schöne, schattige Rundwanderung, im ersten Abschnitt Flusswanderung am Kleinen Kamp entlang, Rückweg durch Hochwald über einen Bergrücken zur imposanten Burg Rappottenstein mit Besichtigungs- und Einkehrmöglichkeit.
Start/Ende	3911 Hammer, Ortsteil von Rappottenstein
Markierung	Erste Hälfte Weg Nr. 12 „Kraft des Wassers“, Rückweg auf dem Weg Nr. 10 „Klangburgweg“
Anfahrt	Beim Ort Ritterkamp den Wegweisern zur Burg Rappottenstein folgen bis zur kleinen Werksiedlung Hammer, kleiner Parkplatz bei Nr. 82, beim Wegweiser „Burg Rappottenstein“
Einkehr	In der Burgschenke Rappottenstein (www.burgschenke.net)
Information	Infostand Rappottenstein im Zentrum, www.rappottenstein.at
Sehenswertes	Burg Rappottenstein

Die Quellen des Kleinen Kamp liegen im Weinsberger Wald nahe der Ortschaft Bärnkopf. Bei Schönbach ist der Bach bereits so groß, dass er einst eine Mühle

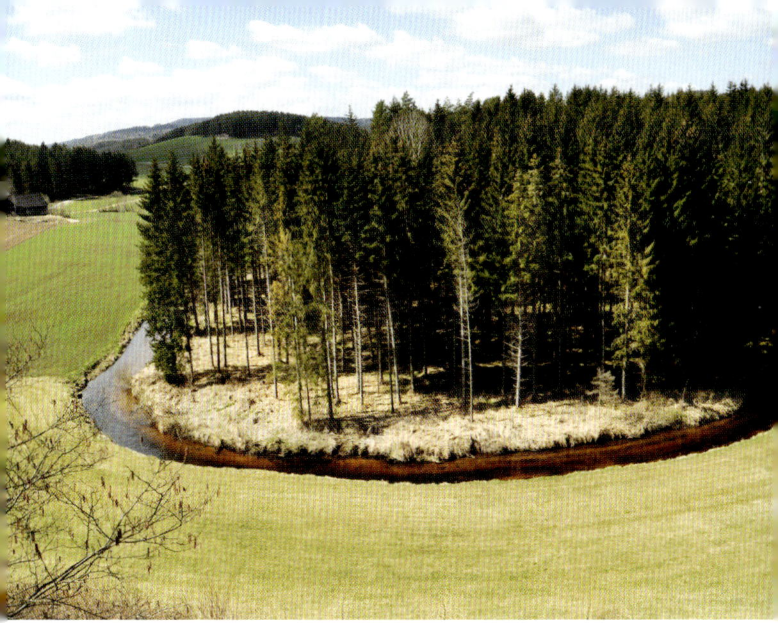

Schlinge des Kleinen Kamp nahe Wiesmühle

antrieb. Er mäandriert weiter durch Wiesen bis hinter die Wiesmühle und fließt danach durch ein Kerbtal zur Mündung in den Großen Kamp bei Ritterkamp. Nach den unzähligen im Flussbett liegenden Granitbrocken heißt dieser Abschnitt „die Schütt", oben die Große, unten die Kleine Schütt. Es ist ein spektakulärer Abschnitt, der zum Naturdenkmal erklärt wurde, stellenweise ist das Bett des Kleinen Kamp fast zur Gänze von Granitblöcken erfüllt. Nach Trockenperioden und im Herbst verschwindet der Fluss völlig unter den Felstrümmern, bei Hochwasser überspült er die Steine und durchströmt mit zahlreichen Kaskaden das Tal.

Die Rundwanderung startet beim kleinen Parkplatz in **Hammer** ❶ (620 m) und folgt dem Weg Nr. 665 oberhalb des Hauses in den Wald zum Kleinen Kamp. Schon nach wenigen Schritten beginnt der mit großen moosbewachsenen Granitfelsen verblockte Flussabschnitt, die wildromantische Kleine Schütt. Stellenweise gibt es auch flache Ufer mit Sandbänken, wo der Kamp ruhig dahinfließt und der Eisengehalt des Granits das Kampwasser rostbraun erscheinen lässt.

Beim Schlosssteg zweigt der Weg nach Rappottenstein ab, der Marktort liegt auf einem Bergrücken zwischen Großem und Kleinem Kamp. Sie bleiben immer auf der orografisch rechten Flussseite und folgen nun dem Weg Nr. 12 „Kraft des Wassers".

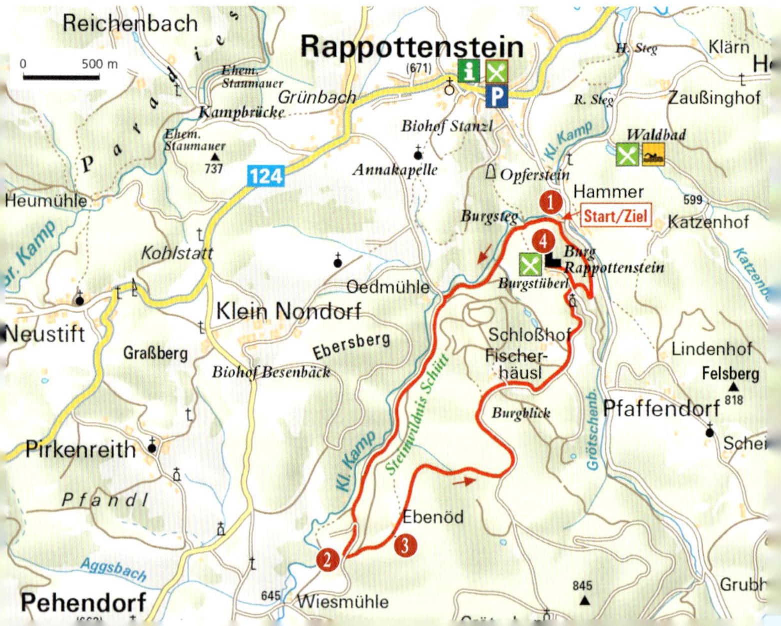

Der breite Weg führt immer am Fluss entlang, wo rechts der Pfad abzweigt, beginnt die Große Schütt. Am Pfad wachsen Heidelbeeren in der verblockten Waldlandschaft, bei Niedrigwasser kann man auf den Steinen ins Flussbett hineinklettern, das Wasser fließt in verborgenen Wegen darunter hindurch. Der Pfad mündet wieder in einen breiten Weg, dem Sie nun Richtung Wiesmühle aufwärts folgen (rot-weiß-rote Markierung).
Ein Aussichtsfelsen bietet einen schönen Blick auf eine Schlinge des Kleinen Kamp, bevor Sie bei einem Querweg die **Abzweigung** 2 erreichen.
Hier biegen Sie nach links aufwärts, für den Rückweg folgen Sie dem Weg Nr. 10 „Klangburgweg". Er führt über einen Bergrücken mit Hochwald und Lichtungen mit Einschichthöfen zur Burg Rappottenstein. Auf dem Fahrweg gelangen Sie zuerst zum Hof **Ebenöd** 3 mit charakteristischen Steinformationen oberhalb des Hofes, mit 735 Metern der höchste Punkt der Wanderung.
Durch hochstämmigen Fichtenwald mit vielen Felsblöcken wandern Sie weiter, beim breiten Fahrweg geht es nach links. Bei der nächsten Lichtung, dem Fischerhäusl, bietet sich ein herrlicher Blick zur Burg Rappottenstein auf einem Felsen in der Waldlandschaft. In der folgenden Lichtung duckt sich der Schlosshof in die flache Senke, bevor Sie die **Burg Rappottenstein** 4 erreichen.
Hier empfiehlt sich unbedingt eine Besichtigung der Burg mit Einkehr in der Burgschenke. Das kleine

gutbürgerliche Cafè-Restaurant bietet regionale und saisonale Küche, verarbeitet werden hofeigene Produkte, die Mehlspeisen sind hausgemacht.
Der letzte Abschnitt ist ein kurzer Spaziergang: Von der Burg geht es zurück und nach 50 Metern links in den Weg hinunter, Wegweiser Rappottenstein (rot-weiß-rote Markierung). Beim Querweg weiter abwärts gelangen Sie in wenigen Minuten zurück zum Ausgangspunkt, dem Parkplatz in **Hammer** ❶.
An heißen Tagen bietet das nahe Waldbad (Richtung Ritterkamp) Abkühlung, Erfrischung und ein Buffet.

Burg Rappottenstein

Um 1150 gründeten die Kuenringer zur Sicherung ihres ausgedehnten Besitzes eine Reihe von Burgen. Die mächtigste von ihnen war die Burg Rappottenstein auf einem hohen Granitfelsen nahe dem Kleinen Kamp, die auch zur Kontrolle der Handelsstraße von der Donau über den Nordwald nach Böhmen diente. Wegen der isolierten Lage der Burg und ihres durchdachten Verteidigungssystems galt sie als uneinnehmbar, und sie ist tatsächlich eine der wenigen Festen, die nie erobert oder zerstört wurden – trotz mehrfacher Belagerung. Deswegen ist sie gut erhalten, Romanik, Gotik und Renaissance sind die drei prägenden Baustile. Romanischer

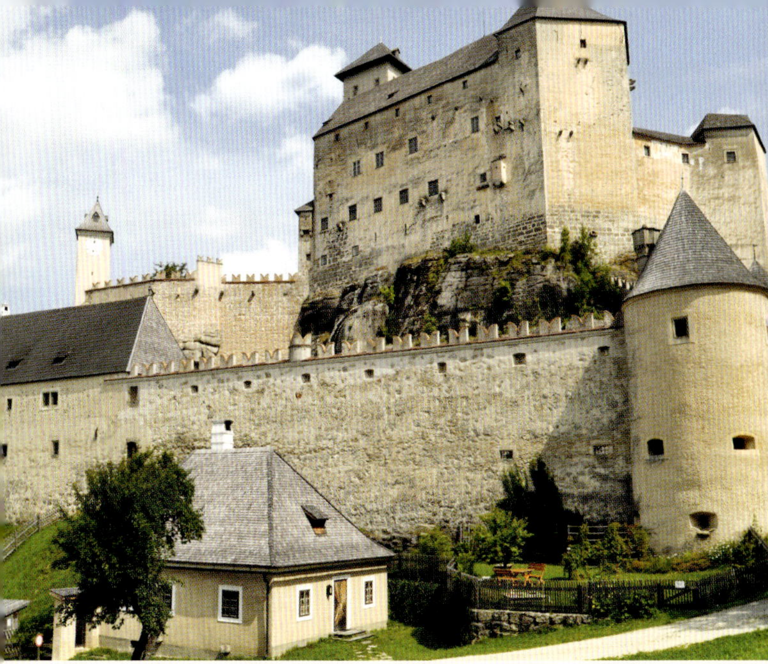

Bergfried, gotische Burgkapelle, bewehrte Höfe mit Arkaden, Uhrturm und Wandmalereien ergeben ein harmonisches Ganzes, zu erleben nur bei einer Führung.

Im Jahr 1996 gründete sich der Verein „Freunde der Burg Rappottenstein" und initiierte eine neue Verwendung der seit 1664 im Besitz der Familie Abensperg-Traun befindlichen Burg. Ein Musik- und Kulturprogramm mit Seminaren und Workshops hat die mittelalterliche Hochburg inzwischen zur bekannten „Klangburg Rappottenstein" gemacht.
www.burg-rappottenstein.at

20

Von Roiten zur Uttissenbachmühle

Am Kamp entlang

●◐○ 10 km · 2 ½ Stunden · 70 hm

Charakter	Wunderbare Flusswanderung auf guten Wegen am geschützten Kamp entlang.
Start/Ende	3911 Roiten, Dorfmuseum
Markierung	Rot-weiß-rote Markierung, Weg Nr. 665, Nr. 1 und Wasserwunder-Wanderweg
Anfahrt	Roiten, ein Ortsteil von Rappottenstein, liegt an der L 77
Einkehr	Roiten, Gasthof König (+43 [0]2828 8501)
Information	Infostand Rappottenstein im Zentrum www.rappottenstein.at
Sehenswertes	Dorfmuseum Roiten

Nach der Vereinigung von Großem und Kleinem Kamp bei der Ortschaft Ritterkamp fließt der junge Kamp in vielen von Weiden gesäumten Flussschlingen durch die breite Talsohle bei Roiten. Danach wechselt die Landschaft, im Abschnitt zwischen Roiten und Zwettl durchzieht der Fluss schluchtartig die Granithochfläche. Bewaldete, felsdurchsetzte Steilhänge rücken nahe an den Fluss heran, dessen Bett durch die zahlreichen Felsblöcke aller Größen beengt und strukturiert wird, einige Mühlen nutzten früher die Kraft des Wassers.

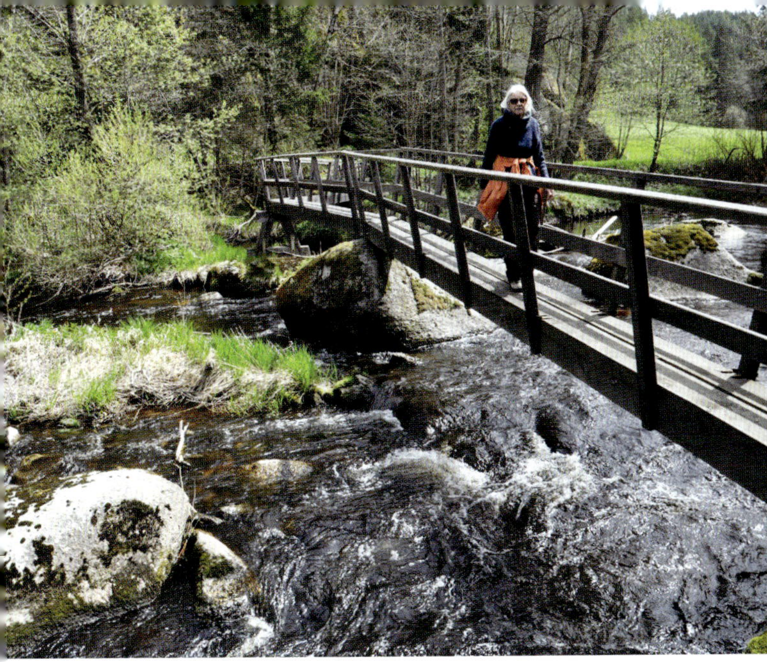

Steg zur Uttissenbachmühle

Bei Niedrigwasser fließt der Kamp in gemütlichen Verzweigungen durch das verblockte Flussbett, bei Hochwasser wird er ein tosendes Wildwasser. Auf halber Strecke zwischen Roiten und der Uttissenbachmühle liegt die Hahnsäge, die zeitweilig vom Maler Friedensreich Hundertwasser bewohnt wurde.
Planen Sie mehr Zeit ein: Die Wanderung am geschützten Kamp entlang – Hinweg auf dem rechten Ufer, Rückweg auf dem linken – zählt zu den schönsten Flusswanderungen des Waldviertels, es gibt zahlreiche schöne Fotomotive!

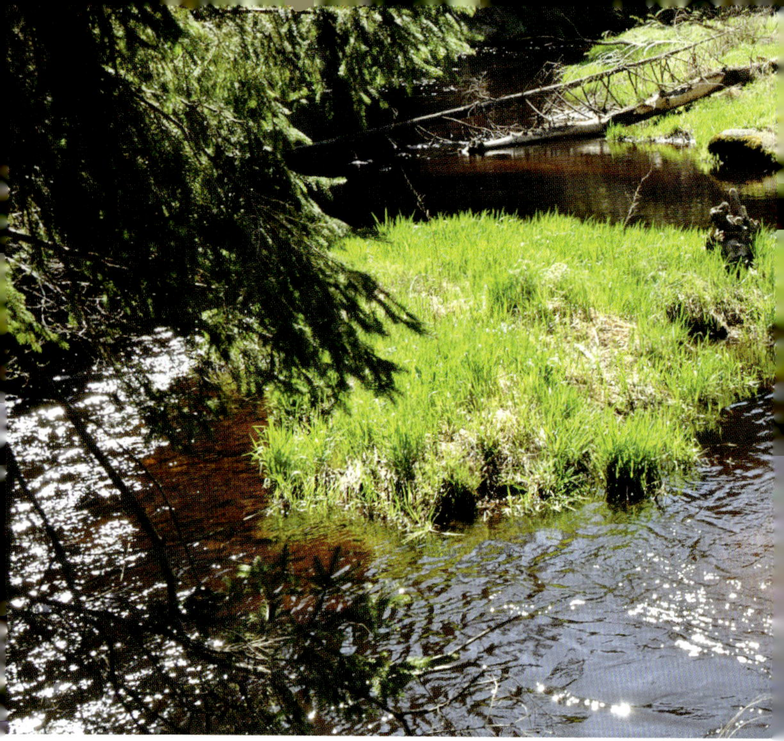

Sie starten Ihre Flusswanderung in Roiten (576 m) beim Parkplatz beim Dorfmuseum oder 600 Meter weiter auf der Nebenstraße in Richtung Klärwerk. Das Sträßchen geht bald in einen Fahrweg über, der sich nun immer am rechten Ufer des Flusses entlangzieht. Stets im Wald wandern Sie flussabwärts durch das Naturschutzgebiet Oberes Kamptal, im Flussbett reihen sich riesige Felsblöcke aneinander, die Uferfelsen zeigen deutlich die Form der Wollsackverwitterung (siehe Info Tour 4, Seite 48 f).

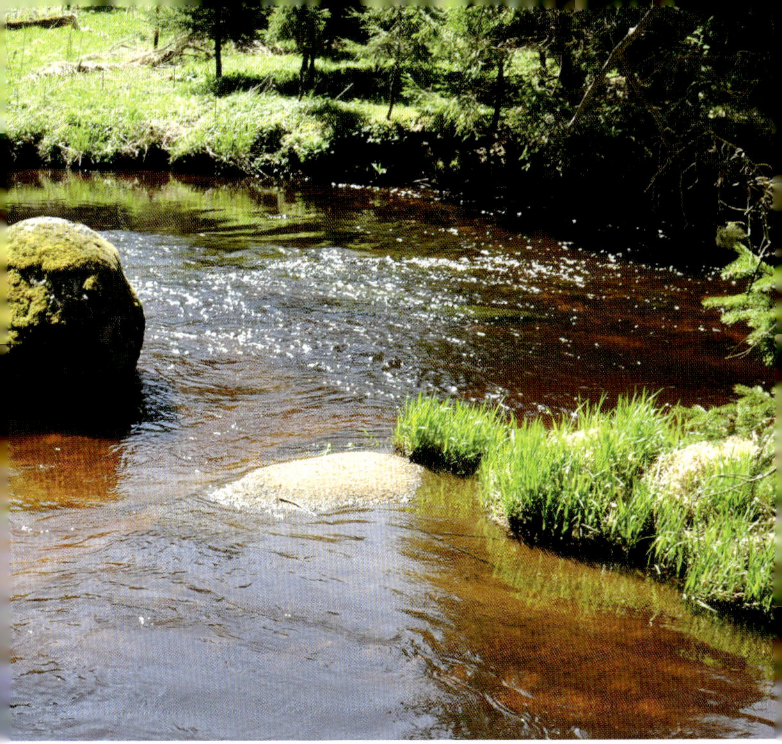

Friedlicher Kamp

Nach einer knappen Dreiviertelstunde passieren Sie die Hahnsäge, die Friedensreich Hundertwasser als Rückzugsort gewählt hatte.
Bei der nächsten Talbiegung zweigt ein Steig vom Karrenweg ab und führt an einer eindrucksvoll verblockten Flussstrecke entlang, danach biegt rechts der Weg hinauf zum Hohen Stein ab (Tour 22, ab Seite 166). Auf der Kampbrücke überqueren Sie den Fluss, 200 Meter weiter liegt die schön renovierte Uttissenbachmühle (552 m).

Sie wurde 1280 erstmals erwähnt und gehörte ursprünglich dem Kloster Zwettl, später dem Gut Rottenbach. Zwei unterschlächtige Wasserräder trieben eine Getreidemühle und eine Säge an, 1959 wurde sie stillgelegt.
Zurück zur Brücke wandern Sie nun auf der orografisch linken Flussseite nach Roiten. Seit einigen Jahren werden alle offiziellen Wanderwege über die rechte Seite geführt, die alte rot-weiß-rote Markierung auf der linken Seite ist aber noch deutlich zu erkennen, der Weg ist gut begehbar, kann im Sommer aber an einigen wenigen Stellen etwas zugewachsen sein.
Auf breitem Weg, zwei Rastbänke laden an schönen Plätzen zum Verweilen ein, wandern Sie bis auf die Höhe der Hahnsäge, danach wird der Weg schmaler und geht dann in einen Steig über. Nach dem „Drei-Gmoa-Eck" – hier stoßen in der Flussmitte die Gemeinden Zwettl, Großgöttfritz und Rappottenstein zusammen –, wenn der Pfad zu steigen beginnt, folgen Sie der Markierung weiter ansteigend zum Kreuzhof (620 m), der Uferpfad endet vor einer hermetischen Abzäunung, die ein uneinsichtiger Bauer vor seinem Grundstück errichtet hat.
Vom Kreuzhof können Sie auf der asphaltierten Zufahrtsstraße nach Roiten hinunterwandern oder eine unmarkierte Abkürzung nehmen: Nach dem Hof geht es dazu links den anfangs asphaltierten Weg hinunter, dann an einer Wiese entlang zum unteren Hof und zur Kampbrücke. Über diese zurück nach Roiten.

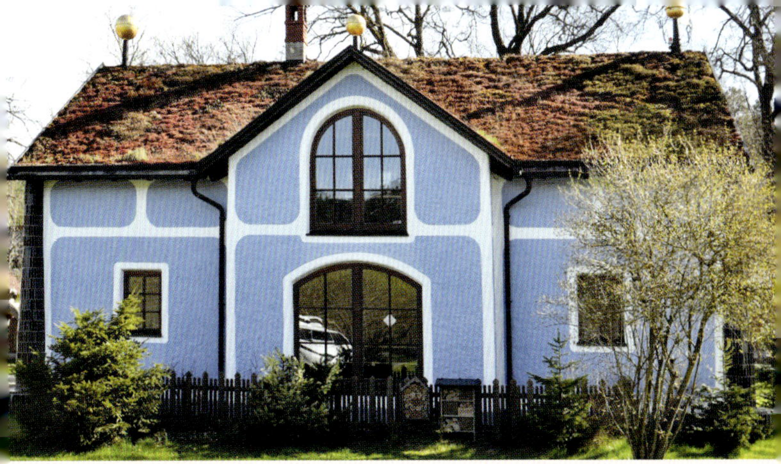

Friedensreich Hundertwasser in Roiten

Im Jahr 1966 kaufte Friedensreich Hundertwasser die aufgelassene Hahnsäge und gestaltete sie nach seinen Vorstellungen zu einem Wohn- und Arbeitsort mit begrüntem Dach um. Die farbliche Gestaltung der Fassade mit seiner Maxime „Die gerade Linie ist gottlos" schuf Pravin Cherkoori, ein Freund des 2000 verstorbenen Meisters zu dessen Erinnerung. In 34 Jahren entstanden hier 40 Meisterwerke. Eine ausführliche Dokumentation über das Leben und Wirken Hundertwassers in der Hahnsäge zeigt das Dorfmuseum Roiten.

Hundertwasser war Roiten und dem Kamptal sehr verbunden, er schuf unter anderem den Brunnen am Zwettler Hauptplatz, das Wappen von Roiten und gestaltete das ehemalige Kühlhaus in Roiten zum Dorfmuseum um. Im Erdgeschoß finden Ausstellungen und Lesungen statt, im Obergeschoß sind Geräte alter Handwerksberufe zu sehen. www.dorfmuseum-roiten.at

21

An Kamp und Zwettl

Zwei-Flüsse-Rundwanderweg

●●○ 12 km · 3 ½ Stunden · 80 hm

Charakter	Angenehm schattige Fluss- und Waldwanderung auf guten Wegen mit lohnenswertem Rundgang durch das alte Zentrum von Zwettl.
Start/Ende	3532 Zwettl, Parkplatz bei der Bründlkirche
Markierung	Ausgeschildert als Zwei-Flüsse-Rundwanderweg
Anfahrt	Die Bründlkirche liegt am südlichen Ortsrand von Zwettl am linken Kampufer
Einkehr	Traditionsgasthaus „Zur goldenen Rose" auf dem Dreifaltigkeitsplatz (goldene-rose.at), Wiener Kaffeehaus-Flair bietet das Café Süd in Landstraße 1 (www.cafesued.zwettl.at); auf der Strecke bei einem kleinen Umweg Restaurant Schwarzalm der Zwettler Bierbrauer (www.schwarzalm.at).
Information	Sparkassenplatz 4, www.zwettl.info
Sehenswertes	Stadtzentrum von Zwettl, außerhalb: Stift Zwettl

Die Tallage am Zusammenfluss von Kamp und Zwettl prägt die Natur um die historische Stadt Zwettl. Die Zwettl entspringt im Reichenauer Wald nur drei Kilometer vom Ursprung des Großen Kamp entfernt, fließt mäandrierend durch die Hügellandschaft in

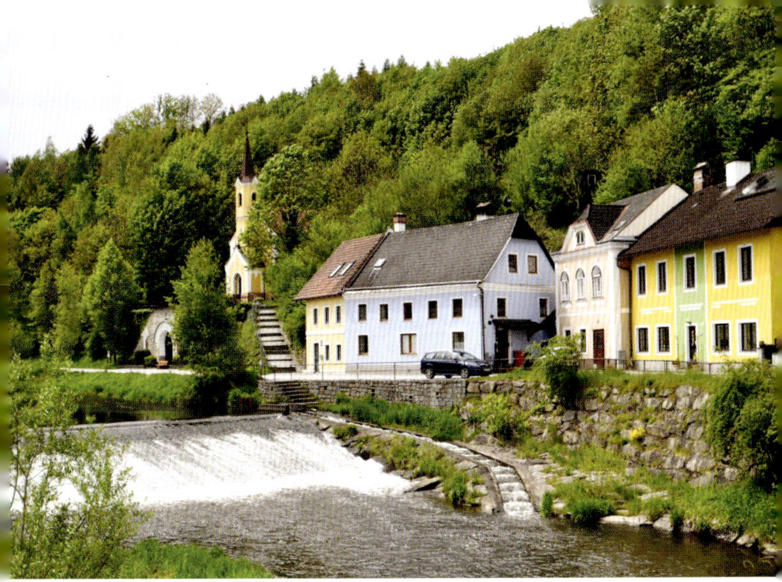

Bründlkirche

einem großen Bogen nach Osten und mündet bei Zwettl-Stadt in den Kamp. Ab Syrafeld hat sie im letzten Abschnitt vor der Mündung ein Kerbtal geschaffen, das als Zwettltal bezeichnet wird. Beide Flüsse, Kamp und Zwettl, sind geschützt und gehören zum Natura-2000-Gebiet. Auf bequemen Wegen wandern Sie durch typische Waldviertler Flusslandschaften und durch Wälder, der gut markierte Zwei-Flüsse-Rundwanderweg verbindet die schönen Uferwege. Im ersten Abschnitt geht's von der Stadt Zwettl am Kamp entlang aufwärts bis zur Gschwendtmühle, dann durch den Moidramswald nach Syrafeld und an der Zwettl entlang wieder in die Stadt zurück.

Hier gibt es eine Bademöglichkeit im alten Sonnenbad am Kamp. An einer Schleife vom Kraftwerk über die Schwarzalm lässt es sich im dem Zwettler Bierbrauer zugehörigen Traditionslokal fein einkehren.

Die Rundwanderung startet am Parkplatz bei der **Bründlkirche** ❶ (518 m), und folgt den Wegweisern „Wasserwanderweg" Nr. 55a und „Zwei-Flüsse-Rundweg" Nr. 58. Der erste Abschnitt ist eine schöne Flussetappe und führt am Kamp talaufwärts. Gleich zu Beginn passieren Sie das alte Sonnenbad Zwettl, hier gibt es kostenlose Abkühlung am fließenden Gewässer. Es hat eine alte Tradition, bereits 1874 hat es in Zwettl eine Schwimmschule am Kamp gegeben. Am jetzigen sonnigeren Standort am

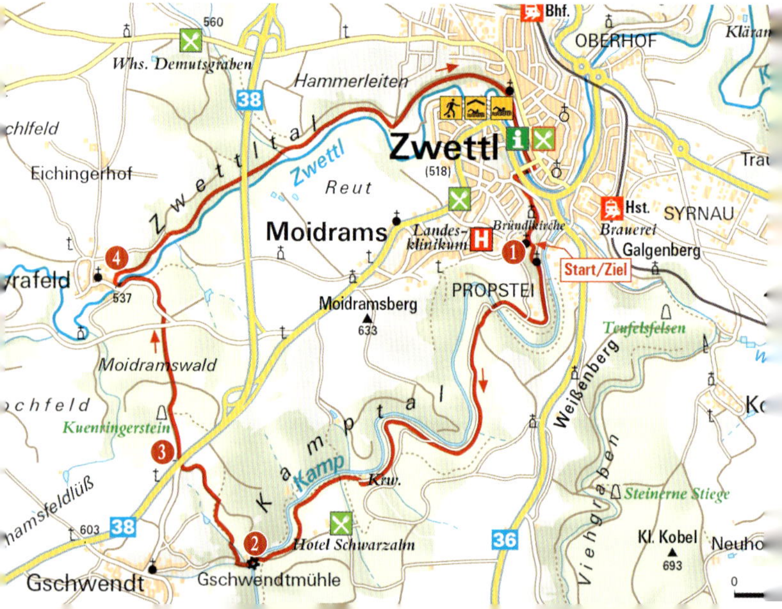

rechten Kampufer befindet sich das Bad seit 1924, früher lag es weiter flussabwärts am linken Kampufer und hatte getrennte Badebereiche für Männer und Frauen.
Ein Steg führt zur Liegewiese auf der Sonnseite, Sie bleiben am westlichen Ufer, wandern entlang einer Talwiese bis zum Wasserwerk und wechseln dann auf einer Holzbrücke ans orografisch rechte Ufer. Auf einem schönen Fahrweg geht es jetzt durch den Wald am Bach entlang, vorbei am Rastplatz bei der Kaiserbüste und dem Kleinkraftwerk Zwettl. Es war das erste Wechselstromkraftwerk der Monarchie und ging bereits 1898 in Betrieb. Noch heute liefert es Strom.

Etwas weiter flussaufwärts wechseln Sie bei der **Gschwendtmühle** 2 (550 m) wieder ans westliche Ufer und wandern nun, den Wegweisern Nr. 58 folgend, über den Rücken des Moidramswaldes zur Zwettl. Vom Zufahrtssträßchen zweigt bald rechts ein Waldpfad ab, durch Fichtenwald mit vielen Heidelbeeren führt er hinauf zum freien Plateau, dort queren Sie die **Bundesstraße** 3 (600 m).
Der Weg führt wieder zum Wald, auf einem kleinen Abstecher ist der Kuenringerstein mit der Gravur von Mondzeichen zu sehen. Zuerst auf einem Waldweg, dann auf der Zufahrtsstraße geht es hinunter und über die Zwettlbrücke nach **Syrafeld** 4 (537 m). Der Weg macht eine Schleife durch den kleinen Ort, führt dann

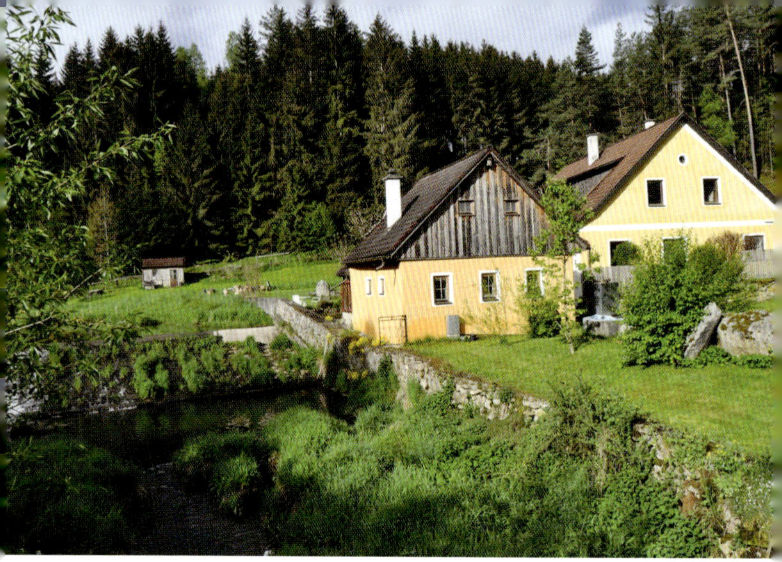

Gschwendtmühle

hinunter zur Zwettl und nun immer am Bach entlang. Besonders reizvoll ist der stete Wechsel zwischen breiten Lichtungen mit flachen, weidenbestandenen Ufern und bewaldeten Engtalstrecken mit Felsen. Auf den Feuchtwiesen blüht im Frühling der Sumpfknöterich, einige Felsen dienten früher als Steinbruch.

Bei einem überdachten Rastplatz führt der linke Weg hinauf zur Promenade, der mittlere Pfad – Warnhinweis „auf eigene Gefahr" – bald als Uferpfad weiter am Fluss entlang. Nach dem Sportplatz biegen Sie beim überdachten Stiegenaufgang nach rechts über den Mühlbach und folgen diesem gleich nach links (Erlebnis-Natur-Weg, Fischerei-Lehrpfad). Mit schönem Blick auf die alte Stadtbefestigung geht es vom verbauten Bach bis zur

Kuenringerstraße und auf dieser links ins historische Zentrum von Zwettl mit seinen schönen alten Bürgerhäusern. Nach dem Stadtrundgang gehen Sie vom Hauptplatz mit dem Hundertwasserbrunnen durch die Habsburgergasse und überqueren die Zwettl (Wegweiser „Wasserwunderweg"). Durch den kleinen Stadtpark und den Abenteuerspielplatz gelangen Sie wieder zum Ausgangspunkt bei der **Bründlkirche** 1 zurück.

Im Tal der Zwettl

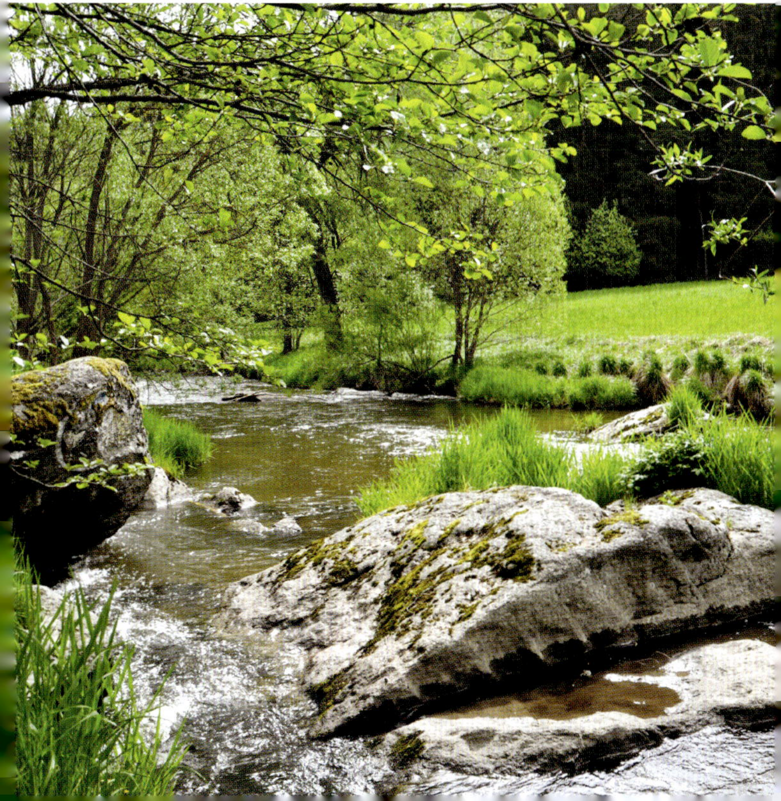

Zwettl

Zwettl, die heimliche Hauptstadt des Waldviertels, ist eine Kuenringer-Gründung am Zusammenfluss von Zwettl und Kamp. Der Ortsname ist slawischen Ursprungs, er kommt von „svetla dolina“ und heißt soviel wie „lichtes Tal“. Nach dem Bau von Burg und Kirche in der ersten Hälfte des 12. Jahrhunderts am Propsteiberg wurde die Stadt planmäßig angelegt und befestigt, Teile der Stadtmauer und einige Türme sind noch erhalten und weisen auf die alte Bedeutung der Stadt hin.

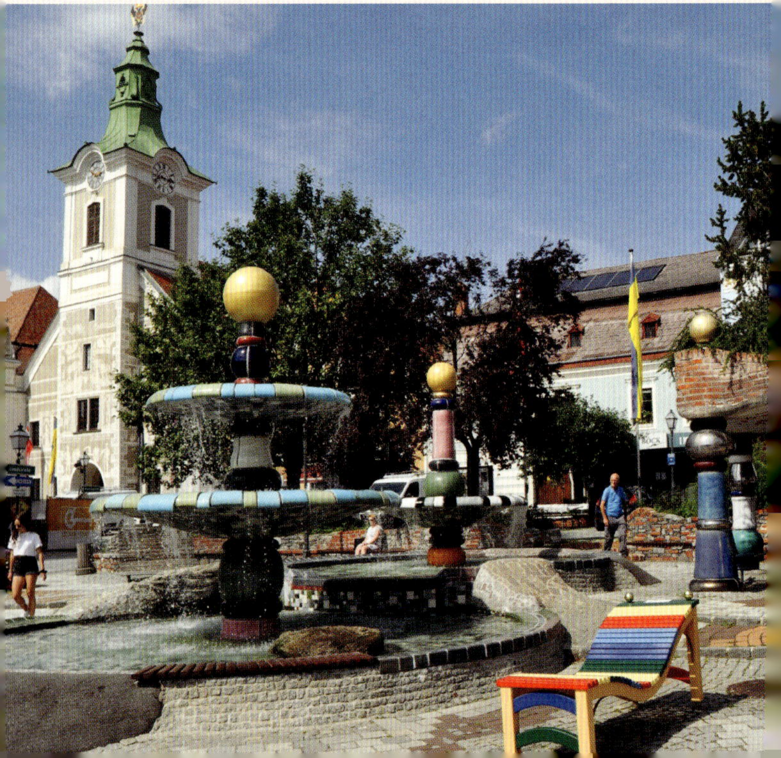

Die Hauptsehenswürdigkeit, das Stift Zwettl, liegt zwei Kilometer außerhalb der Stadt, es ist eines der bedeutendsten Kunstdenkmäler des Waldviertels. Im Jahr 1137 gründeten von den Kuenringern eingeladene Zisterziensermönche aus Heiligenkreuz an einem alten keltischen Kultplatz auf dem Rücken einer Kampschlinge ein neues Kloster, das bald mit großen Schenkungen bedacht wurde. Im 18. Jahrhundert wurde die Klosteranlage teilweise barockisiert und der charakteristische 82 Meter hohe Turm gebaut. In dieser Zeit entstanden auch die im Jahr 2006 revitalisierten Orangerien des Stiftes mit dem Gartenhaus, dem „Sommerstöckl".
Die dreischiffige gotische Hallenkirche mit barocker Innenausstattung ist frei zugänglich, Höhepunkte einer Führung sind der berühmte romanisch-gotische Kreuzgang aus dem ersten Drittel des 13. Jahrhunderts mit dem sechseckigen Brunnenhaus, das Dormitorium, das Schlafgemach der Mönche, aus dem Jahr 1159 und der romanische Kapitelsaal, dessen Gewölbe von einer einzigen Steinsäule getragen wird. Er ist der älteste Österreichs.

Das Stift Zwettl zählt zu den wenigen Klöstern Österreichs, die seit ihrer Gründung ohne Unterbrechung bestehen. Als religiöses und kulturelles Zentrum prägt es das Leben in der Region und ist darüber hinaus ein wichtiger regionaler Wirtschaftsfaktor.

22

Großweißenbach: Riesensteig

Hoher Stein, Weißenbachklamm und Hopfengarten

●●○ 11 km · 3 Stunden · 80 hm

Charakter	Abwechslungsreiche Rundwanderung mit zwei unterschiedlichen Etappen – im ersten Abschnitt eine schöne Passage durch den Wald und die Weißenbachklamm mit imposanten Steinformationen, im zweiten Abschnitt durch bäuerliches Kulturland mit Mohn und Hopfen. Schattige Waldwege und Pfade, bei der Blockkaskade in der Weißenbachklamm etwas ausgesetzt und schwierig, im Kulturland sonnige, abschnittsweise asphaltierte Feldwege.
Start/Ende	3910 Großweißenbach
Markierung	Als Rundweg Riesensteig Nr. 20 ausgeschildert, gelb, abschnittsweise auch rot-weiß-rot markiert
Anfahrt	Großweißenbach gehört zur Marktgemeinde Großgöttfritz und liegt 7 Kilometer südlich von Zwettl an der B 36
Einkehr	In Großgöttfritz: Maier-Heuriger, (www.maier-heuriger.at), in Sprögnitz: Bio-Gasthaus „Leibspeis'" (www.sonnentor.com)
Information	www.grossgoettfritz.at
Sehenswertes	Steinformationen, in der Nähe Firma Sonnentor (siehe Info Tour 23, Seite 175 f)

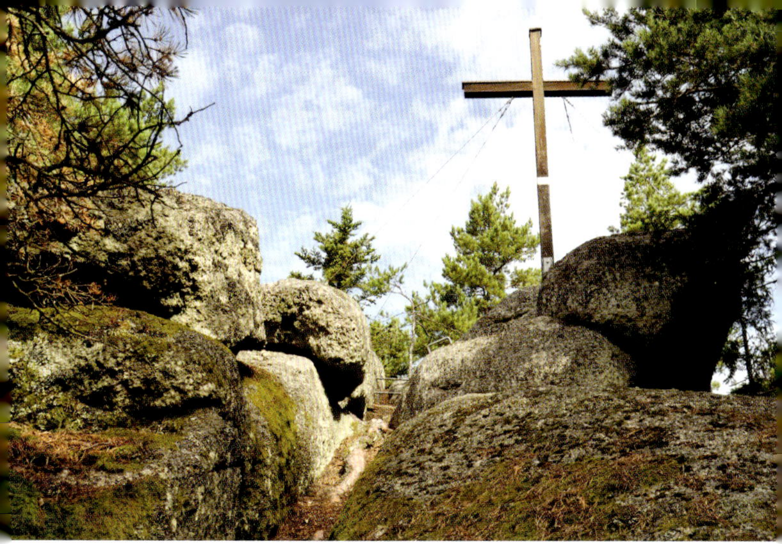

Hoher Stein

Der Riesensteig startet in Großweißenbach. Nach einem kurzen Anmarsch führt eine ausgedehnte Waldpassage durch das Natura-2000-Gebiet Kamptal mit den eindrucksvollen Naturdenkmälern Hoher Stein, Jahnfelsen und Weißenbachklamm mit verblockter Kaskade. Das bäuerliche Kulturland ist geprägt von den typischen Streifenfluren, die sich im Juli zur Zeit der Mohnblüte besonders schön präsentieren. Der Hopfen, der dem Waldviertler Bier seinen Geschmack verleiht, wird Anfang September geerntet.

Die Rundwanderung beginnt in **Großweißenbach** **1** (679 m) beim Gasthof Pöll an der Hauptstraße (Parkmöglichkeit). Die gelben Wegweiser „Riesensteig Nr. 20“

leiten Sie zum Ortsrand mit alten Häusern und Obstgärten und dann durch Äcker und Wiesen zum Wald. Der asphaltierte Feldweg geht in einen Fahrweg über, am Waldrand, wo sich Felder und Wald verzahnen, geht es bei der Gabelung links und dann bei der nächsten Gabelung rechts in den Waldweg (rot-weiß-rote Markierung). Es folgt eine schöne Passage durch Kiefern- und Fichtenwald mit vielen Heidelbeeren zum **Hohen Stein** 2 (659 m) mit kleiner Rasthütte. Zur Spitze des imposanten Felszackens mitten im Wald mit Gipfelkreuz und „Teufelssitz“ führt eine kleine Steiganlage.
Vom Hohen Stein folgen Sie der gelben Markierung abwärts (beim Querweg rechts Wegweiser „Weißenbachklamm“). Achtung: Bei der folgenden Wegkreuzung links hinunter und abwärts bleiben, nicht auf den

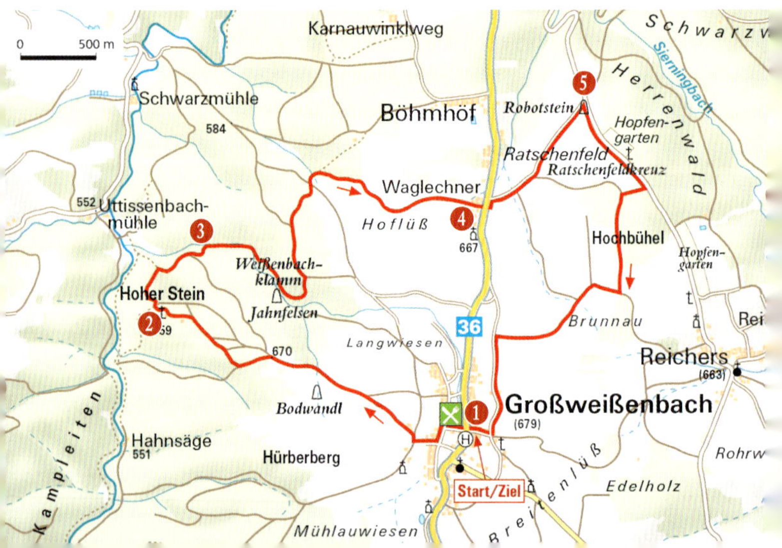

rechten deutlicheren Weg abbiegen. Sie wandern weiter auf schönem Waldweg, bald steiler abfallend kommen Sie zu einem Fahrweg und biegen hier nach rechts. Nach fünf Minuten leitet Sie der Wegweiser nach links in den Pfad zur **Weißenbachklamm** 3 (600 m).

Bemooste Granitfelsen prägen die Szenerie, anfangs geht's am Bach entlang durch das Kerbtal, besonders beeindruckend ist die verblockte Kaskade des Weißenbaches, hier verläuft der Pfad etwas ausgesetzt über die Blockhalde.

Wenig später liegt rechts des Weges, jenseits des Weißenbaches, der Jahnfelsen. Bei einer Umrundung sieht man die wechselnden Formen mit einer Grotte und verkeilten Steinen, an einer Wand befindet sich eine kleine Büste des Turnervaters Jahn.

In leichtem Auf und Ab und in mehreren Schleifen führt der Weg dann bald am Waldrand zu einer Bachüberquerung, wo sich die Wege teilen: Weg Nr. 55 biegt nach links, Sie gehen geradeaus auf dem Weg Nr. 20 weiter. An dem Bächlein entlang kommen Sie zu freien Feldern und wandern dann durch Äcker und Wiesen, Sie überqueren die **B 36** 4 (667 m) und gelangen auf dem Robotweg, einem asphaltierten Feldweg, zum **Robotstein** 5 (Rastbank). Dieser vom Waldviertler Künstler Wilhelm Engelmayer gestaltete Gedenkstein wurde 1998 zur Erinnerung an die Bauernbefreiung im Jahr 1848 auf einem Kraftplatz gesetzt. Vor 1848 mussten die Bauern ihren weltlichen und geistlichen

Grundherren unentgeltliche Arbeit, die „Robot" leisten, der Weg von Großweißenbach zum Stift Zwettl heißt aus diesem Grund „Robotweg".

Auf einer Nebenstraße kommen Sie anschließend zum Hopfengarten, wo im August die Hopfenpflanzen mit sieben Metern ihre höchste Höhe erreichen (Rastbank beim Ratschenfeldkreuz).

Wenig später geht es rechts am Waldrand entlang, dann links durch den Wald und im freien Gelände rechts wieder durch Äcker und Felder – hier blüht im Juli der Mohn – zurück nach **Großweißenbach** 1.

Hopfen

Hopfen kennt man als einen der wichtigsten Bestandteile des Bieres. Die bis zu sieben Meter hohe einjährige Schlingpflanze gehört zur Familie der Hanfgewächse und ist seit dem 8. Jahrhundert in Mitteleuropa verbreitet. Seine Bedeutung erlangte der Hopfen ursprünglich durch die Tatsache, dass seine Bitterstoffe beim Brauen von Bier aufgrund ihrer bakteriziden Wirksamkeit wesentlich zur Haltbarkeit des Getränks beitrugen. Die antiseptische Kraft des Hopfens wurde bereits 1153 von Hildegard von Bingen mit den Worten „Seine Bitterkeit verhindert die Fäulnis" beschrieben. Verwendet werden nur die weiblichen Dolden der Hopfenpflanzen, sie verleihen dem Bier

sein ausgeprägtes Aroma und seine typische Bitterkeit, die Hopfeninhaltsstoffe wirken zusätzlich beruhigend.
Schon die Römer schätzten aber auch die Hopfentriebe in jungem Zustand als gesundes Gemüse, und bis heute gilt Hopfenspargel als Delikatesse. In der Medizin werden seine Ätherischen Öle, Hopfen-Tees oder Hopfenzapfen als Magenmittel mit beruhigender Wirkung verwendet.
Der Hopfenanbau kann zwar im Waldviertel auf eine lange Tradition zurückblicken, mit Beginn des Ersten Weltkrieges musste er jedoch dem Brotgetreide weichen und wurde danach kaum mehr kultiviert. Erst in den 1980er-Jahren konnten die Zwettler Bierbrauer wieder Bauern davon überzeugen, vor Ort Hopfen anzubauen, und so die Tradition wiederbeleben. Seither werden rund 20 Tonnen Hopfen pro Jahr geerntet und in der Zwettler Brauerei verarbeitet.

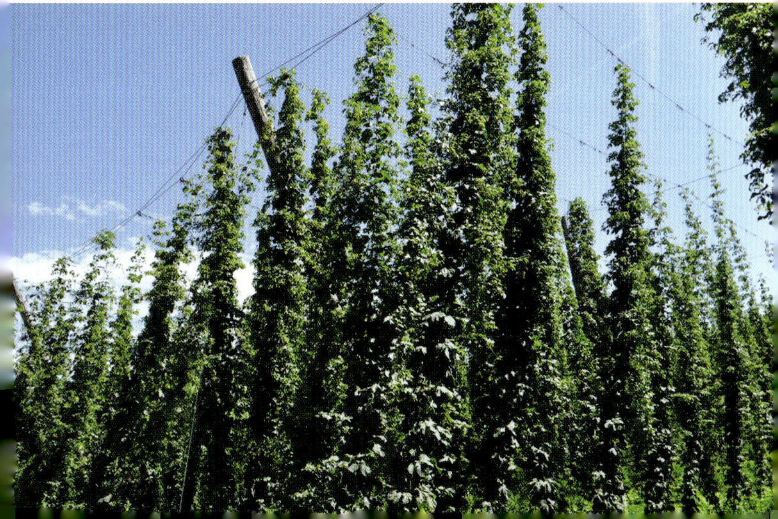

23 *Sprögnitz und Aubergwarte*

Auf den Kräuterwanderwegen

●○○ 10,2 km · 2 ½ Stunden · 100 hm

Charakter	Angenehme Rundwanderung auf guten Wegen durch Felder, Wiesen und Wald. Eine weite Aussicht bietet die Aubergwarte, danach kurzer steiler Abstieg auf einem Waldpfad. Besonders schön ist die Tour zur Zeit der Mohnblüte in der ersten Julihälfte.
Start/Ende	3910 Sprögnitz, Sonnentor-Besucherzentrum
Markierung	Erste Hälfte Kräuterwanderweg, zweite Hälfte Ringelblumenweg
Anfahrt	Sprögnitz liegt an der L 8260, 10 Kilometer südöstlich von Zwettl
Einkehr	Engelbrechts: Gasthaus Kolm (+43 [0]2875 8371); Sprögnitz/Sonnentor: Gasthaus Leibspeis' – (www.sonnentor.com)
Information	Sonnentor Besucherzentrum www.sonnentor.com
Sehenswertes	Firma Sonnentor

Die Firma Sonnentor hat Sprögnitz zum Kräuterdorf gemacht und mehrere Kräuter-Themenwege ausgeschildert, die mit Infotafeln zu heimischen Kräutern und Heilkundigen versehen sind. Die hier beschriebene Route kombiniert den Kräuterwanderweg zur

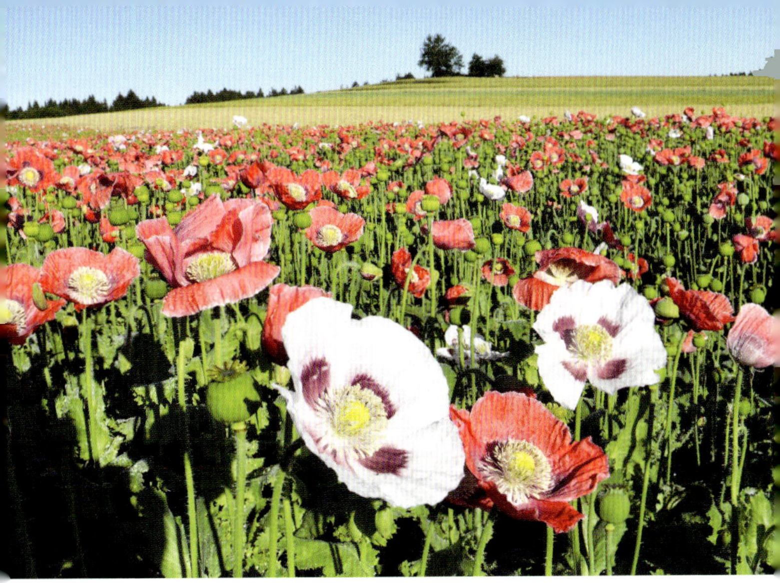

Mohnblüte bei Sprögnitz

Aubergwarte mit dem Ringelblumenweg über das von Mohnfeldern umgebene Königsbach zurück nach Sprögnitz.

Die Wanderwege beginnen beim Sonnentor-Besucherzentrum in **Sprögnitz** ❶ (711 m, Parkplatz). Dem Wegweiser „Wildkräuterweg“ folgend gehen Sie auf der Straße Richtung Kirche. Ein Seitenweg führt durch das Angerdorf hinter dem Spielplatz nach links. Nach dem Ortsende geht es durch Wiesen, Felder und Wald, auf Infotafeln erfahren Sie Wissenswertes über verschiedene Heilkräuter. Nach einer längeren Passage durch den Hängsschlag, einen schönen Fichten-Hochwald mit vielen Heidelbeeren, kommen Sie zum Aubergfeld. Auf den Streifenfluren werden Mohn, Getreide, Kartoffeln, Lein, Himmelschlüssel … angebaut.

In **Engelbrechts** ❷ (779 m) können Sie im Gasthaus Kolm gegenüber der Kapelle einkehren, bevor Sie 400 Meter an der Straße bis zum Parkplatz Aubergwarte weitergehen. Auf einem schönen Waldweg, gesäumt von den 21 Bäumen des keltischen Baumkalenders sowie einigen Drachenskulpturen, wandern Sie nun hinauf zum Auberg, mit 811 Metern die höchste Erhebung der Gegend. Die 1992 errichtete **Aubergwarte** ❸ macht ihn auch zum Aussichtspunkt – von der 27 Meter hohen Holzkonstruktion in Form eines Dreibeinturmes bietet sich ein Panoramablick über die hügelige Landschaft im zentralen Waldviertel.

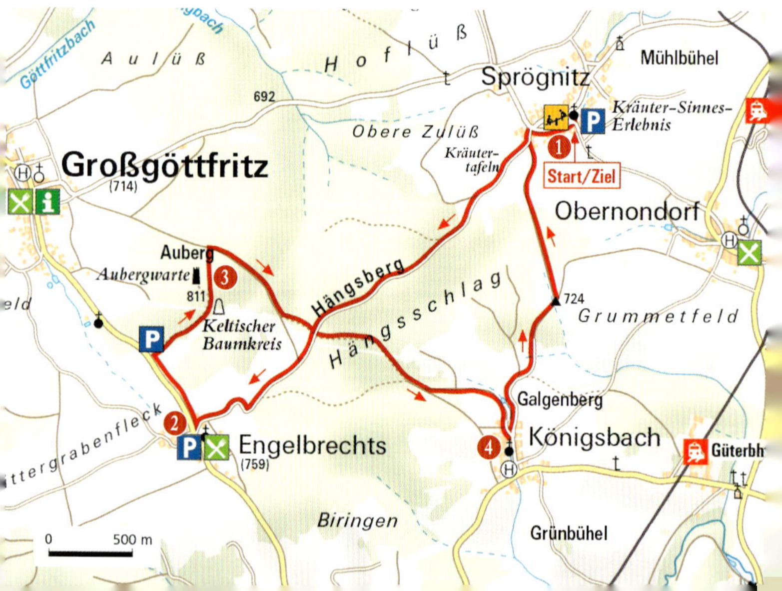

Hinter der Warte steigen Sie auf einem kurz steileren Waldpfad ab und biegen beim Querweg nach rechts. Vor dem Waldaustritt halblinks in den rot markierten Weg am Rand des Aubergfeldes, nicht in den Fahrweg nach links abbiegen. Sie queren nun den Herweg und wandern geradeaus weiter (Wegweiser „Tut-gut-Weg 2") durch den Wald nach **Königsbach** 4 (720 m). Bei der kleinen Ortschaft in einer sanften Mulde blühen Anfang Juli mehrere Mohnfelder.

In der Ortsmitte nach links und auf einem asphaltierten Feldweg wieder durch Felder und Wald zurück nach **Sprögnitz** 1.

Im Sonnentor-Besucherzentrum gibt es ein Café und einen Shop, das Bio-Gasthaus Leibspeis' liegt 100 Meter entfernt.

Sonnentor – eine Waldviertler Erfolgsgeschichte

Alles begann im Jahr 1988: Viele Bauern stellten auf Monokultur um, was Vielfalt und Qualität bedrohte. Johannes Gutmann, Bauernsohn aus Brand bei Zwettl, meinte, es müsse auch anders gehen und propagierte seine Idee einer Alternative: Bioprodukte lokaler Produzenten mit Werten wie Lebensfreude, Genuss, Gesundheit und einem guten Leben zu vermarkten. Als Glücksgriff erwies sich das Logo der lachenden Sonne mit 24 Strahlen, für jede Stunde des Tages einer. Es leitet sich von der leuchtenden Sonne her, dem alten Symbol der freien Waldviertler Bauern, das Tür und Tor vieler Höfe ziert. Was klein mit biologischen Tees, Kräutern und Gewürzen aus wenigen Betrieben begann, zählt heute zu den erfolgreichsten österreichischen Unternehmen mit Tochterunternehmen im Ausland, rund 300 Bauern arbeiten in vielen Ländern für Sonnentor. An die 700 Bio-Produkte sind im Programm: neben Tees, Kräutern

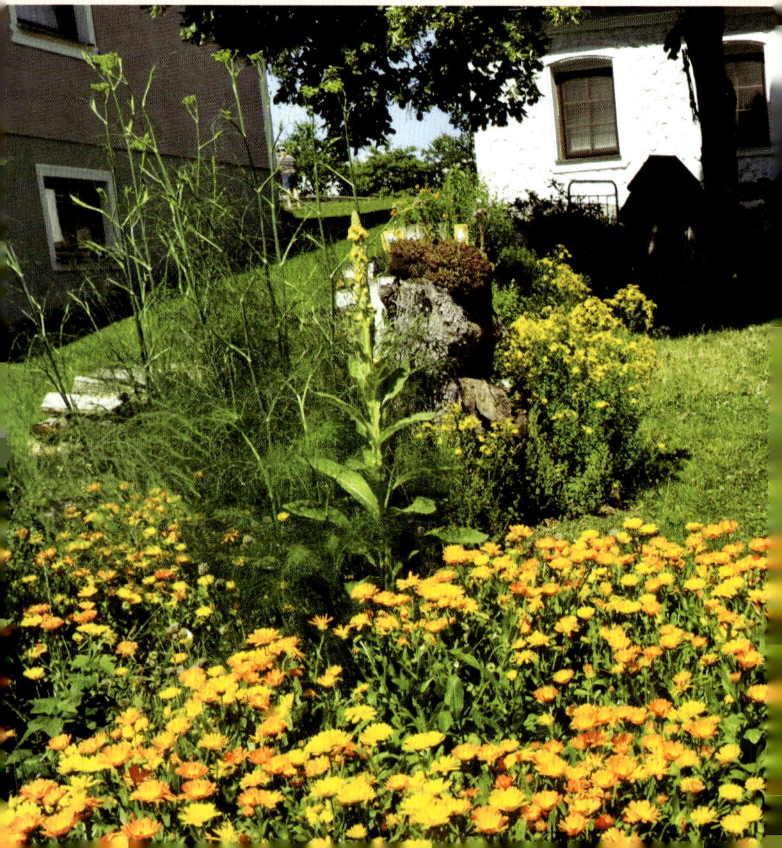

und Gewürzen auch Öle, Kaffee, Kakao und Süßwaren, aber auch, dem ganzheitlichen Ansatz entsprechend, Gesundheits-, Beauty- und Wellnessprodukte, kleine Geschenke und Bastelideen. Im Besucherzentrum in Sprögnitz werden Führungen, Kräuterseminare, Koch- und Handwerkskurse angeboten, in kleinen Land-Lofts im Kräutergarten kann man auch übernachten.
www.sonnentor.com

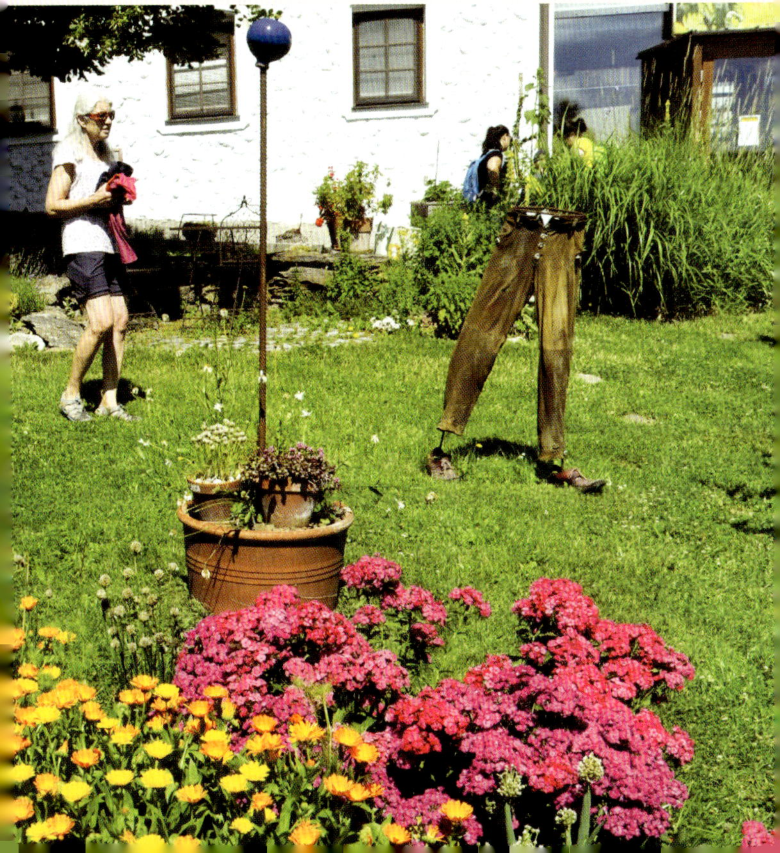

24

Von Rastenfeld zum Purzelkamp

Zur Burg Rastenberg

●●○ 9,7 km · 2 ½ Stunden · 130 hm

Charakter	Schattige Fluss- und Waldwanderung mit schönem Burgblick. Ein steiler Anstieg am Ende des ersten Abschnitts.
Start/Ende	3532 Rastenfeld, Hauptplatz
Markierung	Weg Nr. 81 bis zum Bildstock, Rückweg ab Rastenberg Weg Nr. 1
Anfahrt	Bei Rastenfeld treffen sich die B 37 und die B 38
Einkehr	Rastenberg: Gasthaus „Zum guten Tropfen" (+43 [0] 2826 227)
Information	www.rastenfeld.at
Sehenswertes	Burganlage, die Burg selbst ist nicht zu besichtigen.

Die Quellen des Purzelkamp liegen nördlich von Traunstein in moorigen Wäldern, gegen seine Mündung in den Ottensteiner Kampstausee hat sich der Bach unterhalb von Rastenfeld stark eingetieft und ein Kerbtal gebildet, das nur einigen Mühlen Platz bietet. Der ungewöhnliche Name soll sich vom mittelalterlichen Namen für „klein" herleiten.

Der Rundweg führt im ersten Abschnitt hinunter zum Purzelkamp und am Ufer bis zur ehemaligen Bruckmühle. Auf dem Rückweg über das Plateau passiert

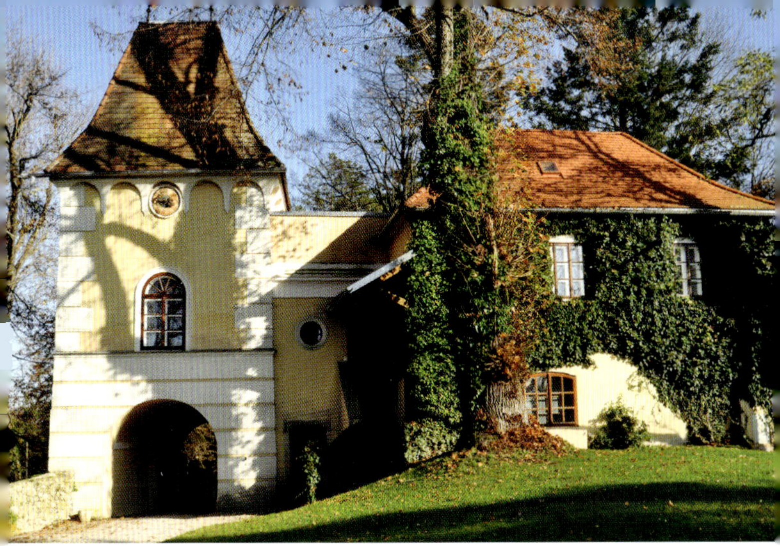

Vorschloss der Burg Rastenberg

man die Burg Rastenberg, und das Traditionsgasthaus „Zum guten Tropfen“ lädt zur Einkehr, bevor es durch den Wald wieder nach Rastenfeld zurückgeht.

Die Rundtour startet am Hauptplatz von **Rastenfeld** 1 (579 m). Bei der St. Florianstatue stehen die Wegweiser, bis zum Bildstock 05 wandern Sie auf dem Weg Nr. 81. Durch eine Seitengasse verlassen Sie das Dorf, auf einem asphaltierten Güterweg geht es durch den Schöpfgraben hinunter bis zu einer Gabelung bei einer kleinen Brücke. Hier nehmen Sie den linken Fahrweg (Nr. 81). In einer Schleife zieht er sich oberhalb der Schöpfermühle und der Kletterwand durch Fichtenwald den Hang entlang und dann hinunter zum **Purzelkamp** 2.

Nun folgt ein besonders schöner Abschnitt auf breitem Weg am von hohen Bäumen gesäumten Ufer des Purzelkamp. Nach einer Dreiviertelstunde treffen Sie auf die Straße bei Rastenberg, links geht's zum Gasthaus. Der Weiterweg führt rechts über die **Brücke** 3 und gleich links in den Fahrweg. Bald überqueren Sie den Fluss, von der Holzbrücke bietet sich der schönste Blick hinauf zur nach Süden ausgerichteten Seite der Burg Rastenberg auf dem Felssporn. Dann geht es an der ehemaligen Hofmühle, heute Künstlerwohnsitz, vorbei. Vom Waldrand links führt ein Karrenweg als Abkürzung hinauf zur Burg. Sie wandern weiter am Bach aufwärts bis zur Brücke vor der **ehemaligen Bruckmühle** 4 (546 m).

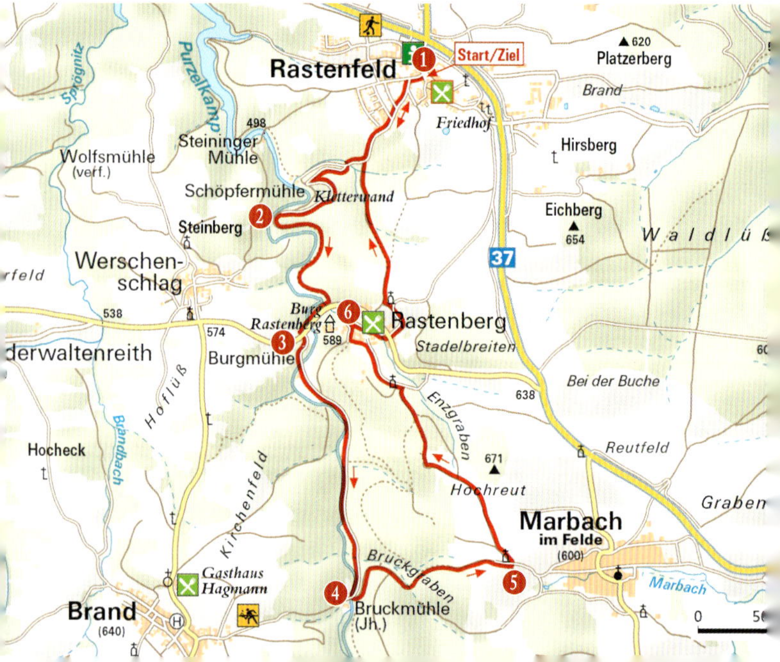

Anstelle der durch einen Brand zerstörten Mühle steht heute ein Jagdhaus.
Vor der Brücke links, der Weg Nr. 81 führt nun durch den Bruckgraben mit schönem Hochwald hinauf. Auf dem Hauptweg geht es weiter aufwärts, in einer Kehre überqueren Sie den Bach und gehen auf dem Fahrweg weiter. Nach dem Wald wird's flacher, durch Äcker und Wiesen in der charakteristischen Streifenflur kommen Sie bald zu einem **Bildstock** 5 (640 m) mit Übersichtskarte. Hier verlassen Sie den Weg Nr. 81 und biegen, unmarkiert, nach links in den Güterweg im spitzen Winkel zurück. Achtung: Bei der Gabelung geht es nach circa 7 Minuten in den rechten Weg zum Wald leicht abwärts. Durch Mischwald wandern Sie weiter und bleiben immer auf dem Hauptweg, bei einer Kreuzung von breiten Fahrwegen geradeaus weiter. Sie erreichen bald „Die Lichtung", den modernen, kreisförmigen Seminarraum der **Burg Rastenberg** 6 (589 m). Hinter dem Blockhaus rechts hinunter, rechts am Tennisplatz vorbei und auf der gekiesten Zufahrtsstraße links. Vorbei am Meierhof der Burg, heute Gästehaus für Seminarteilnehmer*innen. Die Burg ist in Privatbesitz und nicht für Besichtigungen zugänglich.
Sie wandern hinunter zur Straße, links ist der Gasthof „Zum guten Tropfen", überqueren die Straße und biegen beim Marterl in die Nebenstraße (rote Markierung). Kurz leicht ansteigend, bei der Bildsäule links in den

Fahrweg (Nr. 1), durch Äcker und Wiesen zum Wald, bei einer Gabelung nehmen Sie den rechten Weg. Durch den Wald geht's nun wieder in den Schöpfgraben, wo Sie knapp oberhalb der kleinen Brücke auf den Herweg treffen und auf diesem hinauf nach **Rastenfeld** 1 zum Ausgangspunkt zurückkehren.

Burg Rastenberg

Die romanische Höhenburg Rastenberg wurde Ende des 12. Jahrhunderts erbaut und hat sich, da sie nie zerstört wurde, ihren mittelalterlichen Charakter bewahrt. Sie war Teil eines Wehrsystems entlang des Kamp und stand mit den benachbarten Burgen Ottenstein und Lichtenfels in Sichtverbindung. Kern ist der massive Wehrturm mit angebautem Palas. Im 16. Jahrhundert wurde das Vorwerk zu einem Wohntrakt im Stil der Renaissance ausgebaut, der barocke Vorbau, das Vorschloss, stammt aus dem18. Jahrhundert.

Die Burg ist nicht zu besichtigen, seit 1872 befindet sie sich im Besitz der Grafen Thurn-Valsassina, die im 1987 erbauten Meditationstempel „Die Lichtung" vor der Burg ein spirituelles Zentrum betreiben. Die Gäste wohnen im Vorschloss oder im stimmig renovierten barocken Meierhof.

www.die-lichtung.at

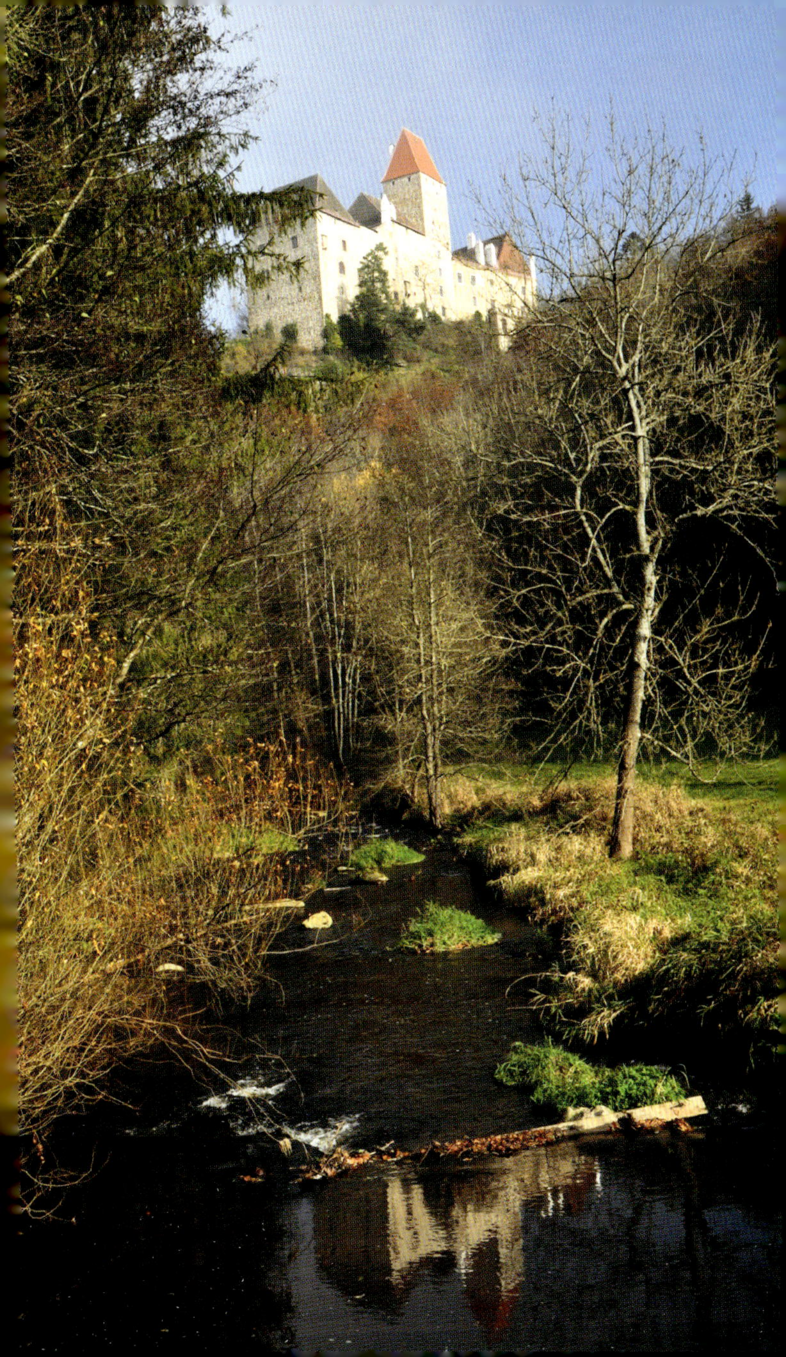

25

Ottensteiner Stausee: Uferweg

Skandinavien im Waldviertel

●○○ 10,4 km · 2 ½ Stunden

Charakter	Angenehme Seeuferwanderung auf bequemem Weg mit schönen Seeblicken, im zweiten Teil über die Staumauer zum Schloss Ottenstein mit Führungen, Einkehr und wechselnden Ausstellungen. Gegen Mittag zunehmend sonnig.
Start/Ende	3532 Peygarten, Seerestaurant Ottenstein, Parkplatz
Markierung	Wegweiser „Seeuferweg“
Anfahrt	In Peygarten von der B 38 den Schildern zum Seerestaurant folgen
Einkehr	Seerestaurant und Schlossrestaurant Ottenstein (www.hotelottenstein.at)
Information	www.rastenfeld.at
Sehenswertes	Stausee und Schloss Ottenstein

Die Freizeitanlage Ottenstein mit Parkplatz, Bootsverleih und Terrassenrestaurant wurde beim Bau des Stausees gleich mitgeplant und die Lage mit dem Blick über den fjordartigen See mit einer kleinen Steininsel zur Ruine Lichtenfels ist perfekt. Die Badegäste verteilen sich in der Umgebung auf Felsnasen, Granitblöcken und versteckten Flecken.

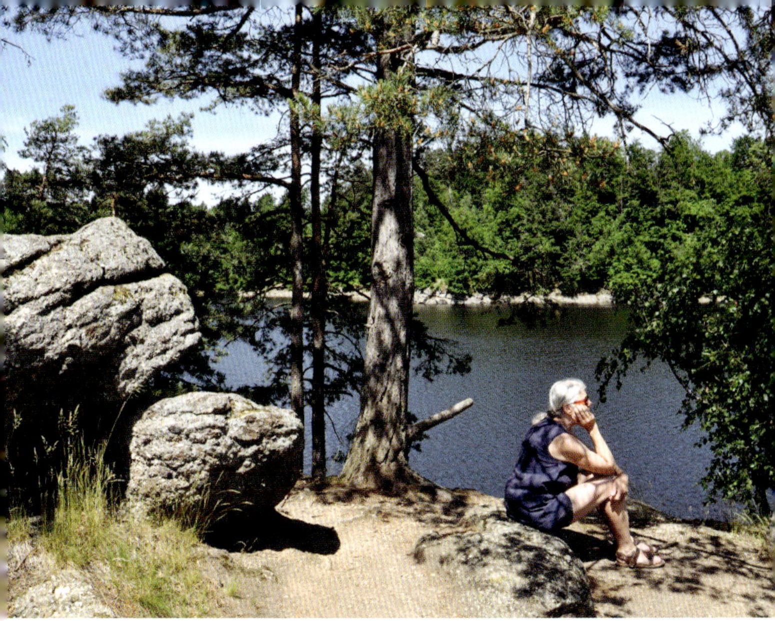

Uferfelsen bieten schöne Rastplätze

Vor der Wanderung empfiehlt sich ein Kaffee auf der Aussichtsterrasse des Seerestaurants Ottenstein (520 m). Danach wandern Sie gemütlich auf dem Seeuferweg Richtung Westen. Er führt an der kleinen Marina mit etlichen Segelbooten vorbei, immer am Ufer mit vielen Buchten, Felsnasen, versteckten Badeplätzen und schönen Blicken über die Fjordlandschaft. Rastbänke laden zum Verweilen ein. Den schönsten Blick zur Ruine Lichtenfels und zum Seerestaurant genießen Sie von einer wunderschönen Felsnase bei einer Rastbank. Danach wandern Sie unter der Hochbrücke, die das zum Stausee gewordene Tal des Purzelkamp überspannt, hindurch und erreichen nach weiteren kleinen Buchten die Prader Jagdhütte (520 m), einen weiteren romantischen Rast- und Badeplatz. Nun kehren Sie auf demselben Weg zum Seerestaurant zurück, da der ausgeschilderte Rundweg nicht gepflegt wird.

Lohnend ist der anschließende Spaziergang vom Seerestaurant über die 69 Meter hohe und 240 Meter lange Staumauer zum Schloss Ottenstein, 20 Minuten in eine

Ottensteiner Stausee – Wasser, Wald und Felsen

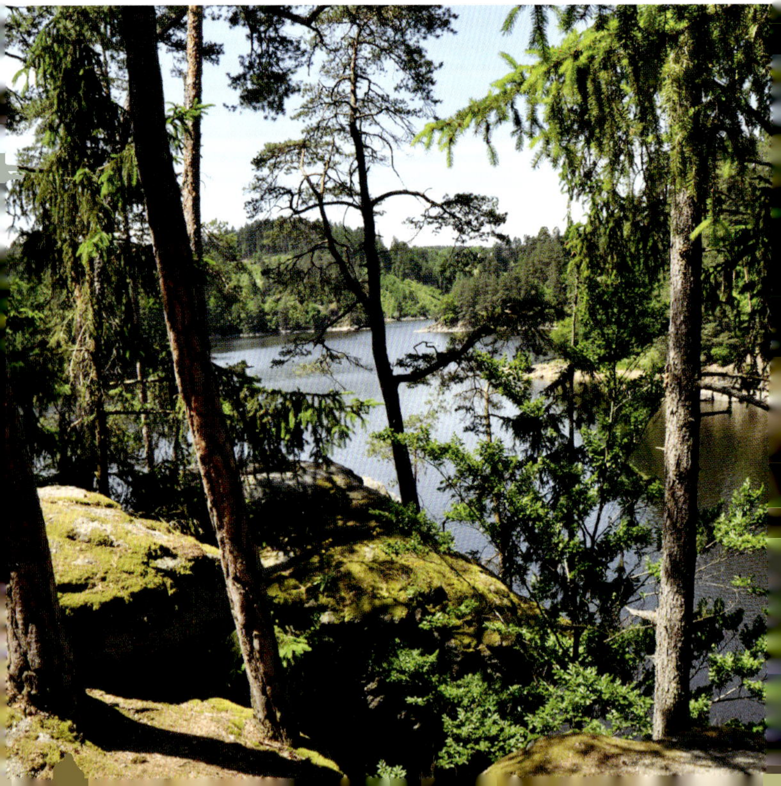

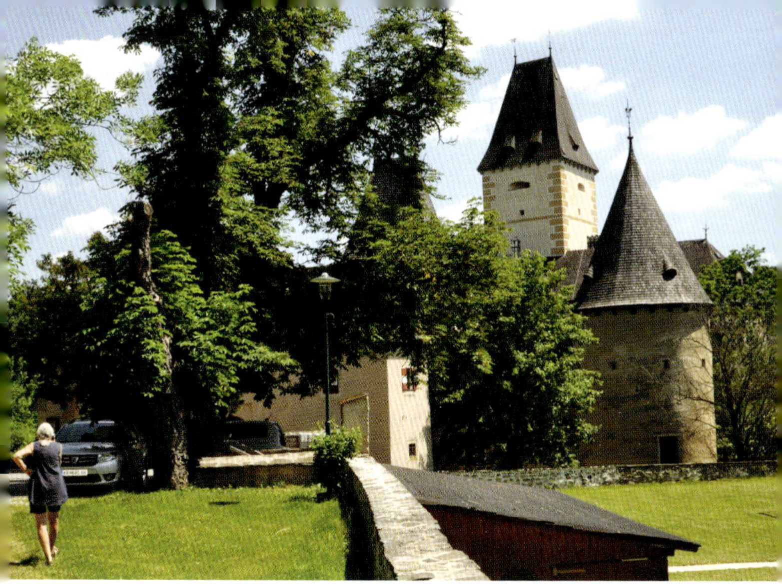

Schloss Ottenstein

Richtung. Die ursprüngliche Anlage auf einem Granitfelsen hoch über dem Tal stammt aus dem 12. Jahrhundert, im 19. Jahrhundert zur Zeit der Romantik bekam sie ihr heutiges Aussehen mit Kegel- und Walmdächern. 1938 gehörte das Schloss zunächst noch zum Truppenübungsplatz Allentsteig, es wurde aber nicht zerstört und später der EVN zugeschlagen, die sich zur Sanierung und zum Erhalt verpflichtete. Ein Schlossrestaurant und wechselnde Ausstellungen laden zum Besuch.

Vom Seerestaurant leiten Sie die Wegweiser über den Parkplatz und unterhalb der Kapelle zum Gedenken an die verunglückten Bauarbeiter vorbei zur

Fußgängerbrücke über die Sperre Ottenstein. Die 2007 errichtete Trogbrücke, ein Stahlrahmen mit Holzverkleidung, führt in einem Bogen auf der Wasserseite der Sperrmauer entlang. Am anderen Ufer biegt der Weg bald nach rechts. An einem Teich in einer Senke vorbei gelangen Sie zum Schloss Ottenstein (505 m). Im Vorhof lädt das Schlossrestaurant zur Einkehr, eine steinerne Brücke führt ins eigentliche Schloss. Im inneren Schlosshof befindet sich ein Tiefbrunnen, in der Burgkapelle wurden 1974 bei der Restaurierung Fresken freigelegt, die zu den bedeutendsten des Landes gehören. Nach der Schlossbesichtigung kehren Sie auf demselben Weg zum Ausgangspunkt zurück.

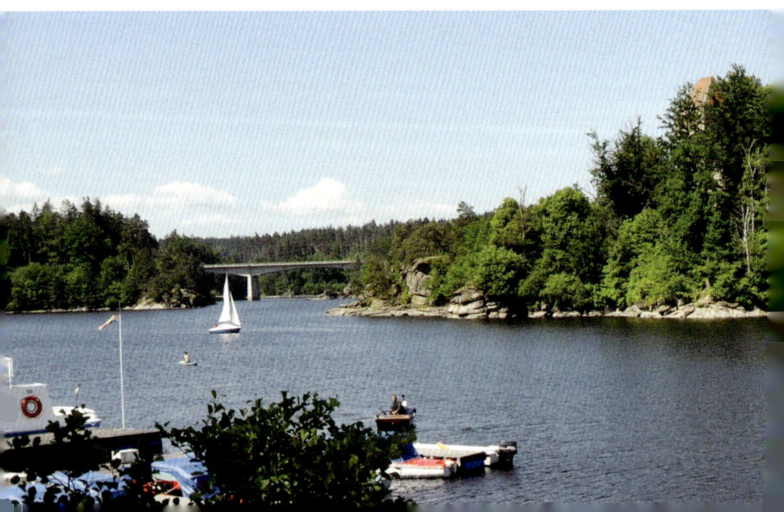

Kamptalstauseen

Mitte der 1950er-Jahre wurden der Ottensteiner Stausee, der Stausee Dobra und der Thurnberger Stausee, die ersten drei Kraftwerke einer bereits vor dem Ersten Weltkrieg geplanten Kraftwerkskette am mittleren Kamp errichtet. Ottenstein und Dobra werden als Spitzenstromwerke betrieben, das heißt, nur an wenigen Stunden am Tag zu den Verbrauchsspitzen wird kostbare elektrische Energie produziert, ein Pumpspeicherwerk pumpt mit billigem Nachtstrom das Wasser wieder zurück zur neuerlichen Energiegewinnung. Der kleine Thurnberger Stausee dient als Ausgleichsbecken und sorgt für einen regelmäßigen Wasserabfluss, eine Kaplanturbine erzeugt Basisstrom.
Neben der Energiegewinnung ist vor allem der 73 Millionen Kubikmeter Wasser fassende Ottensteiner Stausee durch seine weit verzweigten fjordartigen Ufer ein beliebtes Freizeitziel.

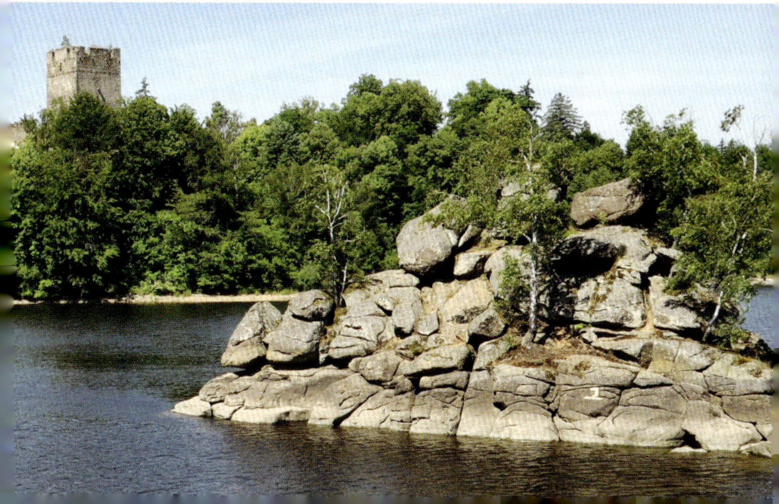

26 *Schauensteinweg*

Zur Ruine Schauenstein und am Kamp entlang

●●◐ 12,5 km · 3 ½ Stunden · 150 hm

Charakter	Lohnende Rundwanderung auf guten Wegen und Pfaden, ein steiler Aufstieg. Höhepunkte sind die Ruine Schauenstein mit prächtiger Aussicht und die Wanderung am Kamp entlang.
Start/Ende	3593 Krug, ausgeschilderter Parkplatz
Markierung	Schauensteinrundweg Nr. 52
Anfahrt	Krug liegt an der B 38 zwischen Neupölla und Altenburg/Fuglau
Bus	Haltestelle Krug an der B 38, 5 Minuten zum Parkplatz, den Schildern folgen
Einkehr	Wegscheid: Hotel-Restaurant Wegscheidhof (www.hotelwegscheidhof.at); Altpölla: Gasthof Speneder (www.speneder.at)
Information	www.poella.at
Sehenswertes	Ruine Schauenstein, Kirche von Altpölla

Im mittleren Kamptal hat sich zwischen Wegscheid und Rosenburg ein einzigartiges Juwel einer unzerstörten Flusslandschaft erhalten. Das enge Tal war seit jeher von dichtem Wald bedeckt, kleine Siedlungen entstanden nur dort, wo Verkehrswege den Fluss kreuzten. Die vielen Windungen des Flusses, die

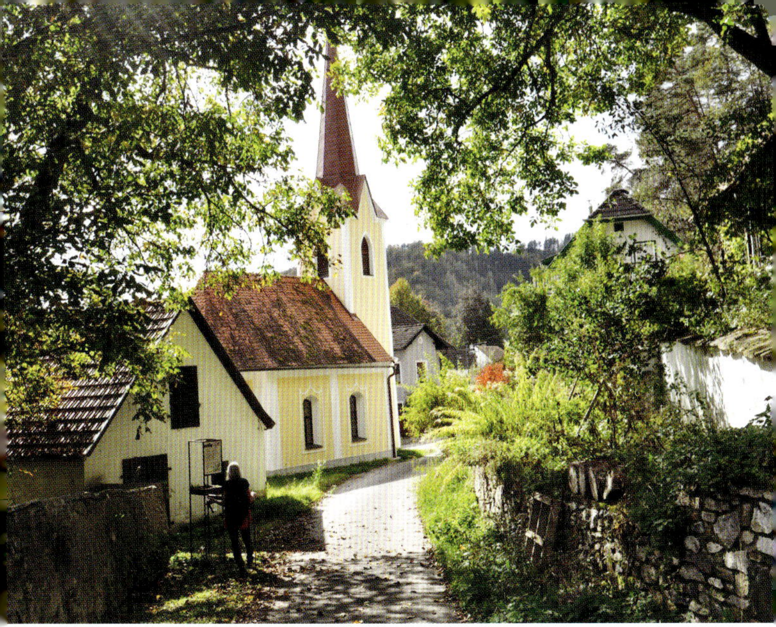

Kapelle in Wegscheid

unterschiedlichen Gesteinsarten und die steilen Hänge mit ihrer dichten Abfolge der Vegetationshöhenstufen bewirken eine große Vielfalt an Lebensbereichen und machen das mittlere Kamptal nicht nur schön, sondern auch ökologisch besonders interessant. Ein künstlerisch gestalteter Naturlehrpfad informiert über Pflanzen am Weg.
Die Ruine Schauenstein ist frei zugänglich, für den abgesperrten Bergfried mit Panoramablick kann man sich den Schlüssel im Gasthof Speneder in Altpölla, im Hotel Wegscheidhof in Wegscheid oder in Krug Nr. 29 neben dem Parkplatz holen.

Die Rundwanderung startet am Parkplatz in **Krug** ❶ (513 m). Die Wegweiser Nr. 52 leiten Sie durch Wald und Wiesen zur **Ruine Schauenstein** ❷ auf einem steil abfallenden Ausläufer des Buchberges. Wegen ihrer herrlichen Aussichtslage wurde die Ruine nach der Renovierung zu einem Wappenzeichen des mittleren Kamptales. Der Weiterweg führt kurz zurück und dann links durch einen urwaldähnlichen Mischwald – der felsige Hang ist für die forstwirtschaftliche Bewirtschaftung zu steil – hinunter zum **Kamp** ❸.

Hier beginnt der schöne Weg entlang des Kamp nach Wegscheid. Von der Künstlerin Sonia Gansterer wurde

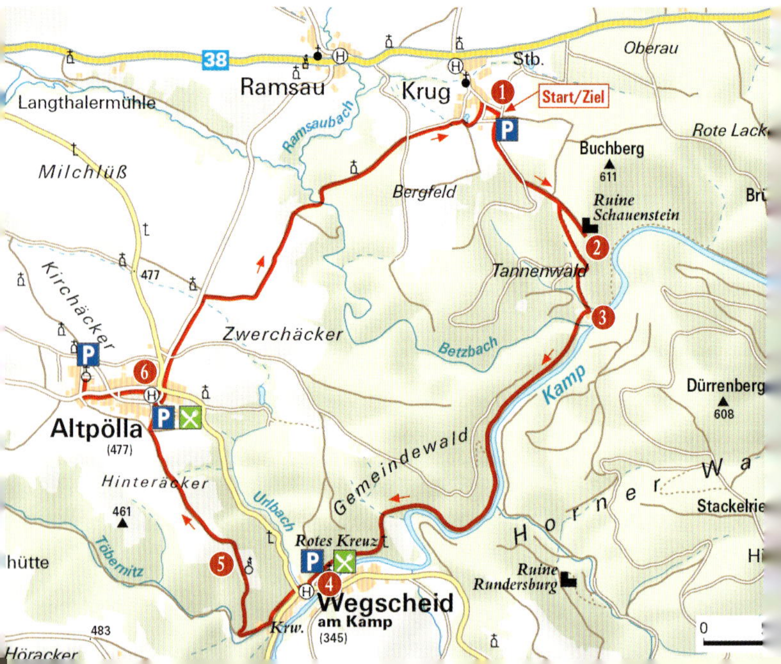

der Naturlehrpfad „Anima Florae“ (Seele der Pflanzen) gestaltet: 36 Bilder stellen hier wachsende Pflanzen vor, surreale Bildelemente und lyrische Texte laden zur vertiefenden Wahrnehmung ein und machen die Verbundenheit von Mensch und Natur sichtbar. Auf etwa halber Strecke passieren Sie den Riesenstein im Kamp, der laut einer Sage von einem Riesen bis hierher, aber nicht mehr weiter geschleppt werden konnte.
Sie erreichen **Wegscheid** 4 (360 m) bei der Ortskapelle aus der zweiten Hälfte des 18. Jahrhunderts. In wenigen Schritten geht es nun auf der Straße durch den Weiler an der Kampbrücke, der früher ein wichtiger Mühlenstandort war. Eine willkommene Einkehrmöglichkeit bietet das Hotel-Restaurant Wegscheidhof mit Gastgarten.

Nach dem Gasthof kurz auf der Straße weiter und vor der Brücke rechts (Wegweiser). Auf einem Fahrweg und bald auf einem steilen Pfad steigen Sie nun den Hang hinauf zur **Geländekante** 5, anschließend wandern Sie auf Feldwegen durch Äcker über die Hochfläche. Mit freier Sicht geht's auf **Altpölla** 6 (477 m) zu, am Ortsrand nach rechts zum Löschteich. Nun empfiehlt sich eine Schleife nach links zur Pfarrkirche. Die Pfarre Altpölla wird bereits 1132 urkundlich genannt, sie ist damit eine der ältesten Pfarren des Waldviertels. Die im Kern romanische Kirche wurde Mitte des 12. Jahrhunderts errichtet, im Lauf der Jahrhunderte erfolgten

mehrere Um- und Anbauten, der gotische Chor stammt aus der zweiten Hälfte des 14., der Turm aus dem Ende des 19. Jahrhunderts.
Nach der Besichtigung gehen Sie auf der Ortsstraße zur Bundesstraße, hier bietet sich mit dem traditionellen Landgasthof Speneder eine zweite Einkehrmöglichkeit.
Danach geht es kurz auf der Bundesstraße den Wegweisern folgend Richtung Neupölla, dann biegen Sie in die Nebenstraße Richtung Ramsau und zweigen beim Marterl nach rechts in den Feldweg ab.
Bald gelangen Sie wieder in den Wald, queren auf einer Holzbrücke den Betzbach und gelangen auf dem Güterweg wieder zurück nach **Krug** ❶ zum Parkplatz.

Ruine Schauenstein

Schauenstein war einst Teil einer Burgenkette aus dem 12. Jahrhundert, die von der Rosenburg bis nach Lichtenfels am Ottensteiner Stausee reichte und der Verteidigung gegen die Böhmen diente. Der sieben Geschoße hohe, fünfeckige romanische Bergfried stammt aus der zweiten Hälfte des 13. Jahrhunderts, als die Burg einem Zweig der Kuenringer gehörte. Nach der Zerstörung durch kaiserliche Truppen im Jahr 1476 – der Burgherr hatte sich mit dem Ungarnkönig Corvinus verbündet – wurde die Burg wieder aufgebaut, jedoch im

Dreißigjährigen Krieg erneut schwer beschädigt und schließlich aufgegeben.
Der Verein „Rettet das Kamptal" leitete in den 1990er-Jahren eine teilweise Revitalisierung der Ruine in die Wege, Mauern wurden konserviert, Rastplätze eingerichtet, eine frei zugängliche Aussichtsplattform gesichert und vor allem der Bergfried renoviert und zu einem Aussichtsturm umfunktioniert.

Berühmt ist die Ruine wegen ihrer herrlichen Lage mit dem freien Blick auf den 250 Meter tiefer fließenden Kamp durch das unverbaute, naturbelassene mittlere Kamptal.

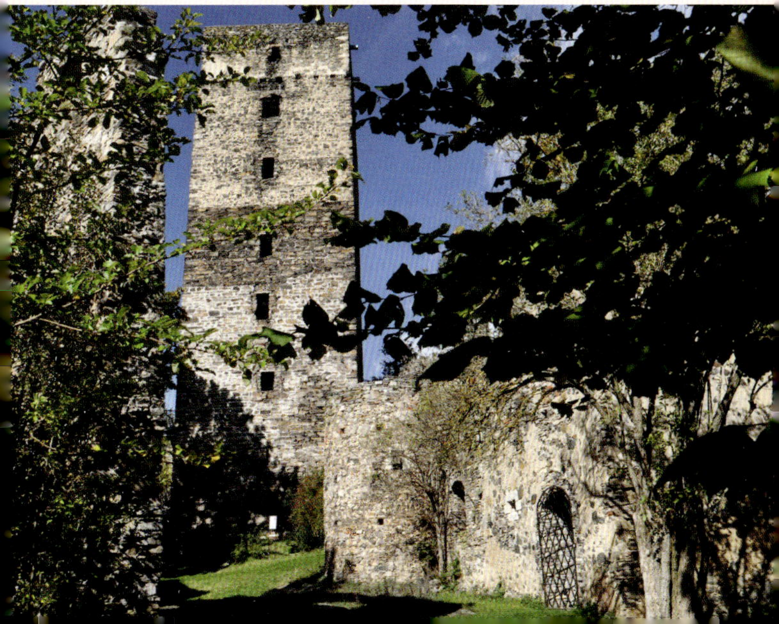

27

Stift Altenburg und Ödes Schloss

Vom Kamp zum barocken Stift

●◐○ 9,5 km · 2 ½ Stunden · 120 hm

Charakter	Interessante und überwiegend schattige Rundwanderung auf Ufer-, Wald- und Forstwegen zwischen Kamp und Stift Altenburg auf dem Plateau mit Einkehr- und Besichtigungsmöglichkeit. Am Rückweg schöner Rastplatz am Öden Schloss, der Ruine der Burg Tursenstein.
Start/Ende	3573 Rosenburg, ehemalige Rauschermühle
Markierung	Wegweiser zu den Abschnittszielen Stift Altenburg und Ödes Schloss
Anfahrt	Von Rosenburg Ort Richtung Schloss Rosenburg, vor der Brücke in die Sackgasse rechts bis zum Ende, kleiner Parkplatz vor dem Schranken, zu Fuß eine halbe Stunde vom Bahnhof
Einkehr	Stiftsrestaurant Altenburg (www.stift-altenburg.at)
Information	www.stift-altenburg.at
Sehenswertes	Stift Altenburg

Natur, Hochkultur und Geschichte prägen diese Wanderung im Umkreis des Stiftes Altenburg. Die ehemalige Rauschermühle gehörte früher ebenso dem Stift wie die einstige Burg Tursenstein auf einem Steilfelsen am Kamp. Die schönen Uferpassagen, der Blick vom

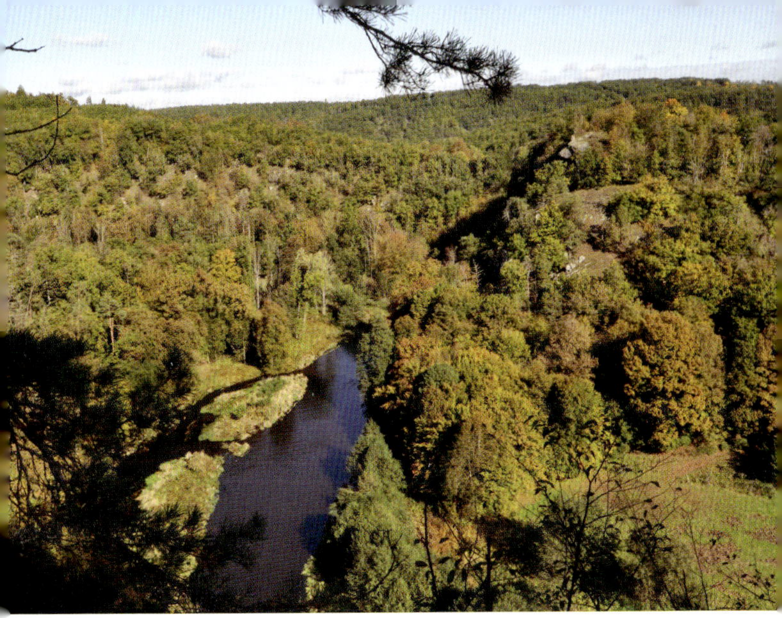

Blick zum Öden Schloss auf dem Felsen oberhalb des Kamp

Öden Schloss auf den Kamp und die Stiftsbesichtigung sind die Höhepunkte der Rundwanderung.

Vom kleinen Parkplatz vor dem Kraftwerk gehen Sie durch den Schranken und biegen vor der **Rauschermühle** 1 (266 m) rechts in den Weg ein. Die Rauschermühle war einst Sommerresidenz des Abtes von Altenburg, 1613 wurde die Mühle neu gebaut und war bis 1907 in Betrieb. Die erste Etappe führt zum Teil auf felsigem Pfad schön am Kampufer jenseits des Umlaufberges entlang durch Mischwald, vorbei an Resten der Altenburger Tiergartenmauer, nur einmal muss eine kleine Felsstufe überwunden werden. Nur ein Teil des Wassers fließt hier im alten Gerinne um den Umlaufberg, ein Teil wurde bereits 1907 ins kleine Kraftwerk Rosenburg abgeleitet. Bei der **Abzweigung** ❷ in einer kleinen Auwaldebene geht es nach rechts (Wegweiser) und dann durch den Graben des Försterbaches hinauf zum Stift.

Das barocke **Stift Altenburg** ❸ (388 m) ist ein Benediktinerkloster und vom 1. Mai bis 26. Oktober täglich von 10–17 Uhr zur Besichtigung geöffnet, ebenso der Garten der Religionen und das Stiftsrestaurant.

Nach der Besichtigung gehen Sie auf dem Herweg ein kurzes Stück zurück und bei der Abzweigung geradeaus. Der Weg trifft beim Forsthaus auf eine Forststraße, hinter dem Forsthaus folgen Sie dem Wegweiser zum Öden Schloss nach links. Die Straße führt durch den Wald über einen Höhenrücken, die Abzweigung zum **Öden Schloss** ❹ (344 m) ist ausgeschildert.

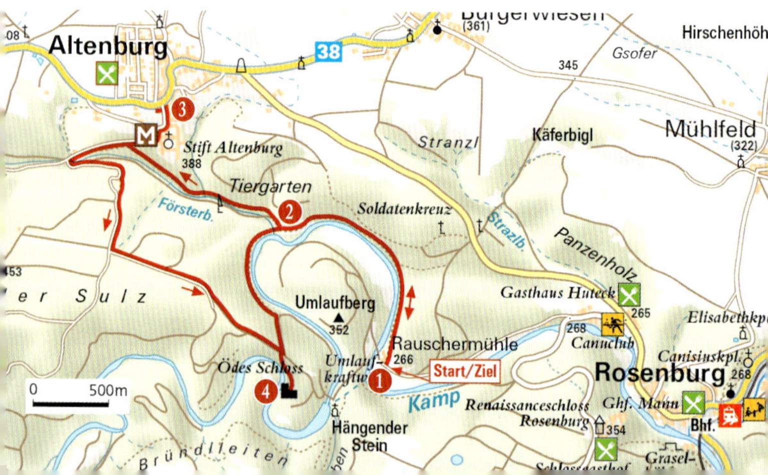

Die Ruine der Burg Tursenstein, umgangssprachlich „Ödes Schloss", liegt auf dem Kleinen Umlaufberg, einem an drei Seiten vom Fluss umspülten, zum Teil senkrecht zum Kamp abfallenden Felskegel. Die Burg wurde im 11. Jahrhundert errichtet, sie gelangte 1396 nach mehreren Besitzerwechseln in den Besitz des Stiftes Altenburg und wurde dann bald abgerissen, von der ursprünglich dreieckigen Burg sind heute nur noch Mauerreste erhalten. Die Natur hat den Platz weitgehend wieder in Besitz genommen, so blüht in den Mauerritzen Ende April das Felsensteinkraut gleich wie in den Felsspalten, es ist einer der stimmungsvollsten Aussichts- und Rastplätze der Region.
Sie gehen kurz zurück zur Abzweigung und dann auf dem Forstweg rechts abwärts weiter, bis bald links der Weg am Kamp entlang abzweigt. Auf dem Hangpfad gelangen Sie wieder zur **Abzweigung** ❷ und wandern dann auf dem Herweg zurück zum Ausgangspunkt.

Stift Altenburg

Das Benediktinerstift Altenburg gilt als Barockjuwel und als eines der schönsten Klöster Österreichs. Bereits in der Mitte des 12. Jahrhunderts wurde eine erste Klosterkirche errichtet. Brände, Verwüstungen, Neu- und Umbauten prägten die ersten Jahrhunderte, im Dreißigjährigen Krieg wurde das Kloster dann fast gänzlich zerstört.

Abt Placidius Much ließ 1715–1756 das Kloster in barocker Manier neu aufbauen, sein Architekt Joseph Munggenast und die Maler Paul Troger und Jakob Zeiller schufen „die bedeutende Raumschöpfung durch das Zusammenspiel von gegliederter Architektur, Plastik, Stuckdekoration und Gewölbemalerei zu illusionistischer Ganzheit“ (Dehio-Handbuch der Kunstdenkmäler).

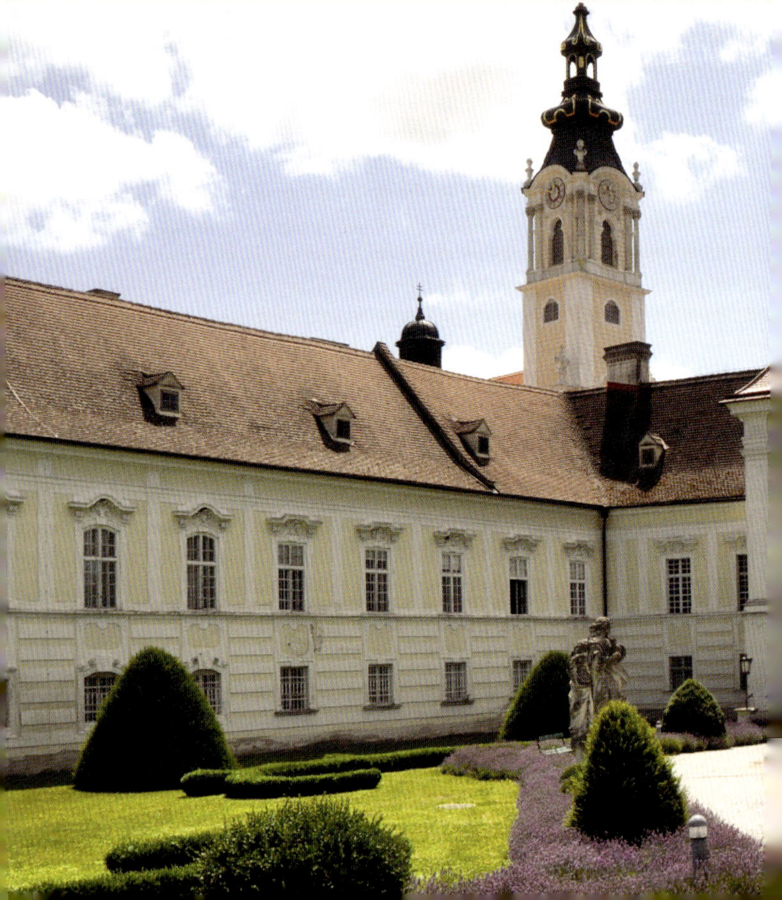

Die Kirche steht allen offen, die Besichtigung der Prunkräume mit Bibliothek, Kaisertrakt, Marmorsaal und der Garten der Religionen sind gebührenpflichtig.
Ende der 1980er-Jahre wurden die Reste der mittelalterlichen Klosteranlage mit dem gemauerten Kreuzgang aus dem frühen 13. Jahrhundert wieder freigelegt, heute kann auch „das Kloster unter dem Kloster" besichtigt werden.

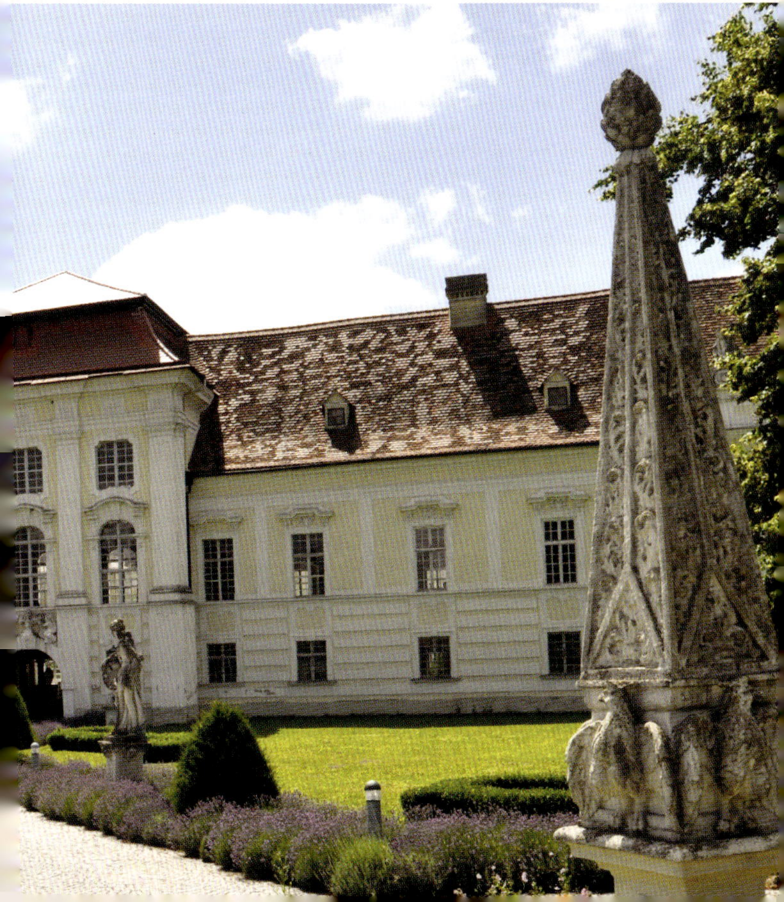

28

Rosenburg: Durch die Bründlleiten

Am Ausgang der Wildnis

●○○ 6 km · 2 Stunden · 240 hm

Charakter	Naturkundlich interessante Rundtour mit zwei Abstechern im weitgehend unberührten mittleren Kamptal. Größtenteils gute Wege und Pfade.
Start/Ende	3573 Rosenburg, Kraftwerk am Kamp
Markierung	Rote Markierung ohne Abstecher
Anfahrt	Von Rosenburg Ort Richtung Schloss Rosenburg, vor der Brücke in die Sackgasse rechts bis zum Ende, kleiner Parkplatz vor dem Schranken, zu Fuß eine halbe Stunde vom Bahnhof
Einkehr	Auf der Strecke keine, in Rosenburg: Gasthof Mann (www.hotelmann.at)
Information	www.rosenburg-mold.at
Sehenswertes	In der Nähe Schloss Rosenburg (siehe Info Tour 30, Seite 216 f)

Die Wanderung im mittleren Kamptal vermittelt gute Eindrücke vom stark gewundenen Fluss, der sich hier tief in die Granithochfläche eingeschnitten hat. Der Weg führt oberhalb von Felskanzeln durch den Hang, Abstecher hinauf zum Großen Umlaufberg mit schönem Kampblick und hinunter zur kleinen Au zeigen

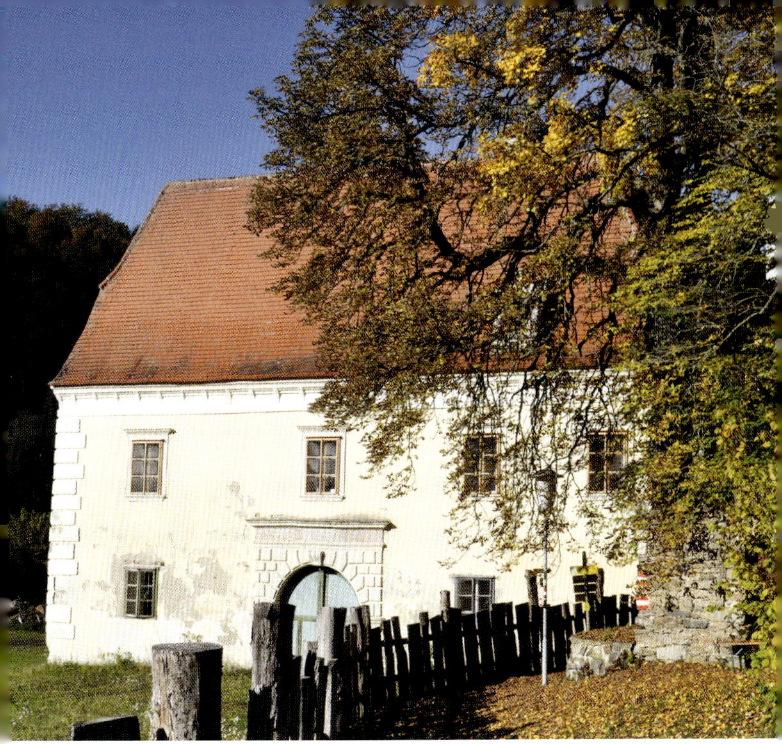

Rauschermühle

die große Vielfalt von Landschaften auf kleinstem Raum.

Vom kleinen Parkplatz vor dem **Kraftwerk Rosenburg** ❶ (266 m) gehen Sie durch den Schranken, bei der Rauschermühle nach links und auf dem Kraftwerkssteg über den Kamp.
Sie folgen nun dem rot markierten Weg, bei der Kehre links leicht ansteigend.

Bei der **Gabelung** ❷ – links führt der Weg durch die Bründlleiten weiter, rechts hinunter zum Kamp – können Sie auf einem unmarkierten Pfad rechts an der Kante einen lohnenswerten Abstecher hinauf zum Doppelgipfel des **Großen Umlaufberges** ❸ (352 m) machen. Zahlreiche Funde aus prähistorischer Zeit belegen, dass der Umlaufberg bereits in der Steinzeit ein wichtiger Siedlungsplatz war. Mächtige Eichen säumen den Weg, von den Felsen am Rand bieten sich herrliche Blicke ins Kamptal, zum Öden Schloss auf dem kleinen Umlaufberg gegenüber, an dessen Fuß die Ruine des Froschhofes liegt.

Wieder zurück bei der Abzweigung erreichen Sie bald einen ersten **Aussichtsfelsen** ❹ mit schönem Blick zum

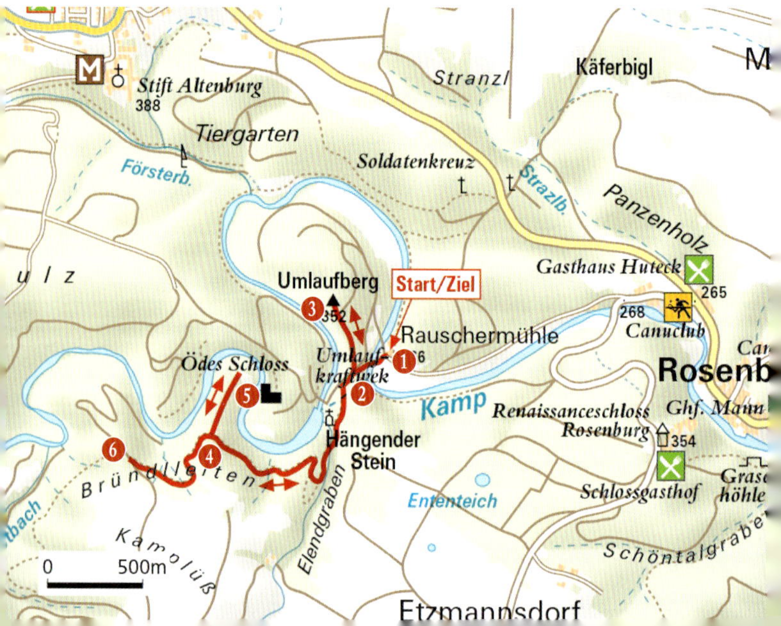

Wehr. Der Weg wird bald zum Pfad, Sie überqueren den Elendbach, rechts sehen Sie den „Hängenden Stein“, einen Amphibolitturm mit einigen gesicherten Kletterrouten. Auf dem Pfad geht's nun steiler aufwärts, von mehreren Aussichtsfelsen bieten sich schöne Kampblicke, gegenüber die Ruine „Ödes Schloss“, im Hintergrund das Stift Altenburg. Der Kamp hat sich hier mit vielen Windungen ins Gelände eingeschnitten, am mit Felsen durchsetzten Steilhang und in kleinen Augebieten im Tal ist noch die ursprüngliche Artenvielfalt des Mischwaldes mit Föhren, Eichen, Hainbuchen und Ulmen erhalten geblieben.
Wo Sie auf einen nicht mehr genützten Forstweg treffen, führt die Route der roten Markierung folgend aufwärts weiter, nach rechts können Sie auf dem Weg abwärts einen Abstecher zur kleinen **Au** 5 unterhalb des Öden Schlosses machen. Die kleine Aulandschaft direkt am Kamp ist ein stimmungsvoller Ort zum Rasten, Wege und Plätze sucht man sich selbst.
Nach der Rückkehr zur Abzweigung führt der Pfad durch die Bründlleiten weiter oberhalb von Felskanzeln am Hang entlang und erreicht bei einem Holzlagerplatz den Rand der **Hochfläche** 6 (400 m).
Die ge(h)mütliche Strecke hat hier ihren Wendepunkt, auf demselben Weg kehren Sie zum Ausgangspunkt zurück.

Variante

Wer es etwas anspruchsvoller möchte, der folgt dem Weg weiter durch die Bründlleiten, bald auf einem Forstweg. Für eine große Runde nach Steinegg, über die Kampbrücke, der Markierung folgend über das Öde Schloss oder Altenburg zurück zur Rauschermühle benötigen Sie rund 5 ½ Stunden, keine Einkehr mehr in Steinegg.

Das verhinderte Großkraftwerk

Seit 1907 arbeitet das Kleinkraftwerk am Umlaufberg bei Rosenburg. Bereits vor dem Ersten und nach dem Zweiten Weltkrieg gab es Pläne der NEWAG, heute EVN, für eine Kraftwerkskette im mittleren Kamptal, das alte Kraftwerk bei Rosenburg sollte durch eine 22 Meter hohe Staumauer kräftig ausgebaut werden, der Umlaufberg sollte als Insel aus dem Stausee herausragen. Man begann bereits mit der Ablöse betroffener Gebäude, so wurde der Froschhof, der Meierhof von Tursenstein, zum Abbruch freigegeben, die Bewohner abgesiedelt. Umso erstaunlicher war schließlich der Erfolg der Bürgerinitiative „Rettet den Kamp“, der es nach einem zähen Kampf gelang, einen letzten Raum von unberührter Naturlandschaft am Kamp zu erhalten, zumindest vorerst. Denn irreversible Schäden für die gesamte Flusslandschaft werden auch durch ein kleineres Projekt mit

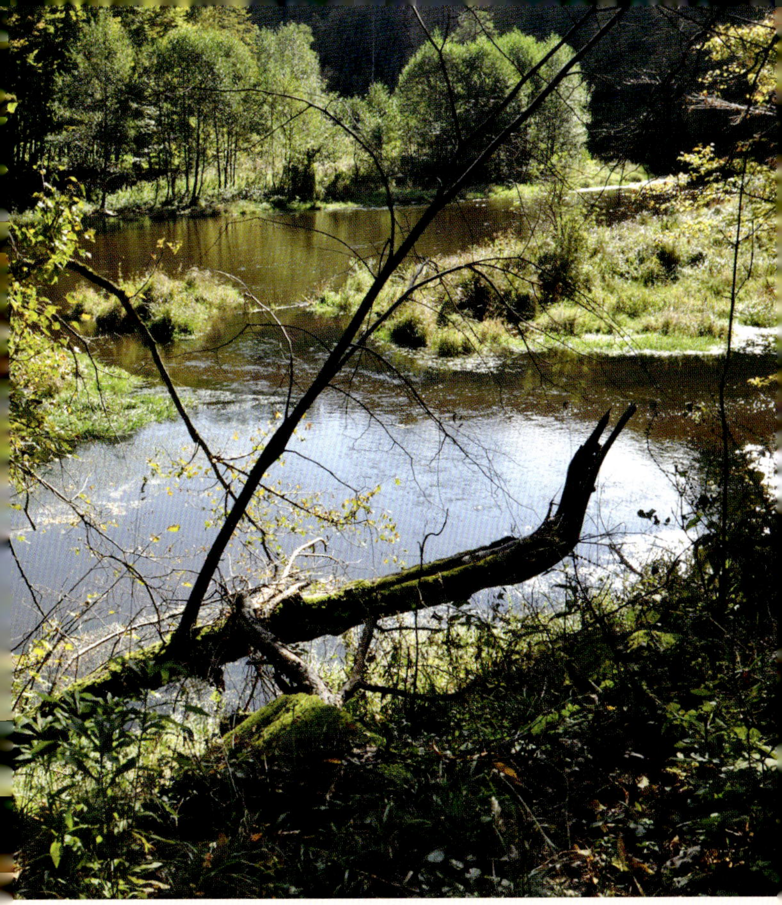

einer zwei Meter höheren Staumauer als derzeit und einem auf einen Kilometer Länge ausgebaggerten Flussbett befürchtet: Der Fließcharakter des Kamp, Flussbett und Talboden mit den flachen Augebieten würden verschwinden. Die Bürgerinitiative ist daher weiter aktiv und kämpft für einen endgültigen Sieg zum Wohl der Natur.

29

Von Horn nach Rosenburg

An der Taffa entlang

●○○ 7 km · 2 Stunden · 60 hm

Charakter	Gemütliche Streckenwanderung durch das idyllische Tal, größtenteils am Fluss entlang.
Start	3580 Horn, Parkplatz P5/Taffatal
Ende	Bahnhof Rosenburg
Markierung	Rot-weiß, Weg Nr. 631
Anfahrt	Vom Bahnhof Horn kommend nach dem Höbarth-museum links hinunter. Rückfahrt mit der Kamptalbahn von Rosenburg nach Horn, stündlich.
Einkehr	In Horn „Ausklang" im Kunsthaus (ausklang-in-horn.at); in Rosenburg: Gasthof Mann (www.hotelmann.at)
Information	Im Museum (www.museumhorn.at)
Sehenswertes	Museum Horn

Die Taffa ist ein Nebenfluss des Kamp, der Name leitet sich von slawisch „Dabina" ab, was soviel wie „Schluchtbach" bedeutet. Der Fluss hat sich stellenweise tief in das Urgestein eingeschnitten und bietet viele idyllische Plätze. Früher trieb das Wasser zahlreiche Mühlen an, 1980 wurde die Raschmühle als letzte geschlossen. Die Au überwuchert heute die Kanäle und Ruinen, im Gewässer tummeln sich Biber.

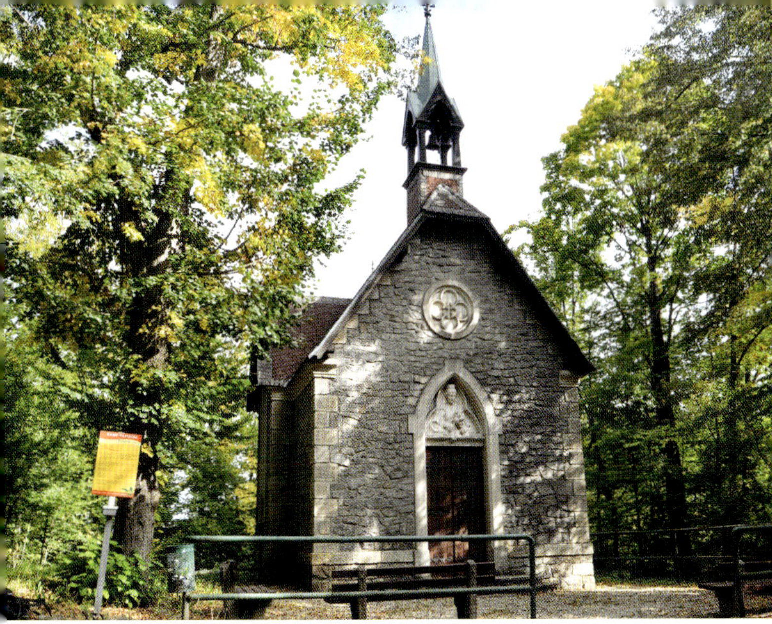

Elisabethkapelle

Die Wanderung an der Taffa entlang startet in **Horn** 1 (311 m) am Parkplatz Taffatal. Vorbei geht es zuerst am Hundeabrichteplatz und am Klärwerk, danach beginnt der wunderschöne Pfad am linken Ufer der Taffa durch das Kerbtal zwischen Horn und Rosenburg. Der Weg führt vorbei an Felswänden, auf zwei Holzbrücken überqueren Sie dann den Fluss und passieren den Horner Klettergarten, eine senkrechte Felswand mit mehreren Kletterrouten. Unter der Horner Umfahrung hindurch kommen Sie zu einem Pferdehof und danach zur **Straße nach Mühlfeld** 2.

Der Weg führt weiter am Ufer durch Laubmischwald mit Lichtungen. Vor der **Bundesstraße** ❸ verlassen Sie den Fluss und biegen nach rechts, nach einem kurzen Anstieg gelangen Sie auf einem Hangweg zur **Elisabethkapelle** ❹. Die Kapelle wurde 1908 anlässlich des 60-jährigen Regierungsjubiläums von Kaiser Franz Joseph errichtet, ursprünglich hieß sie Kaiser-Franz-Joseph-Kapelle. Sie ist der Heiligen Elisabeth von Thüringen geweiht und wurde allmählich Elisabethkapelle genannt, auch zur Erinnerung an die Kaisergattin Sisi.

Links hinunter erreichen Sie in wenigen Minuten den **Bahnhof von Rosenburg** ❺ (260 m). Einkehren können

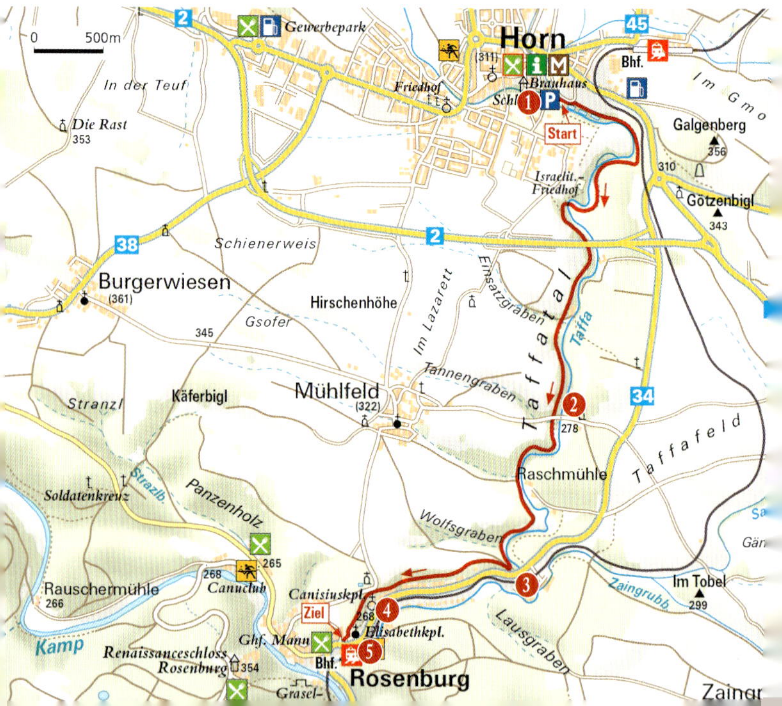

Sie im Traditionsgasthof Mann, Mitglied der Qualitätsmarke „Wirtshauskultur" mit regionaltypischen Gerichten in hoher Qualität, 100 Meter entfernt an der Kreuzung.

Museum Horn

Seit 1973 befinden sich die Museen der Stadt in der alten, um 1400 errichteten Bürgerspitalskapelle und einem modernen Zubau nahe dem Schloss.
Herzstück des aus mehreren Abteilungen bestehenden Museums ist das Höbarthmuseum, das Pendant zum Krahuletzmuseum in Eggenburg. Der Postbeamte und Autodidakt Josef Höbarth (1891–1952) nahm sich Johann Krahuletz zum Vorbild und trug eine Fülle von interessanten Fundstücken aus der Umgebung zusammen. Kernstücke sind erd-, ur- und frühgeschichtliche Exponate, darunter jungsteinzeitliche Frauenfiguren, bronzezeitliche Gewandfibeln und Mammutzähne.
Das ebenfalls sehr umfangreiche Madermuseum zeigt mit seiner beeindruckenden Sammlung landwirtschaftlicher Geräte und Maschinen die Entwicklung der Mechanisierung der bäuerlichen Betriebe.
Eine Antikensammlung und eine Dokumentation über den Räuber Johann Grasel ergänzen die anderen Abteilungen.
www.museumhorn.at/home

30

Von Gars nach Rosenburg

Renaissanceschloss und Graselhöhle

●●○ 10 km · 2 ½ Stunden · 140 hm

Charakter	Landschaftlich und kulturhistorisch lohnende Streckenwanderung auf Wald- und Feldwegen, kurz auf Ortsstraßen. Moderater An- und Abstieg durch Wald.
Start	3571 Gars, Hauptplatz
Ende	Bahnhof Rosenburg
Markierung	Der Weg ist als „G9 Rosenburg-Rundweg" ausgeschildert, von Rosenburg ist jedoch die Rückfahrt mit der Kamptalbahn nach Gars empfehlenswert
Anfahrt	Die Kamptalbahn verkehrt stündlich zwischen St. Pölten und Sigmundsherberg. Parkplätze beim Bahnhof und beim Kurpark Gars.
Einkehr	In Etzmannsdorf: Gasthof Nussbaum (www.nussbaum-etzmannsdorf.at/gasthof); Schloss Rosenburg: Schlosstaverne und Schlossgasthof (www.schlosshotelrosenburg.at); In Rosenburg: Gasthof Mann (www.hotelmann.at)
Information	www.gars.at, www.rosenburg.at
Sehenswertes	Renaissanceschloss Rosenburg

Hoch über dem Kamp thront das Schloss Rosenburg, Wahrzeichen des Kamptals, auf einem Felsen. Die prächtige und gut erhaltene Anlage stammt im Kern

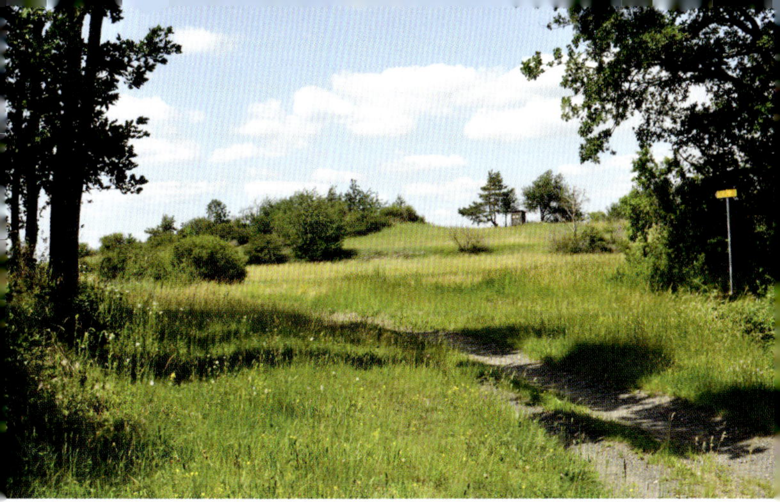

Hochland bei Etzmannsdorf

aus dem 12. Jahrhundert, sie ist als Museums- und Schauburg zu besichtigen. Die Graselhöhle im Felsen unterhalb der Burg war schon in prähistorischer Zeit bekannt und soll auch dem Räuber Georg Grasel als Unterschlupf gedient haben.

Bei Etzmannsdorf finden sich die im Waldviertel weit verbreiteten Streifenfluren, die vor Jahrhunderten von Siedlern geschaffen wurden, um das Rodungsland möglichst gleichmäßig unter sich aufzuteilen. Schmale, dem welligen Gelände angeschmiegte Terrassen und von Gras, Büschen oder alten Obstbäumen bewachsene Raine kennzeichnen diese Kulturlandschaft mit großer Artenvielfalt, die heute jedoch zu den gefährdeten Lebensräumen zählt und allzu oft einer Kommassierung geopfert wird.

Diese Tour startet am **Hauptplatz** ❶ (256 m) und führt zunächst durch die kurze Marktgasse zum Dreifaltigkeitsplatz und über die Kampbrücke nach Thunau. Hinter dem Platzlwirt biegen Sie dann rechts in die Taborgasse, die durch den Graben hinauf zum Schlossberg führt. Vor dem Gasthof Klackl wieder rechts, weiter leicht ansteigend zuerst auf einem Zufahrtssträßchen, dann durch Niederwald, kurz parallel zur Route G8 und bei der Verzweigung nach der Bank geradeaus durch Eichenwald. Auf dem Plateau geht's dann eben durch lichten Wald weiter, beim breiten Querweg links und in der Kurve geradeaus. Ein Abstecher zur barocken Dreifaltigkeit an der Straße nach St. Leonhard ist ausgeschildert.

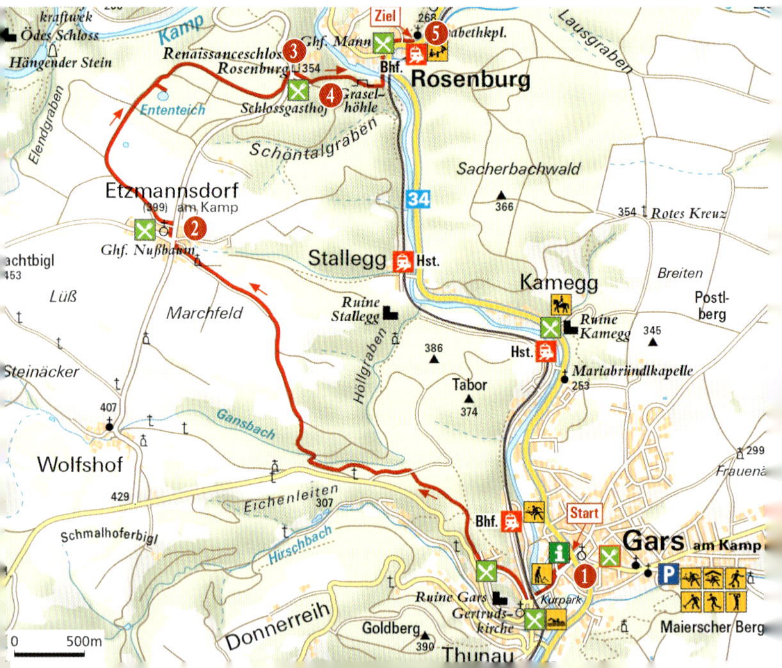

Auf einer schmalen Brücke überqueren Sie nun den Gansbach, ein kurzer weiterer Anstieg bringt Sie dann zum freien Plateau, dem Marchfeld. Hier wandern Sie mit weiter Sicht über das Horner Becken auf Feldwegen durch die sanft wellige Hochfläche mit den charakteristischen Streifenfluren und von Hecken begrenzten Wiesen und Äckern. In einer flachen Mulde liegt das Dreiangerdorf **Etzmannsdorf** 2 (399 m). Im 16. Jahrhundert wurden die Orte Wanzenau, Wolfshof und Etzmannsdorf als die „Heiligen drei Länder" bezeichnet, da sie nicht wie zahlreiche andere Dörfer der Region der Reformation anhingen, sondern im katholischen Glauben verharrten. Am Ortseingang passieren Sie die Dreifaltigkeit auf einer Säule, im Ort lädt der Gasthof Nussbaum mit einem Gastgarten im Innenhof zur Einkehr.

Am Ortsende geht es jetzt links und weiter durch Felder, beim Rastplatz geradeaus, im Wald liegt rechter Hand ein kleines Biotop, der verschilfte Ententeich. Nun leicht abfallend weiter durch Mischwald zur **Rosenburg** 3 (354 m), der bekannten Schauburg mit Falknerei und Schlossgasthof mit schönem, schattigen Gastgarten.

Nach der Besichtigung der Burg steigen Sie auf dem Weg unterhalb des Schlossgasthofes ab zur **Graselhöhle** 4, dem Zwerglloch. Die heute 25 Meter über dem Wasserspiegel des Kamp gelegene Höhle wurde vom Fluss in einer weichen Schicht ausgearbeitet, als er noch über seinem heutigen Niveau floss. Die labyrinthischen

Gänge haben eine Gesamtlänge von 102 Metern und sind stellenweise nur 50 Zentimeter breit, daher der Name „Zwerglloch". Die Bezeichnung „Graselhöhle" leitet sich von der Legende ab, dass sich hier der Waldviertler Räuber Johann Georg Grasel (1790–1818) versteckt habe (vgl. Info Tour 8, Seite 75). Wissenschaftlich belegt ist durch Funde, dass seit der frühen Jungsteinzeit die Höhle immer wieder von Menschen aufgesucht wurde, auch Mammutknochen wurden entdeckt.
Auf dem Pfad geht es dann weiter hinunter zum Kamp und auf der Fußgängerbrücke mit schönem Blick auf die Rosenburg ans andere Ufer. Dort auf der Straße über die Taffa-Brücke und rechts zum nahen **Bahnhof Rosenburg** 5 (260 m).

Schloss Rosenburg

Wo der Kamp ein Knie macht und seinen Lauf abrupt nach Süden wendet, thront hoch über dem Fluss die Rosenburg auf einem Felsen. Sie ist das Wahrzeichen des Kamptals und des Waldviertels. Bis ins ausgehende 15. Jahrhundert hatte die aus der Zeit der babenbergischen Landnahme stammende Burg wenig Bedeutung, im 16. und beginnenden 17. Jahrhundert war sie jedoch eines der Hauptzentren der Reformation und wurde zu einem prächtigen Renaissanceschloss ausgebaut. Der prachtvolle Ausbau sollte Kraft und Stärke des Protestantismus demonstrieren. 1658 übernahm der Gegenreformator Joachim Graf Windhag das Schloss und versah es mit Ziergärten und 13 Türmen. Seit 1681 ist die Burg im Besitz der Familie Hoyos, nach einem Brand im Jahr 1809 wurde sie ab 1859 zu einer unbewohnten Museumsburg umgestaltet. Renaissancetrakt, gotische Burgkapelle, Rittersaal mit Rüstungen und Waffen, Prunksaal und Bibliothek sowie ein ehemaliger Tanzsaal sind die Höhepunkte einer Führung.

Eine besondere zusätzliche Attraktion ist die Falknerei, die auf dem großen Turnierplatz des Schlosses einen idealen Ort für ihre Vorführungen gefunden hat.

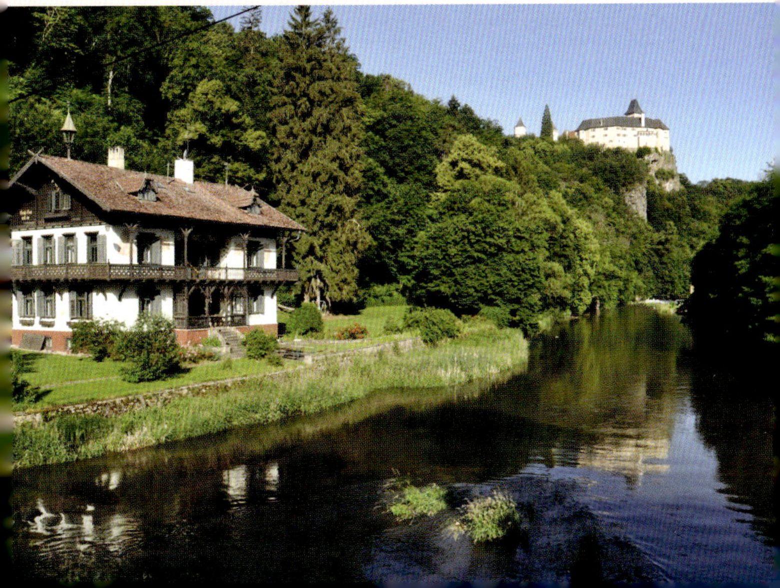

31

Garsrunde über Schimmelsprung und Wachtberg

Slawischer Fürstensitz, aussichtsreiche Ruine und „Kunst in der Natur"

●●● 11,1 km · 3 Stunden · 270 hm

Charakter	Längere, kulturhistorisch und landschaftlich interessante Rundtour auf breiten Wegen und schmalen Pfaden, mäßig steile An- und Abstiege. Prächtige Aussichten bieten der Thunauer Felsen und die Ruine Schimmelsprung, jeweils mit schönem Rastplatz.
Start/Ende	3571 Gars, Hauptplatz, Parkplätze im Umfeld und beim Bahnhof
Markierung	Ausgeschildert als „G4 Schimmelsprungrunde"
Anfahrt	Die Kamptalbahn verkehrt stündlich zwischen St. Pölten und Sigmundsherberg. Parkplätze beim Bahnhof und beim Kurpark Gars.
Einkehr	Mehrere Lokale in Gars: In der Konditorei Ehrenberger, Dreifaltigkeitsplatz 55, gibt es den „Waldviertler Mohnzuzler" (www.mohnzuzler.at), Wirtshauskultur „Zum goldenen Hirschen", Rainharter Straße 20 (www.zumgoldenenhirschen.at).
Information	www.gars.at
Sehenswertes	Schanze, rekonstruierter Torturm, Ruine Schimmelsprung, „Kunst in der Natur" auf dem Wachtberg

Leichte Variante: ●○○ 7,4 km, 1 ¾ Stunden, 170 hm

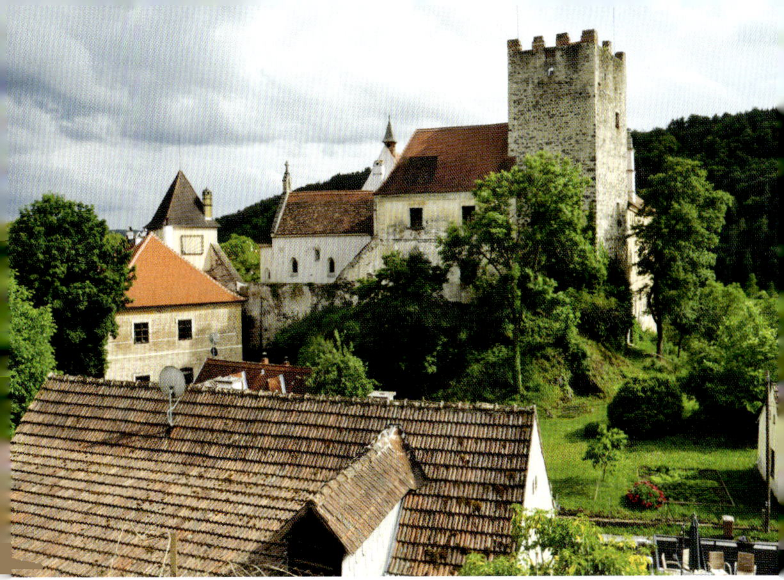

Schloss Buchberg

Nach der Eröffnung der Kamptalbahn im Jahr 1889 entwickelte sich Gars schnell zur beliebten Sommerfrische. Kurkonditorei, Wellnesshotel, zahlreiche Villen und der Kurpark zeugen davon. Auf dem Schlossberg oberhalb des Kamp thronen die mächtige Burgruine und die Gertrudskirche, die Wahrzeichen der Marktgemeinde. Eine Sommerattraktion ist das Schwimmbad beim Kamp mit seinem rot-weiß gestrichenen pavillonartigen Badhaus.

Die Wegweiser leiten Sie vom Garser **Hauptplatz** 1 (256 m) zur Kurkonditorei Ehrenberger am Dreifaltigkeitsplatz und über die Kampbrücke nach Thunau,

Gföhlerstraße zum Feuerwehrhaus Thunau. An der Wand befindet sich das Thunauer Wappen mit dem Schimmelsprung. Weiter auf der Gföhlerstraße zur Goldberggasse, an deren Ende ein alter Verbindungsweg zur Hochfläche beginnt, der Wurzelsteig.

Bei der ersten Abzweigung geradeaus weiter, nach einem steileren Anstieg bei der zweiten Abzweigung nach links zum Nordtor der **Schanze** 2 (425 m). Das rekonstruierte Südtor mit Holzturm liegt an der Geländekante weiter vorne. Sie wandern nun über die Hochfläche des Schanzberges (Infotafeln informieren über die Slawensiedlung) hinunter zum Thunauer Felsen, wo sich ein wunderbarer Blick auf das Kamptal bietet (Rastplatz). Vorsicht mit Kindern, die Felsen sind ungesichert und fallen senkrecht ab!

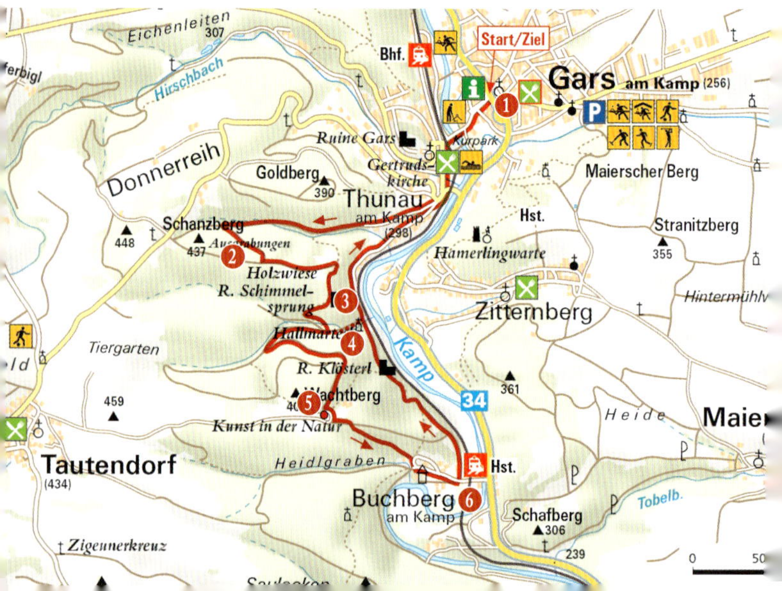

Rechts führt der Pfad (bei Nässe Rutschgefahr) durch den Steilhang zu einem kleinen Sattel und dann zur auf dem Felssporn gelegenen **Ruine Schimmelsprung** 3 (360 m). Mit schattenspendenden Bäumen zwischen mittelalterlichen Mauern ist sie ein perfekter Rastplatz. Hier können Sie den Ausblick über das Kamptal bei Zitternberg und den Südzipfel des Horner Beckens bis zum Manhartsberg genießen.
Nach der Besichtigung der Ruine kehren Sie zum Sattel zurück und biegen nun nach links in den Pfad hinunter zum Forstweg im **Hallgraben** 4 (310 m). Nach dem Bächlein treffen Sie auf den Forstweg, hier geht es kurz nach links und gleich wieder nach rechts.

Für die **leichte Variante** (Abkürzungsmöglichkeit zurück nach Gars) gehen Sie auf dem Forstweg weiter den Hallgraben hinunter bis zum Querweg vor den Gleisen und dann links zurück zum Zentrum.

Die **lange Runde** führt auf grasbewachsenem Forstweg leicht ansteigend zum **Wachtberg** 5 (400 m). Nach der Kehre bieten sich schöne Blicke auf Gars, seine Burg und ins Horner Becken nach Dreieichen. Beim Hinaustreten aus dem Wald kommen Sie zu einer Bio-Gärtnerei, rechts in der Wiese stehen einige Objekte des Projektes „Kunst in der Natur“. Links führt der breite Weg in Serpentinen hinunter zum Schloss **Buchberg** 6 (260 m).

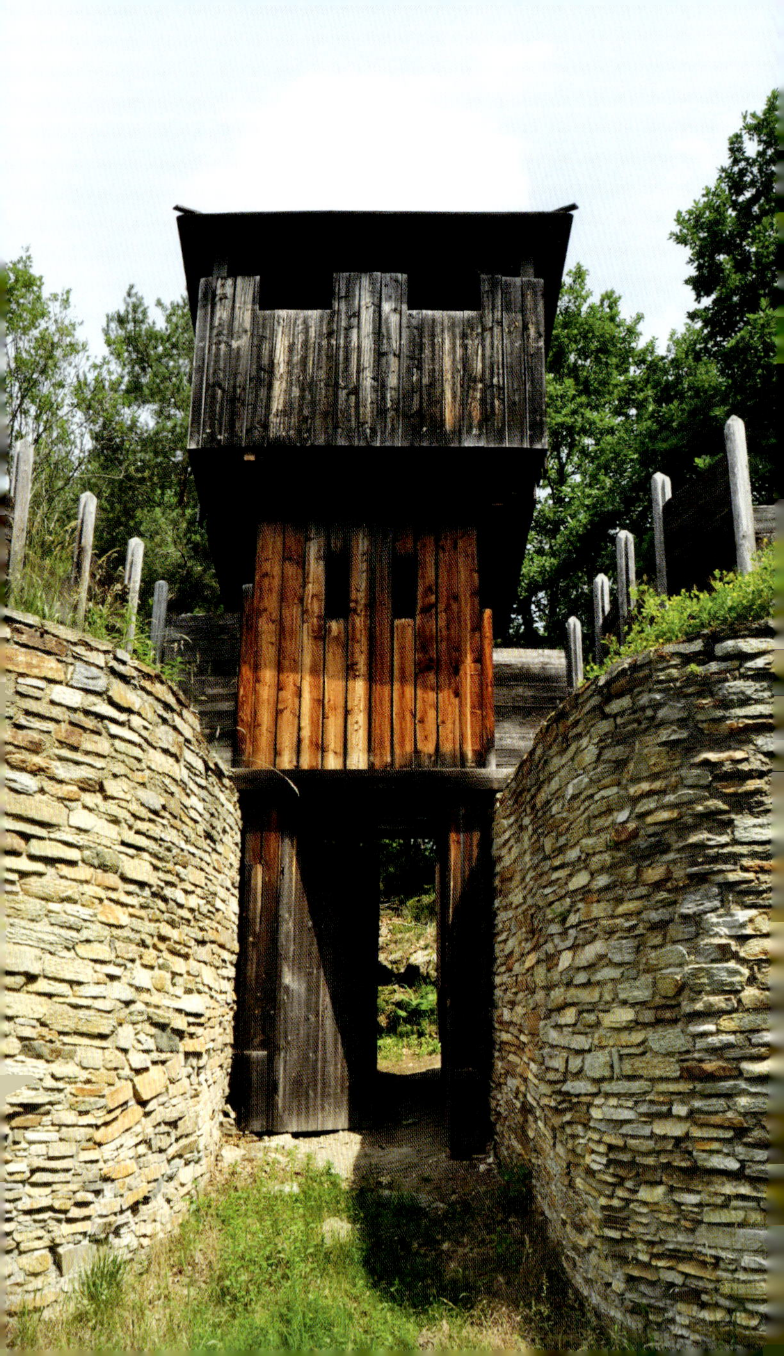

Die ältesten Teile des auf einem gewachsenen Felsen errichteten Schlosses – Palas, Bergfried und Kapelle – stammen aus dem 12. Jahrhundert, im 17. Jahrhundert wurden sie dann zu einer neuzeitlichen Anlage umgebaut. Der Gesamtkomplex ist ein harmonisches Ganzes und bietet das Bild eines romantischen Schlosses, das mit dem Felsen verwachsen zu sein scheint. Eine stimmungsvolle Sicht auf das Bauwerk bietet sich, wenn man vom Wanderweg einen Abstecher nördlich des Schlosses vorbei zum Kamp hinunter und kurz am Ufer entlanggeht. Es ist jedoch in Privatbesitz und kann nicht besichtigt werden.

Der Weiterweg führt wieder am Schloss vorbei zum Kriegerdenkmal, hier links, nahe dem Bahnhof (Halt auf Verlangen). Nach dem letzten Haus beginnt der Waldpfad, auf dem Sie nun oberhalb der Felsen zur Ruine „Klösterl“ wandern. Dabei handelt es sich jedoch nicht um ein Kloster, sondern um die Reste eines profanen Wehrbaus aus der ersten Hälfte des 13. Jahrhunderts. Durch die Schimmelsprunggasse mit ihren schönen Villen gelangen Sie zurück ins Zentrum, der Kurpark liegt nach der Kampbrücke rechts.

Rekonstruiertes Südtor auf der Schanze

Schanze

Die Schanze ist ein seit der Jungsteinzeit besiedelter Bergrücken, auf dem Schanzberg wurden nach früheren vereinzelten Ausgrabungen von 1965–2003 systematische archäologische Grabungen durchgeführt. Im Mittelpunkt des Interesses stand die frühmittelalterliche Höhensiedlung eines unabhängigen slawischen Fürstentums im 9. und 10. Jahrhundert. Die Siedlung war rund 25 Hektar groß und dürfte zu ihrer Blütezeit mehr als 1 000 Menschen beherbergt haben.
Geschützt war sie durch einen Wall, der außen vier und innen zweieinhalb Meter hoch war. Der Zugang erfolgte durch zwei Tore, das rekonstruierte Südtor der slawischen Wallburg mitsamt dem dazugehörigen hölzernen Torturm ist heute das anschaulichste Objekt der Anlage. Die Bevölkerung hat intensive Landwirtschaft betrieben. Wohn- und Speicherbauten wurden gefunden, Pflugscharen, Sicheln, Mühlsteine; Schmiede und Töpfer waren hier ansässig. Viele Gräber wurden entdeckt sowie die Fundamente einer Kirche – die älteste Österreichs nördlich der Donau. Annähernd 200 Jahre bestand das kleine slawische Fürstentum zwischen dem Frankenreich im Westen und dem großmährischen Reich im Osten, bevor es 1041 vermutlich von den Babenbergern zerstört und ausgelöscht wurde.
Dokumentation im Zeitbrücke-Museum
(www.zeitbruecke.at)

Sage vom Schimmelsprung

Fast 100 Meter oberhalb des Kamp befindet sich zwischen Thunau und Buchberg die Ruine der Burg Heinrichs von Tumbenowe, eines Dienstmannes der Babenberger. Die Burg wurde aus den Steinen der frühmittelalterlichen Slawensiedlung erbaut, die erste urkundliche Erwähnung erfolgte im Jahr 1196 unter dem Namen „altes Schloss Thunau". Den Namen „Ruine Schimmelsprung" erhielt die Burg von einer Sage: Der Burgbesitzer soll unerbittlich über sein Land geherrscht haben, sodass die Bauern die Burg erstürmen wollten. Mit einer List – er ließ die Hufeisen seines Pferdes verkehrt herum beschlagen – konnte er sie eine Zeitlang täuschen. Als ein Burgknecht den Bauern diese List verriet und diese dem Burgherrn auflauerten, ritt er im vollen Galopp mit seinem Schimmel über die Felsen in die Schlucht.

Die Sage ist auch Grundlage für das 1949 geschaffene Ortswappen.

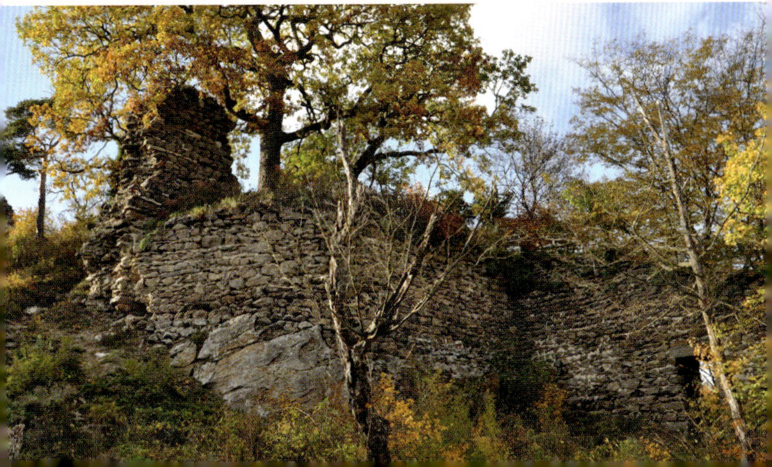

32

Eggenburg: Vitusberg

Über den Hausberg der mittelalterlichen Stadt

●○○ 5,2 km · 1 ½ Stunden · 100 hm

Charakter	Angenehme Rundwanderung auf guten Wegen über den Vitusberg mit weiter Aussicht von der Vituskapelle.
Start/Ende	3730 Eggenburg, Krahuletzmuseum, Parkmöglichkeiten nahe Museum und beim Bahnhof
Markierung	Der Weg ist als „Bergrunde" ausgeschildert
Anfahrt	Eggenburg liegt an der Franz-Josefs-Bahn
Einkehr	Cafés und Restaurant Kramerey am Hauptplatz (www.diekramerey.at)
Information	Im Krahuletzmuseum, www.eggenburg.gv.at
Sehenswertes	Mittelalterliches Zentrum in Eggenburg, Krahuletzmuseum

Die kleine mittelalterliche Stadt Eggenburg liegt an den Ausläufern des Manhartsberges am östlichen Rand des Waldviertels an der Grenze zum Weinviertel. Die Stadtmauer aus dem 14. Jahrhundert, der große Hauptplatz mit prachtvollen Bürgerhäusern und die Pfarrkirche St. Stephan mit Karner sind – neben dem Krahuletzmuseum – die Hauptsehenswürdigkeiten der Stadt.

Der Vitusberg ist einer der besten Aussichtspunkte der Region, viele Wege ziehen sich über den Hausberg der

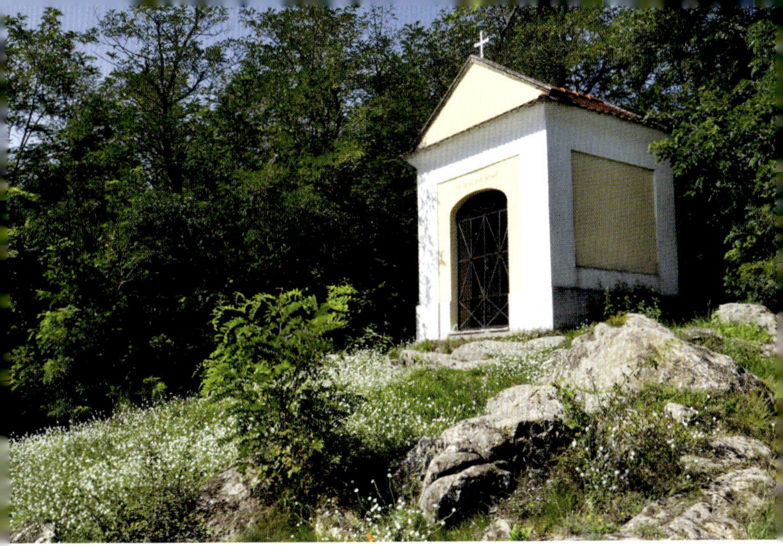

Vituskapelle

Stadt, der ein feines, kleines Wandergebiet darstellt. Wahrscheinlich bestand auf dem heute von dichtem Mischwald bedeckten Hügel schon vor Urzeiten eine Kultstätte, etliche Kapellen und Statuen (Kalvarienberg) stehen am Weg. Alte Grenzsteine erinnern daran, dass früher auch die Grenze der Eggenburger Freiheit über den Berg verlief, an deren Rand auf dem Galgenberg die mittelalterliche Richtstätte stand.

Vom **Krahuletzmuseum** 1 (325 m) folgen Sie dem Wegweiser „Vitusberg" durch den Luegerring. Im Schubertpark steht links der Kaiserjubiläumsbrunnen. Der Jugendstilbrunnen wurde 1908 zum 60-jährigen Regierungsjubiläum Kaiser Franz Josephs errichtet und stand ursprünglich auf dem Hauptplatz, 1938 wurde er in den Schubertpark verlegt. Nach der Überquerung der B 35 leitet der Wegweiser „Bergrunde" in den leicht abfallenden Weg und vor dem Bahndamm mit den zwei Tunnels nach links. Durch den Wald ansteigend gelangen Sie zu einem Sträßchen, überqueren die Bahn und biegen dann gleich links in den Pfad.

In schönem Mischwald wandern Sie weiter und treffen bald auf den Kapellenweg. Dieser Kreuzweg wurde 1729 errichtet, besonders beeindruckend ist die **Kreuzigungsgruppe** aus dem Jahr 1688, daneben die Sandsteinstatuen Schmerzensmann und Mater Dolorosa. Dahinter steht die 1670 erbaute, dem Heiligen Grab in Jerusalem nachempfundene **Grabkapelle** 2.

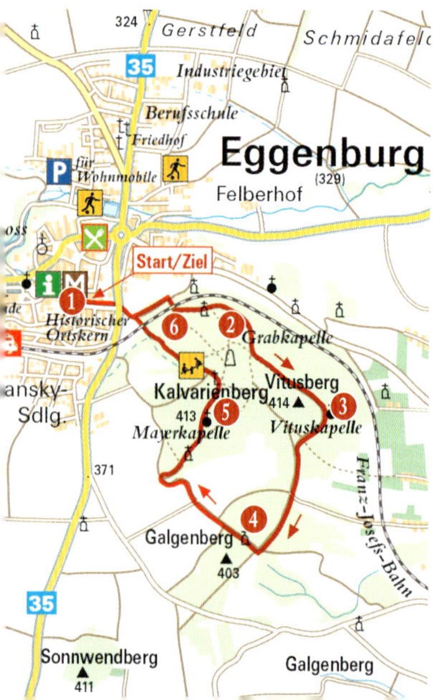

Nun links auf dem Veitsbergweg weiter und bei der Gabelung geradeaus ansteigend zur **Vituskapelle** 3 (408 m). Von der im Jahr 1853 errichteten Kapelle bietet sich ein wunderbarer Blick ins Weinviertel. Auf einsamer Kuppe thront die Kirche von Wartberg, am Fuße des Hügels ragen die von Legenden umrankten Kogelsteine von

Grafenberg auf, letzte Reste des Granit-Urgebirges. Hier umtobte vor 20 Millionen Jahren die Brandung die steile Felsküste, das Meer reichte bis zum Indischen Ozean.

Sie wandern nun kurz zurück und den Wegweisern nach links folgend auf breitem Weg vorwiegend durch Eichenwald weiter. 20 Meter nach dem Beginn des Asphalts geht es nach rechts (Wegweiser Bergrunde), beim Waldaustritt wieder rechts zum Galgenberg. Hier liegt 30 Meter links des Weges die ehemalige **Richtstätte** 4 (400 m). Wegen der mittelalterlichen Vorstellung der Unehrenhaftigkeit, die dem Galgen und den Delinquenten anhaftete, wurden die Galgen häufig nah an der Grenze aufgestellt. Heute steht hier die im 18. Jahrhundert errichtete Statue des heiligen Dismas.

Etwas später erreichen Sie den Waldrand. Hier bietet sich ein weiter Blick über die sanft wellige Landschaft. Auf einem Feldweg geht's durch Äcker wieder zum Wald, auf breitem Weg dann an der Waldandacht vorbei zur in der zweiten Hälfte des 19. Jahrhunderts erbauten **Mayerkapelle** 5.

Auf schönem Waldweg wandern Sie nun leicht abfallend geradeaus weiter und nach dem Querweg links auf dem Bürgermeister-Wimmer-Weg zum Spielplatz auf einer Waldlichtung. Warntafeln weisen darauf hin, dass auch der Bogenparcours durch dieses Gelände führt, Wanderwege daher nicht verlassen! Die Bergrunde-Wegweiser führen Sie dann in den Schindlergraben zur

Krahuletzruhe 6 links des Weges, rechts ist die Labestation des Bogenparcours. Die Aufschlüsse in diesem Bereich entstanden 1876 beim Bau des Bahndammes für die Franz-Josefs-Bahn, 1895 machte hier Johann Krahuletz seine berühmtesten Funde, den weltbekannten Schädel eines Krokodils und die Reste einer Seekuh, zu sehen im Krahuletzmuseum.
Sie gehen weiter zum nahen Bahndamm, dann durch den Tunnel und treffen dahinter auf den Herweg, auf dem Sie in die Stadt zurückkehren. Ein Besuch des Museums und ein Stadtrundgang sind sehr empfehlenswert, Touristeninfo im **Krahuletzmuseum** 1.

Tipp

Seit Jänner 2022 betreibt der Bogensportverein „Primitive Archery" am Vitusberg bei Eggenburg einen gebührenpflichtigen 3D-Bogenparcours. Auf einer Fläche von 22 Hektar mit fast sechs Kilometer Wegen stehen insgesamt 45 Attrappen von Tieren wie Eichhörnchen, Truthahn, Luchs, Bär, Krokodil, Drache …
Die Wege sind in drei Runden eingeteilt, man muss also nicht den gesamten Parcours bewältigen. Der Start befindet sich, aus Richtung Zogelsdorf kommend, bei der Ortseinfahrt von Eggenburg, vor der Eisenbahnbrücke rechts. Die Ausrüstung kann gegen Voranmeldung auch ausgeliehen werden. (www.bogensport-oesterreich.at, +43 [0]664 73847860)

Krahuletzmuseum

Ein Delphinschädel, das Skelett eines krokodilähnlichen Wesens, Skelette einer Seekuhart … diese und andere spektakuläre lokale Funde können im Krahuletzmuseum bestaunt werden.

Ein Schwerpunkt liegt im Tertiär, der Phase, in der im Raum Eggenburg das Meer an die Gesteine des Waldviertels brandete. Minerale zeigen das Waldviertel als Kristallviertel, Fossilien die Welt des „Eggenburger Meeres“.

Neben den Themen *Geologie* und *Entstehung der Gesteine* bietet das Museum auch eine der umfangreichsten archäologischen Sammlungen Niederösterreichs mit einzigartigen Objekten aus 30 Jahrtausenden Kulturgeschichte der Region zwischen Donau, March und Thaya. Abteilungen zur Stadtgeschichte, Volkskunde, eine Uhrensammlung und Sonderausstellungen ergänzen das Angebot. www.krahuletzmuseum.at

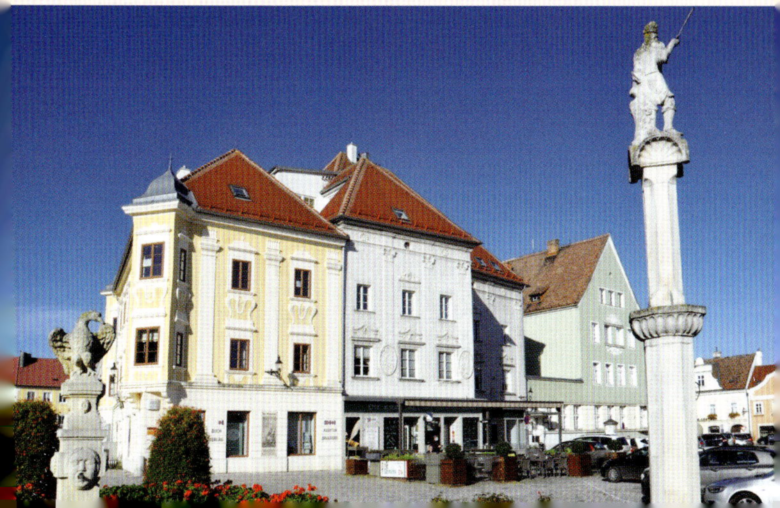

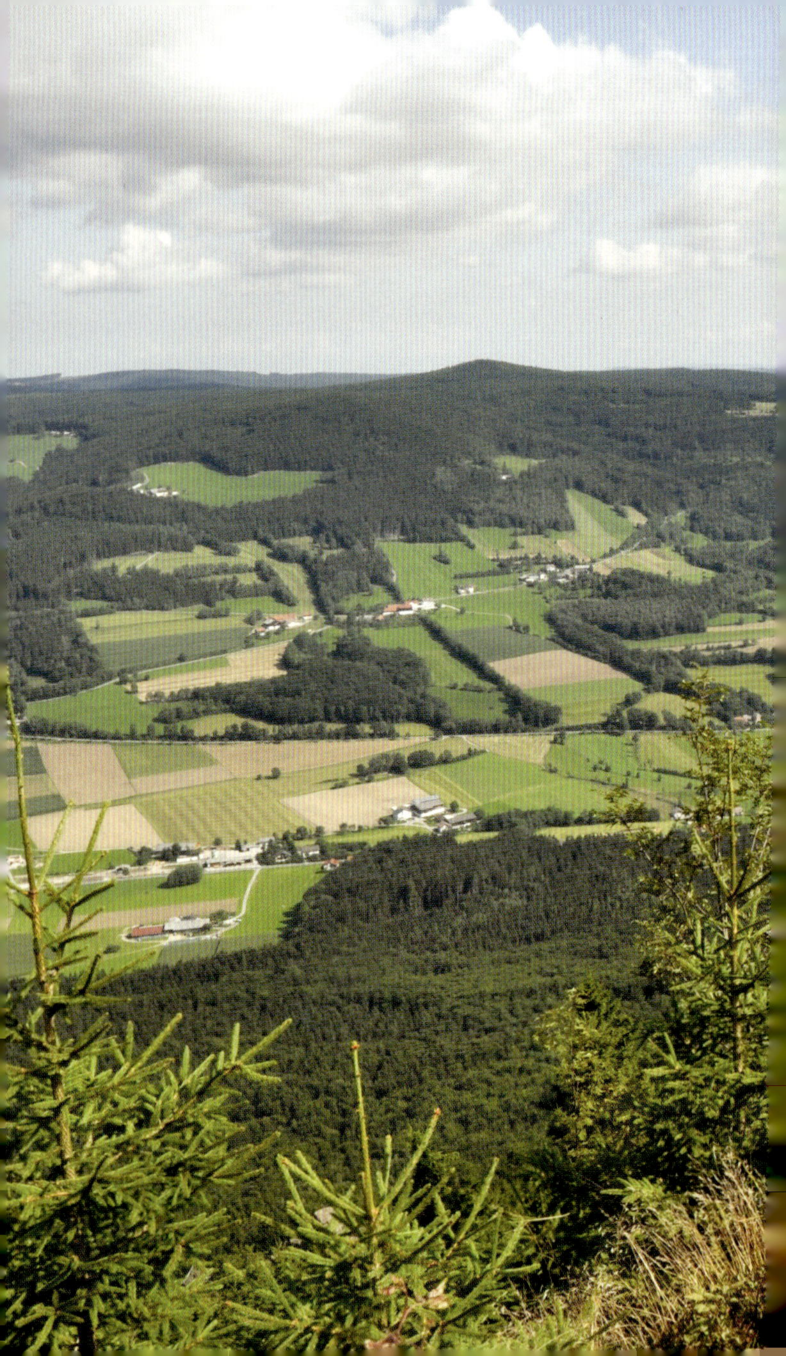

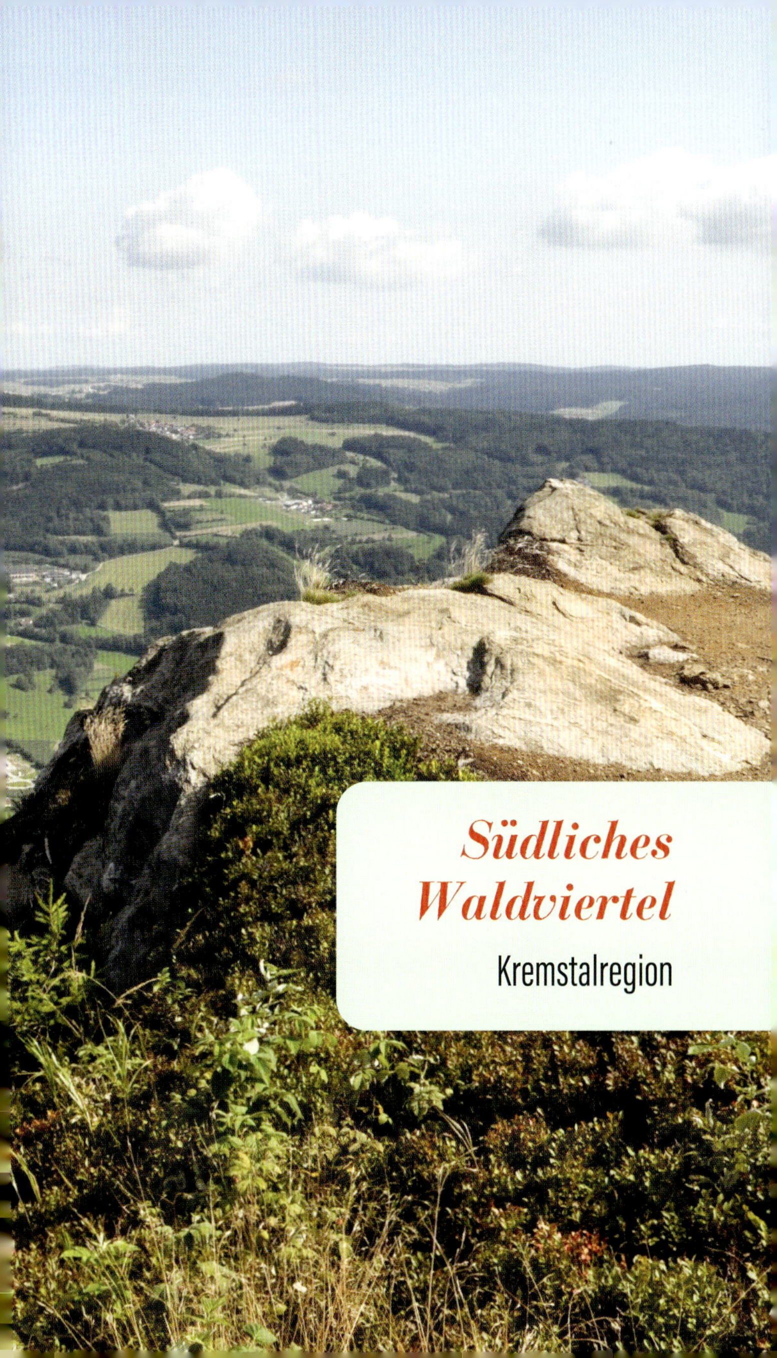

Südliches Waldviertel

Kremstalregion

Das südliche Waldviertel hat einen eigenen, etwas anderen Charakter, sein zweiter Name ist „Donauwaldviertel". In ihm deutet sich die Nähe zur Wachau und zum Strudengau an, die Orientierung zur Donau ist auch historisch durch die frühe Erschließung vom Fluss her begründet. Das Land fällt relativ steil zur Donau ab, von vielen Aussichtspunkten reicht der Blick weit in die nieder- und oberösterreichischen Voralpen.

Ysper- und Weitental begrenzen ein Hochplateau und sind zur Donau ausgerichtet. Das „Weitener Hochland" steigt stufenförmig von Maria Taferl an. Der Kleine Peilstein und die Burgsteinmauer sind die besten Aussichtsgipfel. Die Ysperklamm ist die spektakulärste Klamm. Ausgeprägte Bergzüge und die Steilränder der Waldviertler Hochfläche ergeben das Landschaftsbild

eines formenreichen Mittelgebirges mit relativ großen Höhenunterschieden.
Die Große Krems entspringt südlich von Bad Traunstein in 950 Meter Seehöhe am Ostrand des Weinsberger Waldes, die Quelle der Kleinen Krems liegt südlich von Kirchschlag. Beide durchfließen in östlicher Richtung mäandrierend dünn besiedeltes Hügelland, bereits vor dem Zusammenfluss der beiden Flüsse beim Zwickl unweit der Burg Hartenstein haben sie sich tief in die Böhmische Masse eingegraben. Der Name Krems leitet sich von „Cremsia" her, was soviel wie „sich ins Gestein einschneidendes Gewässer" bedeutet. Die hohen, steilen und felsigen Talhänge mit etlichen Höhlen, darunter die berühmte Gudenushöhle, vermitteln den Eindruck einer imposanten Tallandschaft.
www.waldviertler-kernland.at

33

Bad Traunstein: Steingigantenweg

Mystische Steinformationen und weite Aussicht

●○○ 4,2 km · 1 ½ Stunden · 90 hm

Charakter	Interessante kleine Rundtour auf Waldwegen und Pfaden zu mehreren Steingiganten, ein hervorragender Aussichtspunkt. Ideal auch für Kinder.
Start/Ende	3632 Bad Traunstein, Parkplatz bei der Volksschule, Beginn aller Rundwege
Markierung	Der Weg ist als Steingigantenweg Nr. 51 ausgeschildert
Anfahrt	Bad Traunstein liegt an der L 78 westlich von Ottenschlag
Einkehr	Nahe der Kirche am Oberen Markt: Gasthof Wachtstein (+43 [0]2878 67009), Café Bachl (+43 [0]2878 6204)
Information	www.bad-traunstein.at
Sehenswertes	Steingiganten, Kräutergarten, Skulpturengarten Josef Elter
Längere Variante	Verkürzter Panoramaweg, ●●○ 12 km, 4 Stunden, 240 hm

Bad Traunstein liegt circa 25 Kilometer südlich von Zwettl auf einem aussichtsreichen Hügel in 930 Meter Seehöhe. Der hervorragende Aussichtsfelsen mit einzigartigem Festivalgelände, die sehenswerte moderne

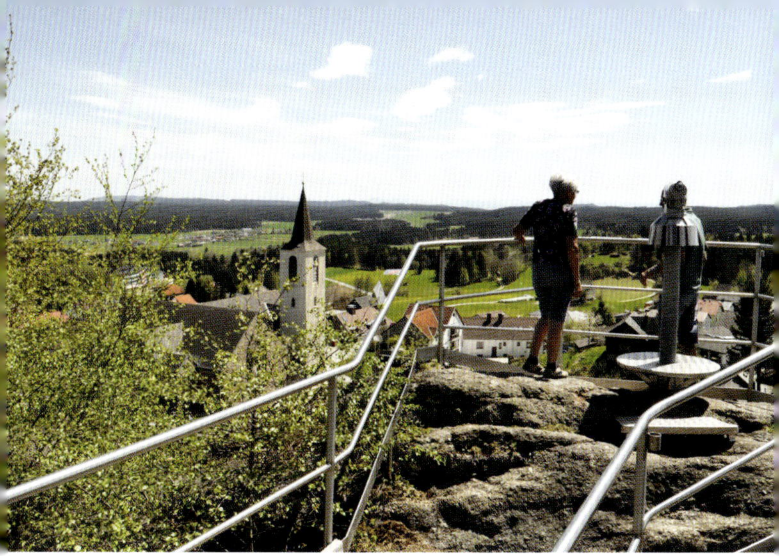

Aussichtsfelsen Wachtstein

Kirche, Skulpturengarten, Ausstellungszentrum, Kräutergarten und das Kurzentrum geben dem kleinen Ort sein charakteristisches Gepräge.
Das ganze Waldviertel ist berühmt für seine Steinformationen, in Bad Traunstein sind sie besonders eindrücklich zu erleben. Die kurze Runde des Steingigantenweges führt zu faszinierenden mystischen Granitgebilden wie Opferstein, Steinerne Rast, Franzosenstein und auf den Wachtstein, die höchste Erhebung mit wunderbarem Blick über die Landschaft.
Eine längere Variante durch die umliegende hügelige, steindurchsetzte Wald- und Wiesenlandschaft bietet der Panoramaweg, auch er führt an den Steingiganten vorbei.

Die Rundtour beginnt am Parkplatz bei der Volksschule von **Bad Traunstein** ❶ (930 m) und folgt dem Steingigantenweg Nr. 51 in nördlicher Richtung zum Talboden hinunter. Dort liegt rechts im Kirchenwald am Fuß des Schulbergs der Opferstein, ein großer Schalenstein, dessen Mulde immer mit Wasser gefüllt ist. Der Sage nach soll das Wasser gegen Augenleiden helfen, eine andere Sage spricht von der „Blutschüssel" für Opferrituale, daher rührt auch sein Name.

Danach geht es bald links hinauf durch den urtümlichen, von Granitblöcken durchsetzten und mit Heidelbeeren bewachsenen Waldhang zum Wachtstein. Er besteht zur Gänze aus riesigen Granitblöcken, die von der Kraft der Natur in Jahrmillionen geschaffen wurden.

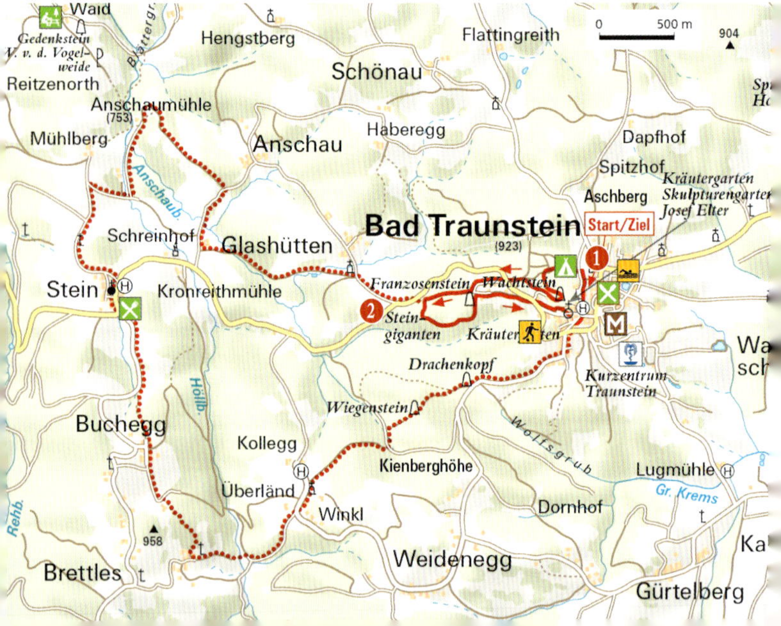

Von seiner Aussichtsplattform in 958 Meter Seehöhe genießen Sie einen weiten Blick, an klaren Tagen bis zum Schneeberg und weit ins Mühlviertel hinein. Über Jahrhunderte wurde er als Wacht- und Aussichtspunkt genutzt.

Der Weg Nr. 51 führt Richtung Kirche die Stufen hinunter, dann rechts an den Felsen entlang, durch das Festivalgelände in romantischer Naturlandschaft hinunter zur Straße und am Rand der Siedlung zum Wald. Bei der Wegverzweigung geht es rechts hinunter, die Route macht nun eine Schleife und kommt wieder hierher zurück. Der Weg wird zum Pfad, und bevor dieser die Straße erreicht, leiten die Wegweiser nach links hinauf zur **Steinernen Rast** 2 (870 m), ein uriges Felsengelände. Ein schmaler Durchlass führt zur Steinernen Backstube, danach geht's auf schönem Waldpfad in einer Schleife zurück zur Wegverzweigung.
Dort rechts zum Franzosenstein, einem weiteren Steingiganten am Fuß des Wachtseins, rechts der Hauptstraße. Er liegt derart schräg auf seiner Unterlage, dass man meint, ein Windstoß könnte ihn herunterstürzen, aber trotz seiner scheinbar labilen Lage bewegt sich der 100 Tonnen schwere Koloss keinen Millimeter. Der Sage nach kam er durch eine Wette zu seinem Namen – den Neapoleonischen Besatzern war es nicht gelungen, ihn von seiner Unterlage zu stürzen.

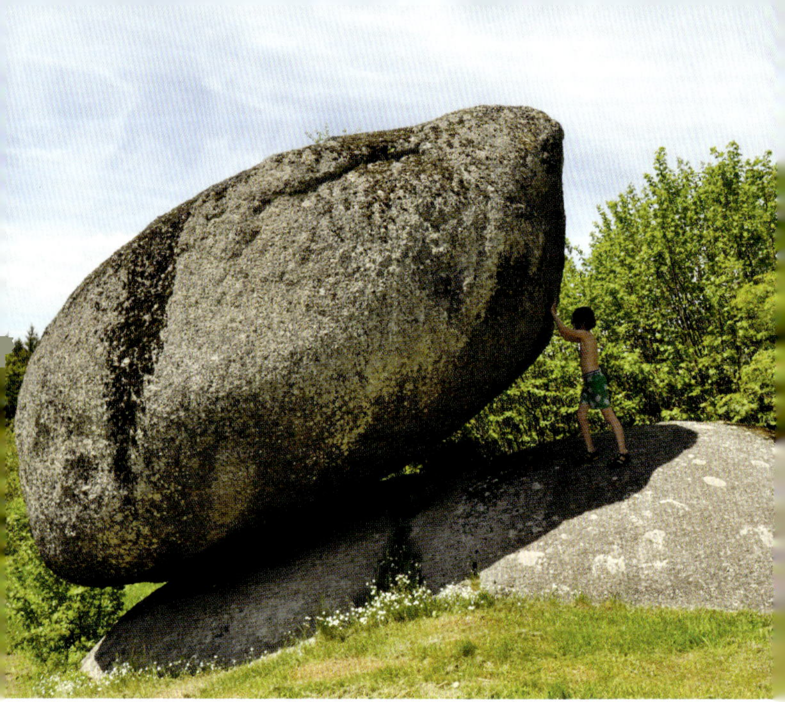

Der Franzosenstein ist nicht zu bewegen.

Auf dem Weg zurück ins Zentrum liegt links der sehenswerte Kräutergarten unterhalb der Wachtsteinfelsen, rechts das Ausstellungszentrum Josef Elter.

Längere Variante (verkürzter Panoramaweg 53):
Auch bei dieser längeren mittelschweren Variante passieren Sie die charakteristischen Steingiganten von Bad Traunstein, zudem führt der Panoramaweg in reizvoller Abwechslung durch Wald und offene Landschaft mit Bauernhöfen und Weilern.

Bis Anschaumühle bleiben Sie auf dem Weg 53: Vom Parkplatz bei der Volksschule am Dorfbrunnen vorbei zur Hauptstraße, dort rechts und nach dem Sportplatz links den Wegweisern folgen. Nach zwei Kilometern passieren Sie den Wiegenstein und wandern dann in stetem Auf und Ab über Überländ, Prettles und Buchegg nach Stein, wo Sie im Gasthof Teuschl (+43 [0]2878 6218) einkehren können. Danach geht es auf einer Zufahrtsstraße zur Anschaumühle, hier verlassen Sie den Weg 53. Sie gehen geradeaus rechts am Haus vorbei weiter, den ansteigenden anfangs asphaltierten Weg hinauf und bald auf einem Feldweg mit schöner Sicht zu einer Querstraße. Hier rechts abwärts und direkt nach dem Schreinhof links in den Weg. Nach dem Wald – links liegen die Häuser von Glashütten – biegen Sie beim Bildstock rechts zur L 78, überqueren diese und wandern auf dem oberen Weg wieder in den Wald hinein. Hier treffen Sie bei der **Steinernen Rast** 2 auf die Nr. 51, den Steingigantenweg. Auf dem Forstweg geht es nun geradeaus weiter. Der Weg 51 macht eine Schleife durch den Wald, ab der Wegkreuzung folgen Sie diesem. Vor dem Ortszentrum von Bad Traunstein passieren Sie rechts den Franzosenstein und können dann links zum Wachtstein aufsteigen, dem Höhepunkt der Rundtour mit herrlicher Aussicht am Ende.

Kräutergarten der Traunsteiner Kräutertanten

Vor mehr als 30 Jahren haben sich einige Bäuerinnen aus Bad Traunstein mit dem Ziel zusammengeschlossen, das Wissen ihrer Mütter und Großmütter über die Heilkraft von Kräutern und Pflanzen zu erhalten und weiterzugeben. Schafgarbe, Zitronenmelisse, Himbeerblätter, Krauseminze, Brombeerblätter, Erdbeerblätter, Ringelblumenblüten, Holunderblüten – viele heimische Kräuter und Pflanzen sammeln, ernten und mischen sie nach altem Rezept für ihren bekannten Kräutertee. Im Heilkräuter-, Schau- und Lehrgarten kann man sich über etwa 250 verschiedene Heilkräuter informieren, auch Führungen werden angeboten.

Skulpturengarten von Josef Elter

Josef Elter, 1926–1997, war Pfarrer in Bad Traunstein, initiierte den Neubau der Kirche mit der großartigen Holzfaltendecke und machte sich auch als Stein- und Holzbildhauer einen Namen. Einige seiner zum Teil abstrakten und zum Teil expressionistisch inspirierten Arbeiten sind im Skulpturengarten bei der St.-Georg-Straße zu sehen, einen Querschnitt bietet das Ausstellungszentrum Josef Elter nahe der Kirche.

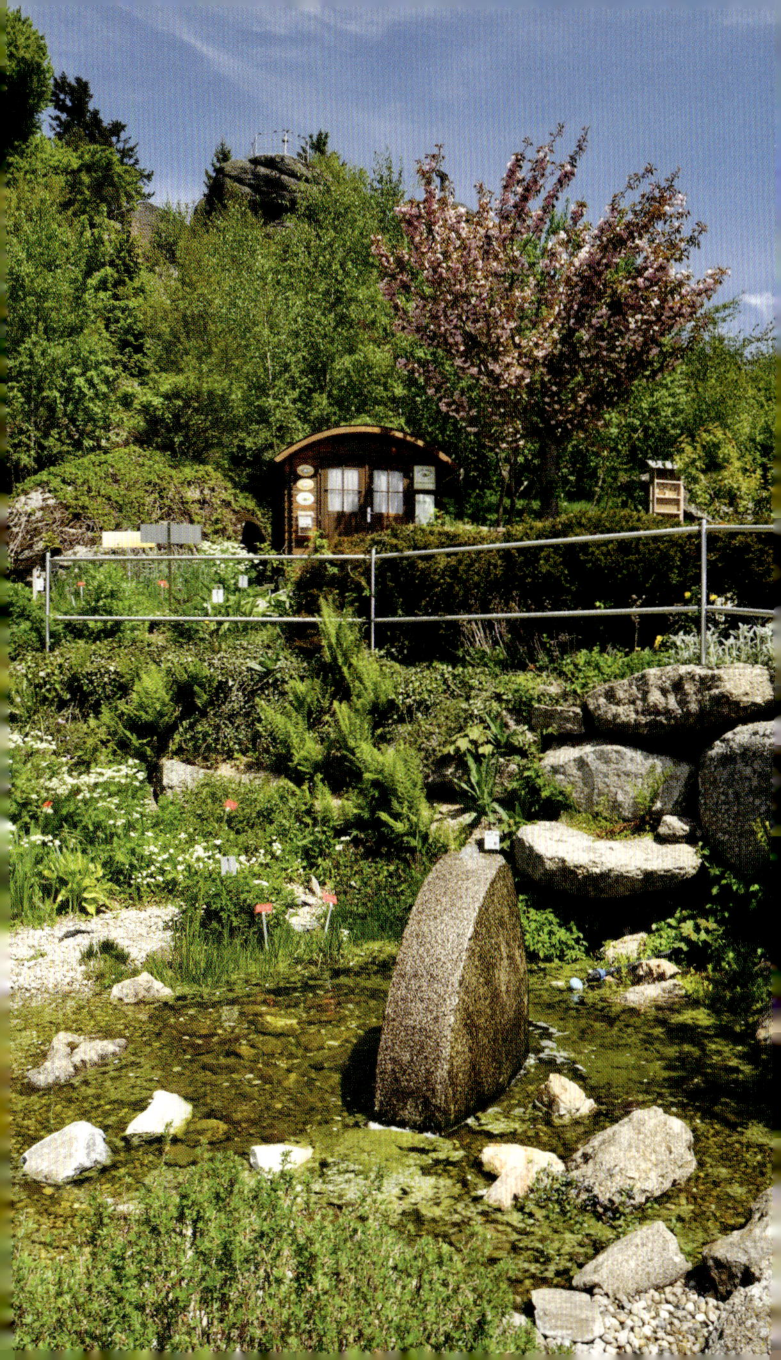

34

Ottenschlag: Teichstrecke

Durch den Hochwald zu Teichen und dem Mohnmuseum

●●○ 11,5 km · 3 Stunden · 60 hm

Charakter	Ruhige Rundwanderung auf Wald-, Forst- und Fahrwegen durch die leicht hügelige Landschaft. Weite Teile der Wanderung verlaufen durch Hochwald. Wiesen, Getreide- und Mohnfelder sowie Teiche prägen außerdem die Landschaft.
Start/Ende	3631 Ottenschlag, Unterer Ortsteich
Markierung	Ausgeschildert in der Gegenrichtung als Tut-gut-Route Nr. 2, Teichstrecke
Anfahrt	Ottenschlag liegt an der Einmündung der B 217 in die B 36 im südlichen Waldviertel
Einkehr	In Ottenschlag: u.a. Gasthof Renner am Unteren Markt (+43 [0]2872 7235), Badesee hinter dem Oberen Markt mit Teichstüberl; Kaffee und Kuchen gibt's im Café Einsiedl (www.cafe-einsiedl.at) beim Unteren Ortsteich und im Café Matschiner am Oberen Markt (+43 [0]2872 7213), direkt daneben können Sie in der Selbstbedienungsgreißlerei (www.greisslerei-waldviertel.at) lokale Spezialitäten kaufen, darunter auch Produkte vom Mohnhof Greßl.
Information	www.ottenschlag.at
Sehenswertes	Mohnmuseum (www.mohnhof.at)

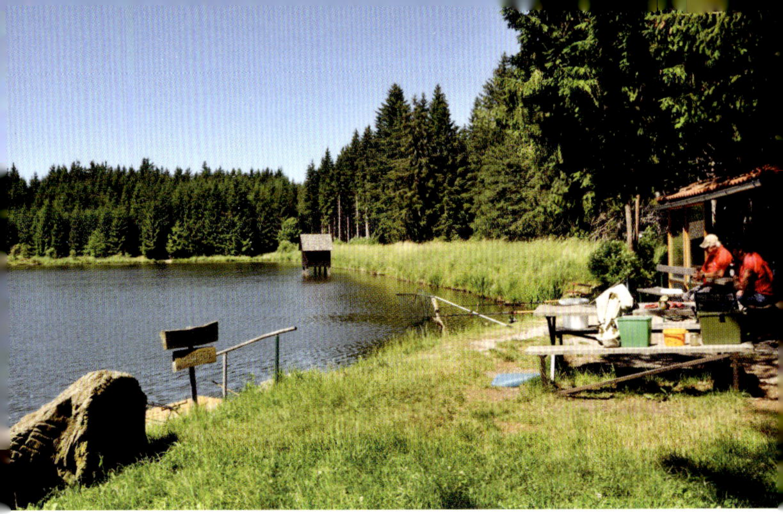

Am Himmelteich

Wahrzeichen des Marktes Ottenschlag ist das Schloss Ottenschlag mit seinen drei Rundtürmen und dem geschmücktem Renaissanceportal. Es wurde 1523 hufeisenförmig um einen weitläufigen Hof errichtet, auf dem früher die mittelalterliche Burg stand. Das Schloss gehörte verschiedenen Adelsgeschlechtern und ab 1931 dem Stift Göttweig, das es – ohne die lukrativen Fischteiche – 1986 an das Land Niederösterreich verkaufte. Das Land renovierte das Schloss, von 1992 bis 2022 war hier die Fachschule für Betriebs- und Haushaltsmanagement untergebracht, nun fungiert es als Bildungshaus und Veranstaltungszentrum.
Eine bekannte Waldviertler Spezialität ist der Mohn, auf einem kurzen Abstecher können Sie das Mohnmuseum im Mohnhof Greßl besuchen.

Die Rundtour startet in **Ottenschlag** ❶ (840 m) am Unteren Ortsteich mit Parkmöglichkeit und folgt beim Marterl dem Wegweiser „Kremstalweg 625" nach Westen. Durch die Talmulde des Ottenschläger Baches wandern Sie auf einem Fahrweg zum Wald und dann durch schönen Hochwald zum **Hacklhof** ❷. Dort über eine Nebenstraße und geradeaus weiter durch Wiesen und Felder, auf dem Hügel vorn ist Bad Traunstein zu sehen. Auf der L 78 biegen nach rechts und nach 100 Metern links wieder in den Wald hinein. Der Waldweg trifft dann auf eine Forststraße, hier verlassen Sie den Weg Nr. 625 und biegen nach links zum Bahnviadukt.

Das Viadukt beim Weyerteich ist ein markantes Bauwerk der Bahnlinie Schwarzenau–Zwettl–Martinsberg. Sie wurde 1906 eröffnet und sollte bis zur Donau ausgebaut werden, der Plan scheiterte aber an der Finanzierung.

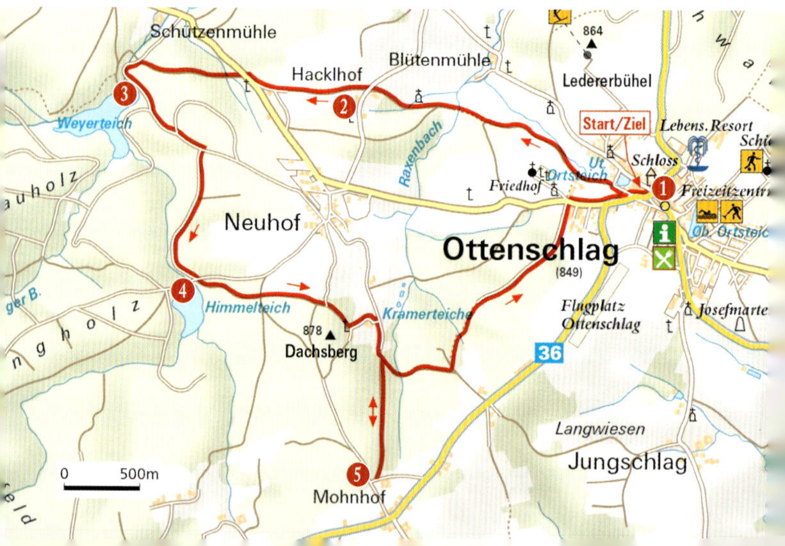

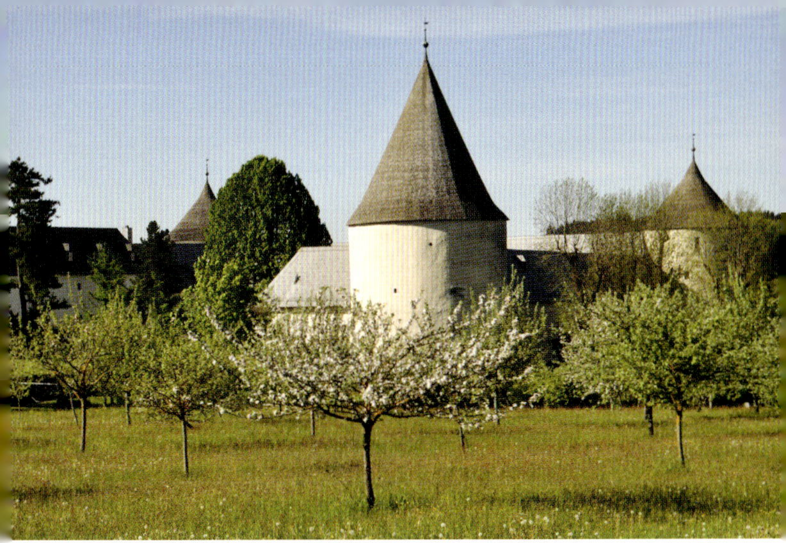

Schloss Ottenschlag

1986 wurde der Personenverkehr eingestellt. Der Güterverkehr, vorwiegend für Holztransporte zum Sägewerk bei Waldhausen, eines der größten in Europa, lief noch bis 2010. Dann wurde mit dem Abbau der Gleise begonnen, damit ist dieser Abschnitt wohl endgültig Eisenbahngeschichte. Auf der ehemaligen Bahntrasse soll nun ein Radweg errichtet werden – Finanzierung vorausgesetzt.

Nach dem Viadukt passieren Sie den **Weyerteich** 3 (796 m). Der 13 Hektar große Fischteich wird von der Großen Krems durchflossen, er wurde im 16. Jahrhundert von den Besitzern des Schlosses Ottenschlag angelegt, gehört heute dem Stift Göttweig und dient ausschließlich der Fischzucht.

Auf der Forststraße wandern Sie nun weiter, bei der querenden Forststraße nach links und dann bei der ersten Rechtsabzweigung nach rechts auf schönem Fahrweg zum **Himmelteich** 4 (820 m). Der untere Teil ist ein Fischteich, im oberen Teil ist Baden erlaubt.

Von der Fischerhütte führt der Waldweg halblinks vom Teich weg (rot-weiß-rote Markierung), beim offenen Gelände geht's am Waldrand um die flache Erhebung des Dachsberges. Nach der Kuppe, wo der Weg eine Linkskurve macht, rechts in den Wald (Wegweiser 606). Der Weg führt dann wieder am Waldrand entlang zu den Häusern von Neuhof, auf dem Zufahrtssträßchen links zum Bauernhof hinunter und nach dem alten Bahndamm rechts in den Fahrweg.

Bei der Gabelung links, bei der folgenden ausgeschilderten Abzweigung (Wegweiser „Mohnhof", Nr. 34) können Sie rechts den lohnenswerten Abstecher zum Mohnhof machen, 20 Minuten hin und zurück. Auf einem mit gelben Streifen markierten Waldweg gelangen Sie zum **Mohnhof Greßl** 5 mit Mohnmuseum und Shop, im Juli blüht der Mohn auf den Feldern.

Zurück bei der Abzweigung biegen Sie nun nach rechts und bei der Wegkreuzung dann nach links (Lyrikweg). Auf einem schönen Waldweg wandern Sie nach **Ottenschlag** 1 zurück, an der Straße rechts und dann links zum Unteren Ortsteich.

Mohn

Der Mohn zählt zu den bekanntesten Köstlichkeiten des Waldviertels, seit Jahrhunderten wird er hier angebaut, die erste urkundliche Erwähnung stammt aus dem 13. Jahrhundert.
Durch seine fettreichen und nahrhaften Samen ist er ein beliebtes Nahrungsmittel, schon früh wurde auch die schmerzlindernde Wirkung entdeckt und der getrocknete Milchsaft des Schlafmohns als Heil-, Schlaf- und Betäubungsmittel verwendet. Im Altertum galt der Mohn wegen der Vielzahl an Samenkörnern auch als Symbol für Fruchtbarkeit, Glück und Reichtum. Die älteste Kultivierung fand bereits vor 5 000 Jahren statt. Mit den Römern kam er als Nahrungs- und Heilpflanze nach Mitteleuropa. In Österreich ist der Anbau von Schlafmohn legal, der Waldviertler Grau- und Blaumohn findet sich in vielen Rezepten der österreichischen Mehlspeisküche wie in Mohnnudeln, Mohntorte, Mohnstrudel …

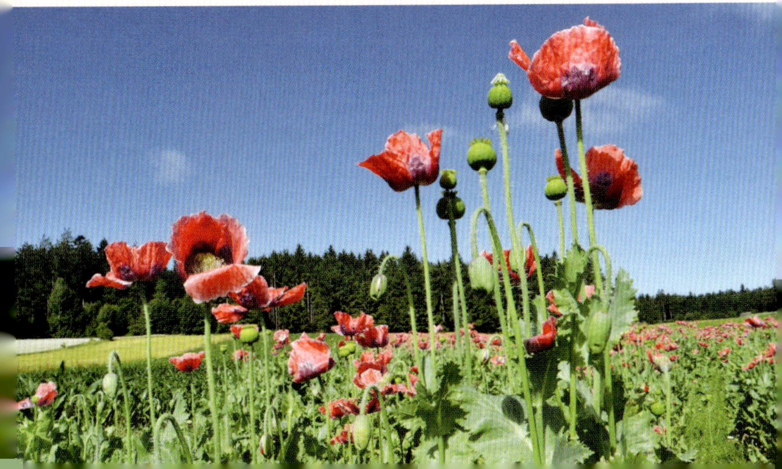

35

Ysperklamm

Naturdenkmal „Wildes Wasser“

●●○ 4 km · 2 Stunden · 280 hm

Charakter	Romantische Klammwanderung durch typische Waldviertler Felsenlandschaft. Anstieg auf Steiganlage, Abstieg auf Forstweg.
Start/Ende	3683 Wimberg, Forellenhof, Parkplatz am Eingang der Schlucht
Markierung	Ausgeschildert als Weg Nr. 32, kostenpflichtig
Anfahrt	In Kammerbach von der B 36 abfahren und den Hinweisschildern zur Ysperklamm folgen
Einkehr	Forellenhof (+43 [0]7415 7349)
Information	Infohütte am Start
Sehenswertes	Naturdenkmal Ysperklamm
Lange Variante	●●● 11 km, 4 Stunden, 450 hm

Die Große Ysper entspringt im höchsten Teil des Weinsberger Waldes und fließt zuerst mit geringem Gefälle durch den Teichgraben und dann ab dem „Ödteich“ in einem zwei Kilometer langen Steilabfall durch die Klamm zum Forellenhof, dabei überwindet sie fast 300 Höhenmeter.

Der Name Ysper wird von der keltischen Flussgöttin Isis Noreia abgeleitet (auch andere Flüsse im süddeutschen Raum wie Inn, Isel oder die Isar tragen diesen Wortstamm).

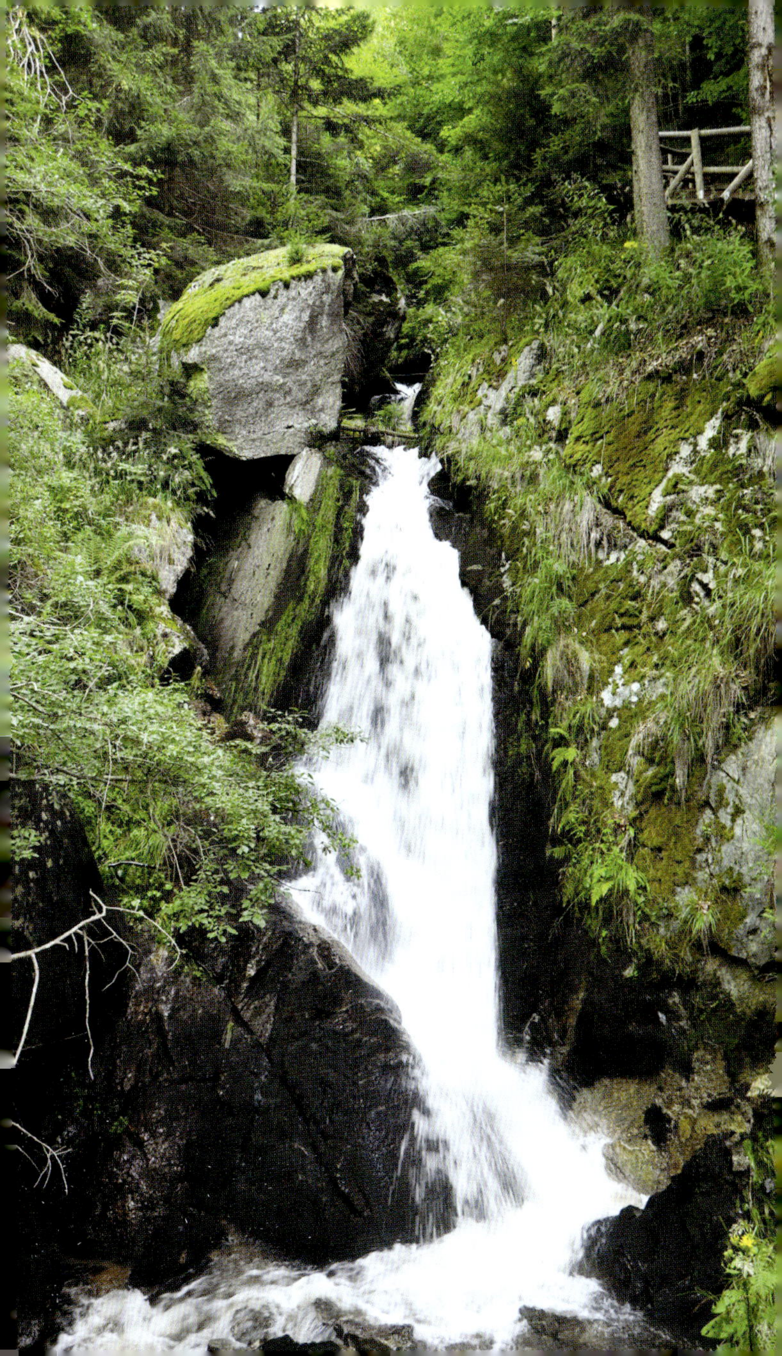

Die zerklüftete Felsenlandschaft der Ysperklamm ist mit ihren bemoosten Granitblöcken eine landschaftliche Kostbarkeit und bietet zu jeder Jahreszeit ein großartiges Naturschauspiel, besonders aber im Frühjahr und nach stärkeren Regenfällen, wenn sich tosende Wassermassen über die Granitfelsen ergießen. 1952 wurde sie zum Naturdenkmal erklärt.

Der Einstieg befindet sich am Parkplatz mit Infohütte beim **Forellenhof** ❶ (550 m).
Der kostenpflichtige Weg durch die Klamm führt über Granitplatten, Holztreppen und Stege, immer knapp am rauschenden Wasser entlang steil bergan. Im unteren

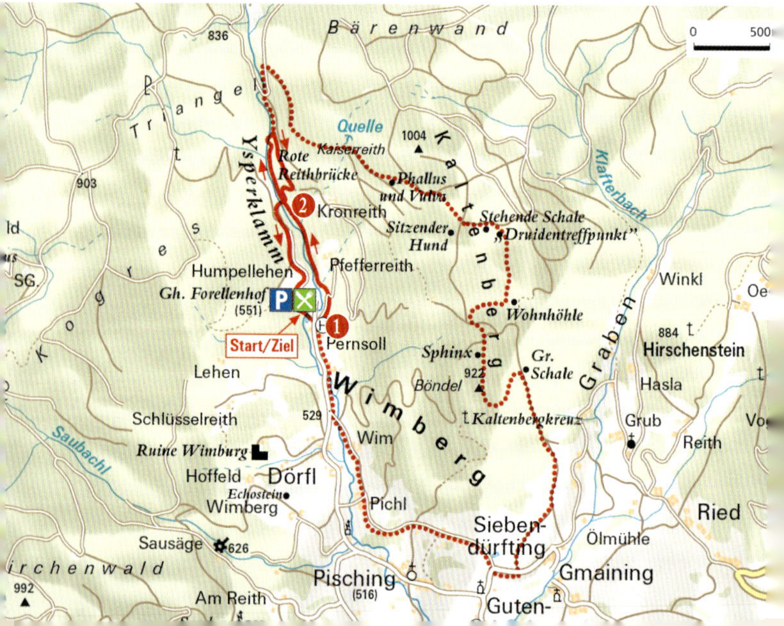

Abschnitt sind noch einige Uferbefestigungen aus der Zeit der Holztrift zu sehen, in flachen Becken ist der Untergrund durch die Huminsäuren braun gefärbt.
Nach der ersten Hälfte des Aufstiegs lädt ein romantischer Rastplatz bei der Rote-Reith-Brücke zum Verweilen ein. Im oberen Bereich führen die aufwendigen Steiganlagen an eindrucksvollen Kaskaden und Wasserfällen vorbei, an einer Stelle spaltet sich der Bach kurz in zwei Läufe mit schönen Wasserfällen auf. Nach rund einer Stunde haben Sie das **obere Ende der Klamm** 2 (830 m), erreicht, auch hier gibt es einen Rastplatz mit Infotafeln.
Der ge(h)mütliche Rückweg führt über den parallelen Forstweg – zuerst auf der linken Seite, dann über die Rote-Reith-Brücke und auf der rechten Seite weiter zum Ausgangspunkt zurück.

Lange Variante

Wer etwas weiter wandern möchte, kann auf dem insgesamt 11 Kilometer langen Druidenweg über den Rücken des Kaltenberges zum Forellenhof zurückwandern, ausgeschildert als Weg Nr. 31: Im ersten Abschnitt mit einer aussichtsreichen Passage auf dem Hangweg, im mittleren Teil durch Wald vorbei an bizarren, die Fantasie anregende Steinformationen – „Der sitzende Hund", „Druidentreffpunkt", „Sphinx und Heiliger Bezirk" und mehrere Schalensteine – und nach steilem Abstieg dann im Tal zurück zum Forellenhof (drei Stunden ab dem oberen Ende der Klamm, einige kräftige kurze An- und Abstiege).

Bei einer Abzweigung nach einem sehr steilen Abstieg geht es rechts zum etwas kürzeren, aber schwierigeren Abstieg über das Kaltenbergkreuz ins Tal, dieser Pfad verlangt Trittsicherheit, die ausgeschilderte leichtere Variante umgeht die Steilstufe.

Holzschwemmen auf der Ysper

Das Bachufer der Klamm ist an einigen erodierbaren Stellen mit großen Steinen befestigt, die aus der Zeit stammen, als hier noch Holz vom Weinsberger Wald zur Donau geschwemmt wurde. Diese alte Art des Holztransportes wurde jahrhundertelang bis zum Jahr 1931 praktiziert, eine wichtige Funktion dabei hatte der Ödteich: Über den Winter wurde das Wasser aufgestaut und im März zur Holzschwemme wieder abgelassen. Da durch die Klamm keine langen Baumstämme geschwemmt werden konnten, wurden sie zu 75 Zentimeter langen Klafterscheiten geschnitten, die in rund fünf Stunden die Donau erreichten. Der Damm des Ödteiches ist 1956 gebrochen und wurde nicht mehr erneuert, ein Fichtenwald bedeckt heute den ehemaligen Teichboden.

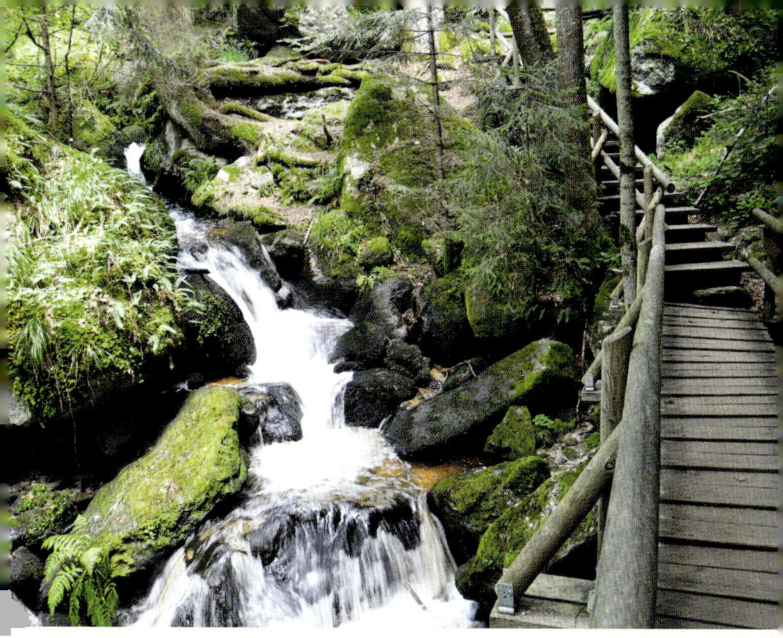

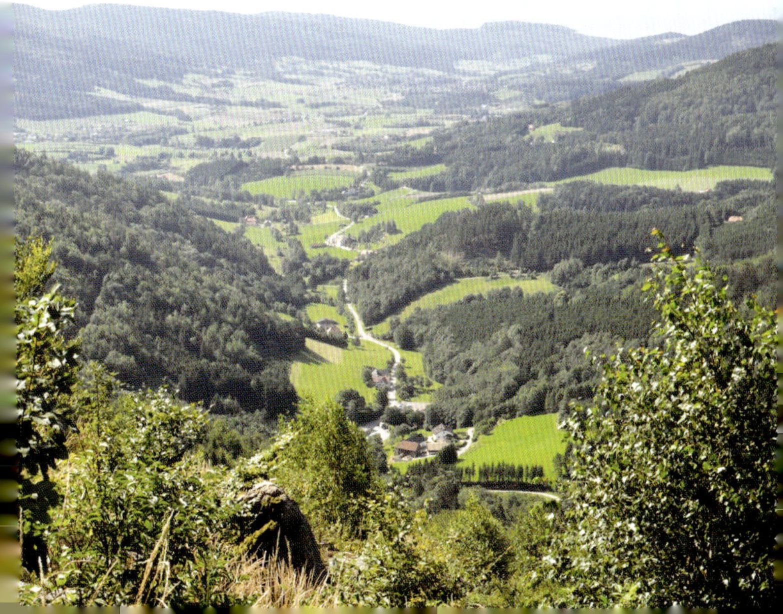

36

Burgsteinmauer und Herzstein

Zu Aussichtspunkten und altem Kultstein

●●○ 8 km · 2 ¼ Stunden · 220 hm

Charakter	Waldwanderung auf Forststraßen und Waldwegen zu zwei hervorragenden Aussichtspunkten mit Abstecher zum mystischen Herzstein. Beim steilen Schlussaufstieg zum gesicherten Gipfelfelsen auf Pfad und Steiganlage ist Trittsicherheit notwendig, zwei steile Abstiege.
Start/Ende	Kleiner Parkplatz an der L 7283 bei der Abzweigung nach Undeutsch zwischen St. Oswald und Dorfstetten
Markierung	Der Weg zur Burgsteinmauer ist ausgeschildert als Weg Nr. 17, zum Herzstein Nr. 11.
Anfahrt	Vor St. Oswald auf der L 7283 Richtung Dorfstetten, nach 2 Kilometern Parkplatz bei Infotafel
Einkehr	In St. Oswald im soliden Dorfgasthaus Wimmer (www.gasthaus-wimmer.at)
Information	www.stoswald.com
Sehenswertes	Aussichtspunkte, mystische Steinformation

Die Felsenkanzel Burgsteinmauer ist mit ihrem Panoramablick zu den Alpenketten einer der besten Aussichtspunkte im südlichen Waldviertel.

Unter den vielen Steinformationen, Schalensteinen und Steinkreisen sticht der Herzstein besonders

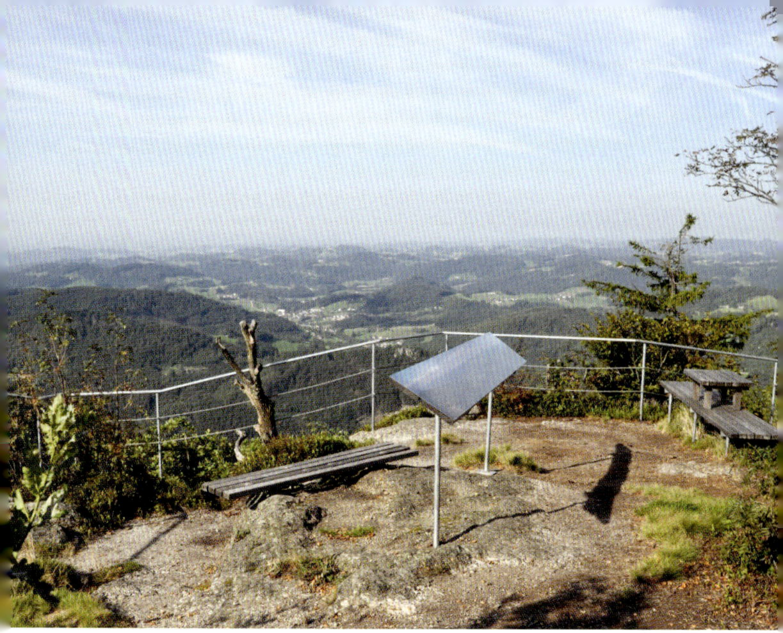

Burgsteinmauer

hervor – der fünf Meter hoch aufragende herzförmige Stein mit dem Durchschlupf gilt als alter Kultplatz.

Die Wanderung beginnt am kleinen **Parkplatz** 1 mit Infotafel an der Landesstraße zwischen St. Oswald und Dorfstetten bei der Abzweigung nach Undeutsch, Sie folgen dem Weg Nr. 17. Gleich hinter der Brücke biegen Sie rechts in den Forstweg hinauf, abwechselnd auf Pfaden und Forststraßen steigen Sie in Etappen durch Fichtenwald, später durch Mischwald an. Nach rund einer halben Stunde folgen Sie bei einem Sattel den Wegweisern nach links und bald danach wieder links

zur **Burgsteinmauer** ❷ hinauf. Die letzten Meter des Aufstiegs führen über einen steilen Pfad mit Stufen und kurzer Steiganlage, vom gesicherten Aussichtsplateau mit Gipfelkreuz genießen Sie einen wunderbaren Weitblick über das südliche Waldviertel und das Alpenvorland bis zu den Alpenketten, eine Panoramatafel erklärt die vielen Gipfel.
Zurück bei der ersten Abzweigung biegen Sie nun nach links und folgen den Wegweisern Richtung St. Oswald zurück. Zuerst leicht abfallend auf einem Forstweg, bei der Abzweigung nach einem großen Stein dann rechts hinunter, gelangen Sie auf dem steilen Weg zu einer alten Forststraße, auf der Sie nach links durch schönen Mischwald weiterwandern. Nach zwei Serpentinen verlassen Sie die Forststraße, wandern geradeaus auf den Waldweg und biegen beim Querweg nach rechts. Am Ende der gemütlichen Waldpassage bietet sich vom **Aussichtspunkt Undeutsch** ❸, nach dem Waldaustritt 100 Meter rechts am Waldrand, wieder ein Panoramablick zu

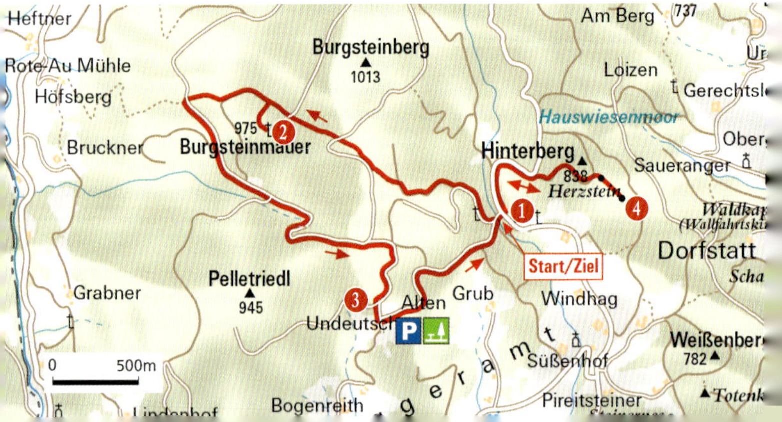

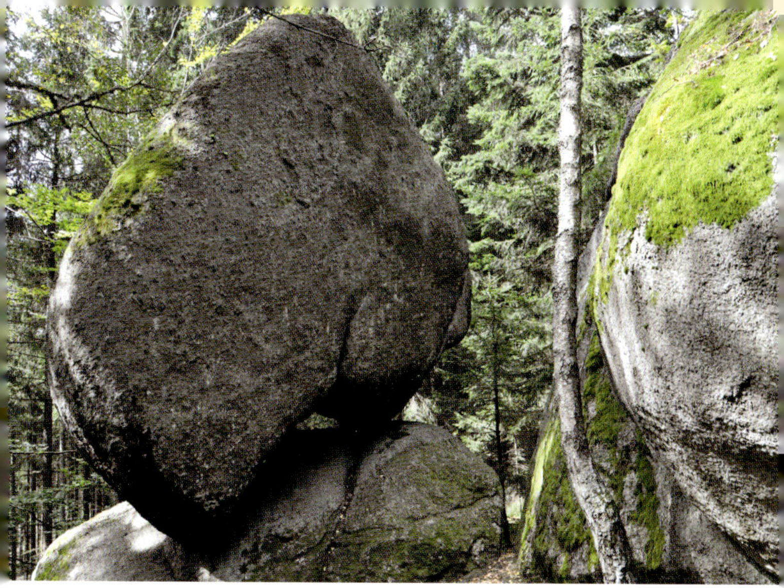

Herzstein

den Alpen mit dem majestätischen Ötscher (Rastplatz). Auf der Zufahrtsstraße wandern Sie anschließend durch Hochwald mit etlichen Steinformationen zum Ausgangspunkt zurück.
Nach dieser Rundwanderung bietet sich noch ein Abstecher (15 Minuten) zum Herzstein an: Auf der Straße nach links und nach der ansteigenden Rechtskurve rechts in den Fahrweg, bei der Gabelung geradeaus. Links des Weges (Wegweiser) ragt der **Herzstein** 4 inmitten einer Gruppe von Restlingen empor, auch Schalensteine und ein Steinkreis sind zu finden.
Auf demselben Weg kehren Sie dann zum **Parkplatz** 1 zurück.

37

Münichreith: Peilstein

Zu den Aussichtsfelsen am Ostrong

●●◐ 12 km · 3 ¾ Stunden · 350 hm

Charakter	Ausgedehnte Waldwanderung auf Forststraßen, Waldwegen und Pfaden zu zwei hervorragenden Aussichtspunkten, größtenteils sanfte An- und Abstiege, im Gipfelbereich felsige Pfade.
Start/Ende	Münichreith/Altwaldhäusl
Markierung	Ausgeschildert als Weg Nr. 51, Kaiserstein-Peilstein-Rundwanderweg, auch Tut-gut-Weg 3
Anfahrt	Bei Münichreith von der L 83 Richtung Altwaldhäusl, nach 400 Metern links und dann rechts zum Parkplatz
Einkehr	In Münichreith in der Wirtshausbrauerei Haselbräu (www.wirtshausbrauerei.at), Gasthof „Zum grünen Baum" (+43 [0]7413 6108)
Information	www.muenichreith-laimbach.gv.at
Sehenswertes	Aussicht vom Großen und Kleinen Peilstein

Der Peilstein ist die höchste Erhebung des lang gezogenen, bewaldeten Bergmassivs Ostrong. Die Felskante des Großen Peilsteins (1 061 m) und der mit 1 024 Meter nur wenig niedrigere Kleine Peilstein, die nördlichste Felsnase des Bergrückens, zählen zu den schönsten Aussichtspunkten des Waldviertels. Mehrere Wege

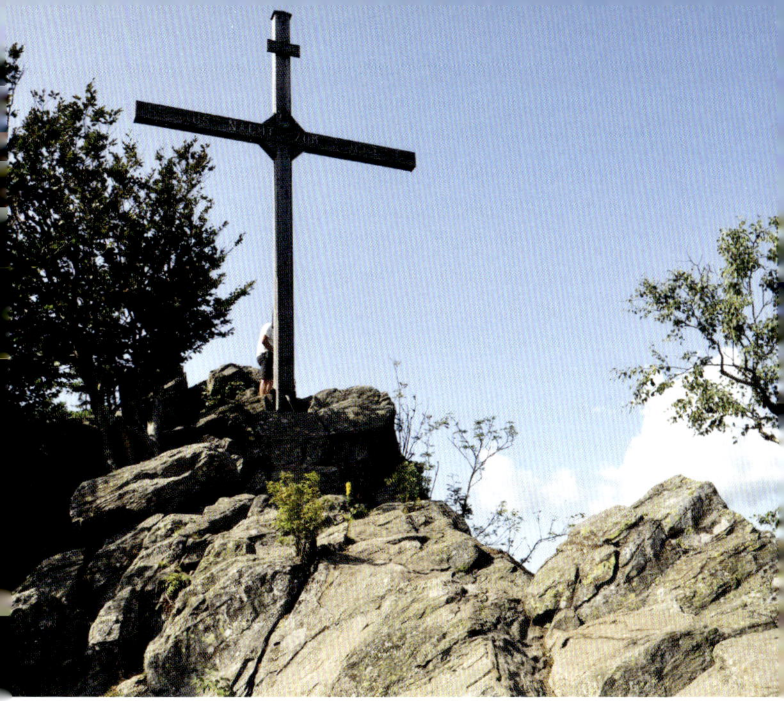

Großes Gipfelkreuz am Kleinen Peilstein

führen zu den Aussichtsgipfeln, der kürzeste geht von Laimbach steil den Hang hinauf. Eine schöne Rundwanderung startet in Münichreith/Altwaldhäusl – der moderate Aufstieg führt über den Kaiserstein, der Rückweg über den Katzenstein (Abstecher).

Die Rundwanderung startet am Parkplatz vor **Altwaldhäusl** ❶ (710 m) und folgt zunächst dem Rundweg Nr. 1 und Tut-gut-Weg 3 über den Kaiserstein zum Peilstein. Auf einem Zufahrtssträßchen geht es zum

Waldrand und dann auf einem Waldweg leicht ansteigend zu einer Forststraßen-Kreuzung. Hier auf der mittleren Forststraße geradeaus weiter moderat ansteigend immer durch den Fichtenwald. Bei einem dreieckigen Platz biegen Sie rechts in den Waldweg zum **Kaiserstein** ❷ (936 m) auf einer bewaldeten Kuppe.

Nach einem kurzen Abstieg folgt eine lange Passage durch Mischwald wieder sanft ansteigend. Der Waldboden ist mit Heidelbeeren und Gras bewachsen, in der Gipfelregion finden sich mehrere größere Felsformationen. Über eine Kuppe mit Felsen und durch eine

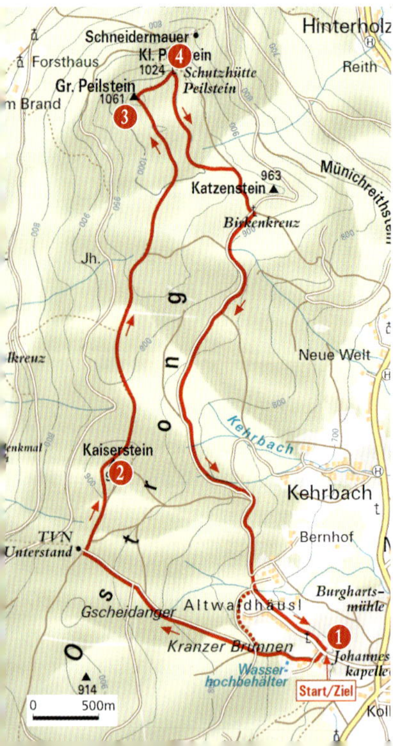

Mulde gelangen Sie dann zum **Großen Peilstein** ❸ (1061 m). Von der Felskante schweift der Blick ins Ysper- und Weitental, ins Mühlviertel und weit ins nördliche Waldviertel (schöner Rastplatz bei den Felsen). Einen ähnlichen Blick genießen Sie von der Rastbank „Peilsteiner Sonnenplatzl" knapp unterhalb des Gipfels (Wegweiser).

Anschließend biegen Sie nach Osten und wandern auf zum Teil felsigem Pfad

Richtung **Kleiner Peilstein** 4 (1 024 m). Dieser Felsengipfel mit Gipfelkreuz und Gipfelbuch liegt hinter der Peilstein-Schutzhütte und bietet großartige Weitblicke und einen spektakulären Tiefblick auf Laimbach am Ostrong.

Zurück zur Schutzhütte, anschließend gehen Sie geradeaus auf dem breiten Weg weiter (Wegweiser Münichreith, Nr. 51). Bald geht es steiler abwärts, nach rund eineinhalb Kilometern können Sie auf einem Pfad nach links einen Abstecher zum Katzenstein (Holzkreuz mit Herrgottsgesicht) machen und dort den schönen Blick nach Osten und Norden genießen.
Wieder zurück geht es weiter abwärts, beim Birkenkreuz treffen Sie auf eine breite alte Forststraße, auf der Sie nun nach rechts wandern. Es folgt eine längere Passage immer sanft abwärts bis zu einem Parkplatz an der Straße bei Altwaldhäusl.
Zum Ausgangspunkt zurück können Sie auf der Nebenstraße gehen oder Sie biegen nach dem Parkplatz nach rechts in die leicht ansteigende Forststraße. Bei der Kreuzung treffen Sie dann auf den Herweg und biegen nach links in den Waldweg hinunter zum Parkplatz am Ausgangspunkt der Tour.

38

Albrechtsberg und Gudenushöhle

Auf dem Kremstalhöhlenweg

●●◐ 14,7 km · 3 ¾ Stunden · 300 hm

Charakter	Landschaftlich beeindruckende Rundwanderung über das hüglige Hochland mit weiter Sicht und durch die tief eingeschnittenen Täler an der Großen und Kleinen Krems. Überwiegend Fahrwege, anfangs Nebenstraßen, moderater Ab- und Anstieg durch bewaldete Bachgräben.
Start/Ende	3613 Albrechtsberg an der Großen Krems, Hauptplatz
Markierung	Der Rundweg ist als Kremstalhöhlenweg Nr. 20, im Tal Kremstalweg Nr. 625, ausgeschildert
Anfahrt	Albrechtsberg liegt an der L 7064 zwischen Lichtenau und Els
Einkehr	In Els: Gasthof Enne (www.gasthofenne.at); in Albrechtsberg: Fischers Gasthaus zur Linde im Zentrum (www.gasthausfischer.at); Kaffee und Kuchen gibt's im Café Schäfer (www.baeckerei-schaefer.com)
Information	Im Gemeindeamt Albrechtsberg (www.albrechtsberg.at)
Sehenswertes	Gudenushöhle, geologischer Lehrpfad, in Albrechtsberg Schlossanlage und Pfarrkirche

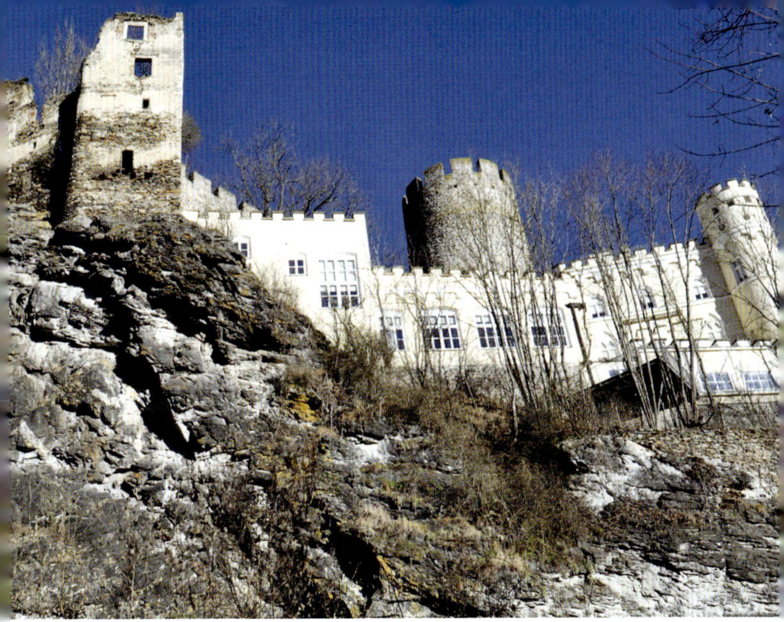

Burg Hartenstein

Das Kremstal zählt zu den ältesten Siedlungsgebieten Österreichs, aus der Gudenushöhle stammen die ältesten steinzeitlichen Funde. An der Kleinen Krems erklärt ein geologischer Lehrpfad die Entstehung der Kalk- und Marmorfelsen, die Gebirgsbildung und den geologischen Aufbau.
Albrechtsberg ist im 13. Jahrhundert aus einer Burgsiedlung hervorgegangen, die Höhenburganlage mit der angebauten Pfarrkirche prägt den Ort bis heute. Sehenswert ist die in der Barockzeit neu gebaute Kirche, das Schloss kann nicht besichtigt werden.

Die Tour beginnt in **Albrechtsberg an der Großen Krems** ❶ (686 m), der Ort liegt 150 Höhenmeter oberhalb der Großen Krems. Vom Hauptplatz mit der St.-Florian-Statue, Parkplätzen und einem Geschäft gehen Sie, das Schloss im Rücken, nach Süden an der Volksschule vorbei und biegen bei der Abzweigung nach rechts (Wegweiser Weg 20). Mit schönem Blick zurück zum Schloss wandern Sie bald auf einem Feldweg und dann auf der Zufahrtsstraße nach **Gillaus** ❷. Nun geht es vor dem Ort links an Bauernhöfen vorbei zur Straße, hier wieder links, bei der Kurve geradeaus und bald rechts in den anfangs asphaltierten Feldweg zur

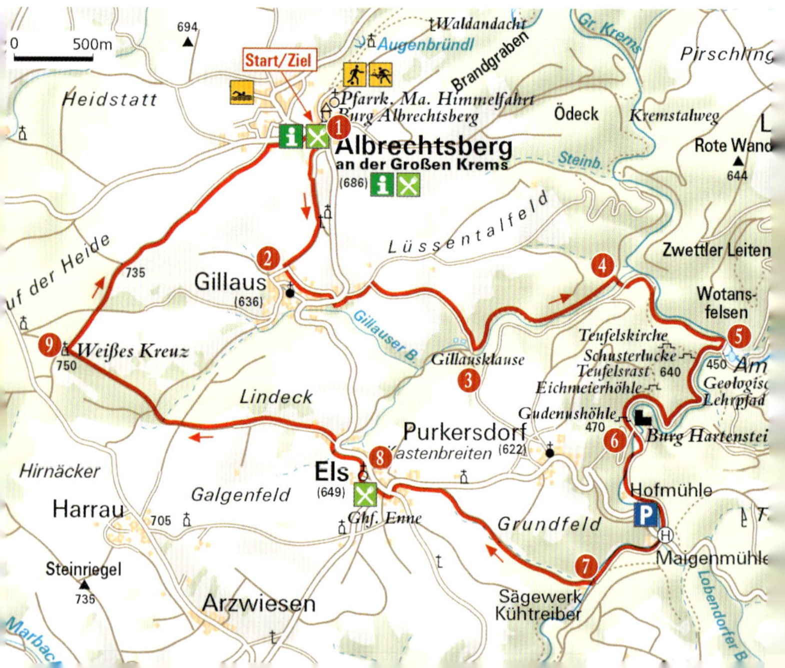

Gillausklause 3 hinunter. Der Weg führt nun leicht abfallend im bewaldeten Graben am Gillauser Bach entlang hinunter zur Großen Krems. Die bemoosten Felsen weisen auf ein feuchtes Klima hin.
Beim „**Hasenfleck**“ 4 an der Großen Krems biegen Sie nach rechts (Weg Nr. 625, rot markiert), auf einer Schotterstraße geht's zwischen mächtigen Felsen weiter. Darin befinden sich zahlreiche Höhlen, deutlich zu sehen ist die Teufelsluckenhöhle rechts oben in der Felswand bei der Abzweigung des Vettersteiges, einer alpinen Steiganlage zu den Felshöhlen (nur für erfahrene Wanderer).
Beim Zusammenfluss von Großer und Kleiner Krems am **Krems-Zwickl** 5 (450 m) bildet der Wotansfelsen das nördliche Ufer, das restaurierte alte Kraftwerkshaus des Wasserkraftwerkes Hohenstein und der Stauweiher fügen sich harmonisch in die von Felsen gerahmte Talgabelung.
Vor der Brücke biegen Sie nach rechts und wandern der Kleinen Krems entlang auf der Schotterstraße aufwärts. Zwischen dem verblockten Bach und imposanten Felsabbrüchen wie der „Teufelskirche“ führt der Weg zum Burgfelsen der Ruine Hartenstein mit einem neugotischen Zubau in einer Schlinge der Kleinen Krems, ein Holzsteg führt zur **Gudenushöhle** 6 im Kalkmarmorband des Felsens.

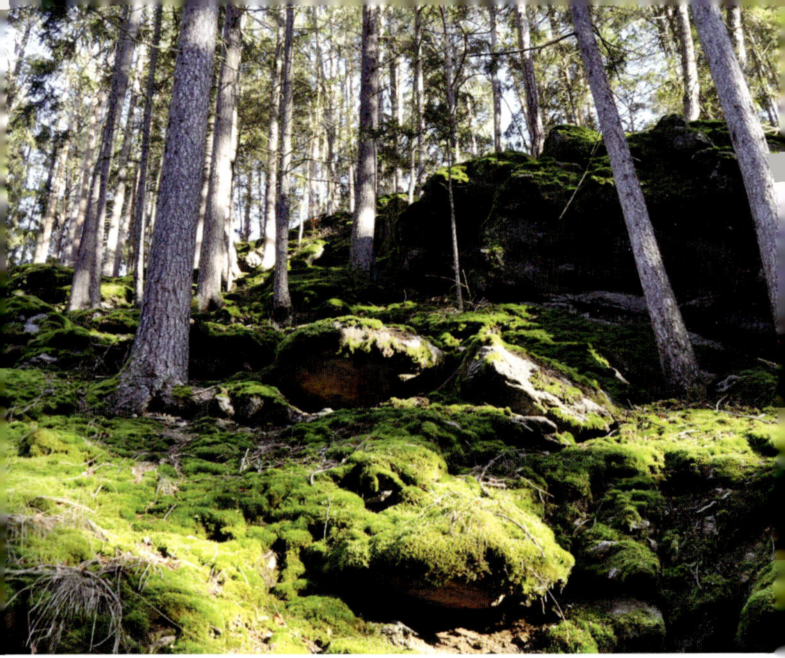

Der bemooste Waldboden weist auf ein feuchtes Klima hin.

Nach der Besichtigung der Höhle wechseln Sie auf der Brücke ans östliche Ufer und wandern an der Hofmühle vorbei zur Maigenmühle. Dort geht es über die Straße, über den Lobendorfer Bach und weiter am orographisch rechten Ufer entlang. Beim **Sägewerk Kühtreiber** 7 überqueren Sie auf einer Brücke wieder die Kleine Krems und wandern gleich durch den Wald in einem Bachgraben hinauf nach **Els** 8 (649 m). Auffällig ist die Pfarrkirche mit spätgotischem Turm, Einkehrmöglichkeit im Gasthof Enne, kurz vor dem Freibad mit Buffet am Ortsende.

Bei der Kurve am Ortsausgang zuerst geradeaus und an einigen Einfamilienhäusern vorbei, geht es dann leicht ansteigend durch die von Streifenfluren mit Hecken strukturierte hügelige Landschaft. Bei einem Querweg geradeaus am Waldrand weiter, im folgenden Waldstück auf dem Hauptweg geradeaus bleiben und auf die rote Markierung achten. Beim **Weißen Kreuz** 9 (750 m) mit Rastbank knickt der Weg nach rechts. Noch kurz durch den Wald wandern Sie bald auf einem Feldweg mit weiter Sicht über die Hügellandschaft auf das von seinem Schloss beherrschte **Albrechtsberg** 1 zu.

Die Wanderung kann auch in zwei leichte Rundtouren geteilt werden:

Variante 1 über das Hochland: Bis zur **Gillausklause** 3 folgen Sie der Wegbeschreibung und gehen dort rechts durch den Graben hinauf nach Els und folgen dann weiter der Beschreibung (2 Stunden).

Variante 2 durch die Täler: Sie starten in Els und gehen am Ortsanfang (von Albrechtsberg kommend) nach links durch den Graben zur **Gillausklause** 3 und folgen dann weiter der Beschreibung bis Els (2 ¼ Stunden).

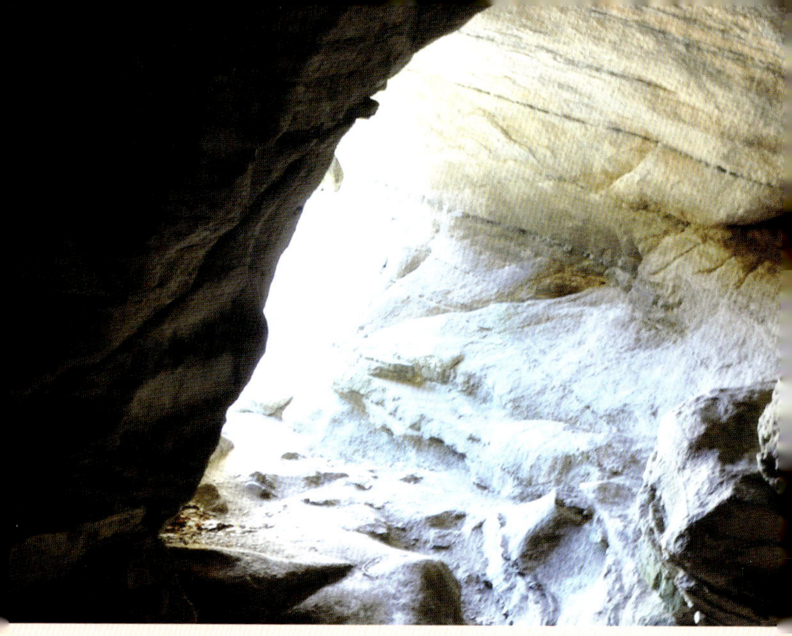

Gudenushöhle – Österreichs ältester Siedlungsplatz

Im Burgfelsen unterhalb der Burg Hartenstein nahe dem Ufer der Kleinen Krems liegt die älteste Siedlungsstätte Österreichs, die schon vor 70 000 Jahren benutzte Gudenushöhle. Es handelt sich um eine 30 Meter lange, bogenförmige Durchgangshöhle mit zwei Zugängen. Die Räume sind bis zu vier Meter breit und bis zu drei Meter hoch, eine günstige Form und Größe für eine frühe Besiedlung. Bei der im Jahr 1884 begonnenen Erforschung der nach dem Freiherrn von Gudenus, dem damaligen Besitzer der Burg Hartenstein, benannten Höhle wurden Spuren aus zwei steinzeitlichen Besiedlungsperioden gefunden:

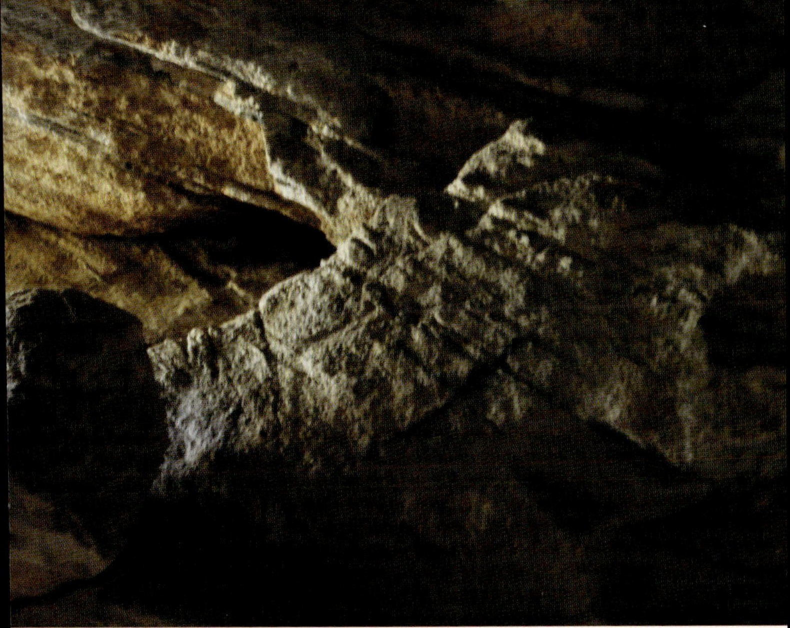

Faustkeile, Schaber und bearbeitete Tierknochen zählen zur Unteren Kulturschicht aus einer Kaltzeit vor rund 70 000 Jahren. Sie gehören zu den seltenen Spuren von Neandertalern in Österreich, die hier Jagd auf Mammut, Wollnashorn, Ren, Wildpferd, Höhlenbär und Hyäne machten. Die Obere Kulturschicht datiert zwischen 20 000 und 10 000 v. Chr., die bedeutendsten Funde sind eine vier Zentimeter lange Knochenpfeife, das älteste Musikinstrument Österreichs, und die Ritzzeichnung eines Rentierkopfes auf einem Adlerknochen. Die Objekte befinden sich im Naturhistorischen Museum in Wien.

39

Von Albrechtsberg durch das Große Kremstal

Auf dem Kremstalweg

●●◐ 14,6 km · 3 ½ Stunden · 190 hm

Charakter	Lohnende Rundwanderung, im zentralen Abschnitt durch das Tal der Großen Krems. Vorwiegend Forst- und Waldwege, ein Abschnitt auf etwas ausgesetztem Steig mit Stufen ist durch Seile gesichert.
Start/Ende	3613 Albrechtsberg an der Großen Krems, Hauptplatz
Markierung	Rot-weiß-rote Markierung, Kremstalweg 625 und Waldviertler Weitwanderweg 606 durch das Große Kremstal, zurück Weißensteinweg 21
Anfahrt	Albrechtsberg liegt an der L 7064 zwischen Lichtenau und Els
Einkehr	In Els: Gasthof Enne (www.gasthofenne.at); in Albrechtsberg: Fischers Gasthaus zur Linde im Zentrum (www.gasthausfischer.at), Kaffee und Kuchen gibt's im Café Schäfer (www.baeckerei-schaefer.com)
Information	Im Gemeindeamt Albrechtsberg (www.albrechtsberg.at)
Sehenswertes	Heimatmuseum „Brauhaus", in Albrechtsberg Schlossanlage und Pfarrkirche

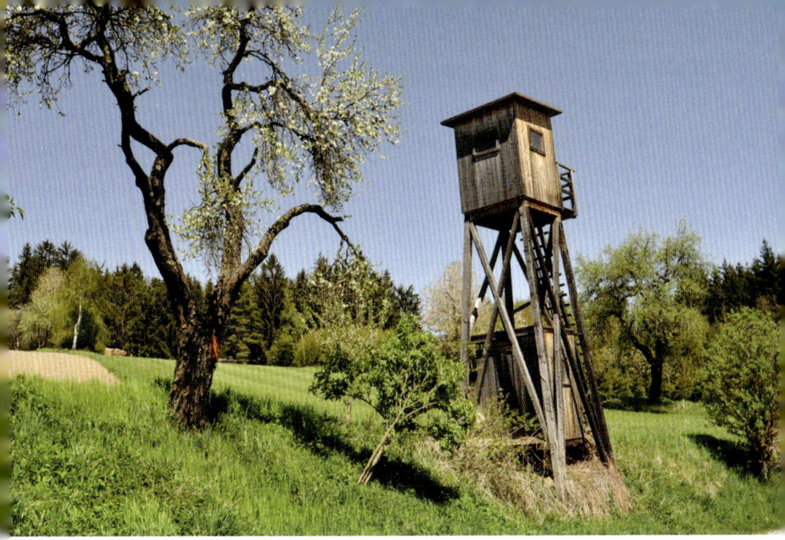

Hochstand bei Gillaus

Oberhalb des „Zwickls", wo Große und Kleine Krems zusammenfließen, hat sich die Große Krems kräftig durch die Felsen gegraben und den Kremstal-Canyon, die tiefste Schlucht des Waldviertels, geschaffen. Dramatische Felsformationen mit Höhlen und Hangmischwäldern prägen die Landschaft.

Der erste Abschnitt der Rundwanderung führt von **Albrechtsberg** ❶ (686 m) hinunter ins Große Kremstal. Vom Hauptplatz mit Parkplätzen und Geschäft folgen Sie dem Weg Nr. 625 und gehen auf der Straße fünf Minuten hinunter Richtung Brauhaus. Nach der Bushaltestelle und Kurve nun links in den asphaltierten Feldweg. Er führt über eine Kuppe und zum Wald. Dort auf dem

Forstweg weiter leicht abwärts durch Fichtenwald hinunter zur **Großen Krems** 2.

Auf dem Talboden biegen Sie in den Weg Nr. 606 im spitzen Winkel nach rechts (Wegweiser „Brauhaus"). Auf einem romantischen Pfad, stellenweise etwas ausgesetzt durch felsige Abbrüche mit Stufen und Seilsicherung, wandern Sie hoch über dem in der Tiefe rauschenden Fluss durch den mit Fichten und Buchen bewachsenen Hang talabwärts. Der Pfad trifft wieder auf einen Forstweg, beim Umkehrplatz nehmen Sie den oberen Hauptweg weiter zur Straße vor **Brauhaus** 3 (529 m).

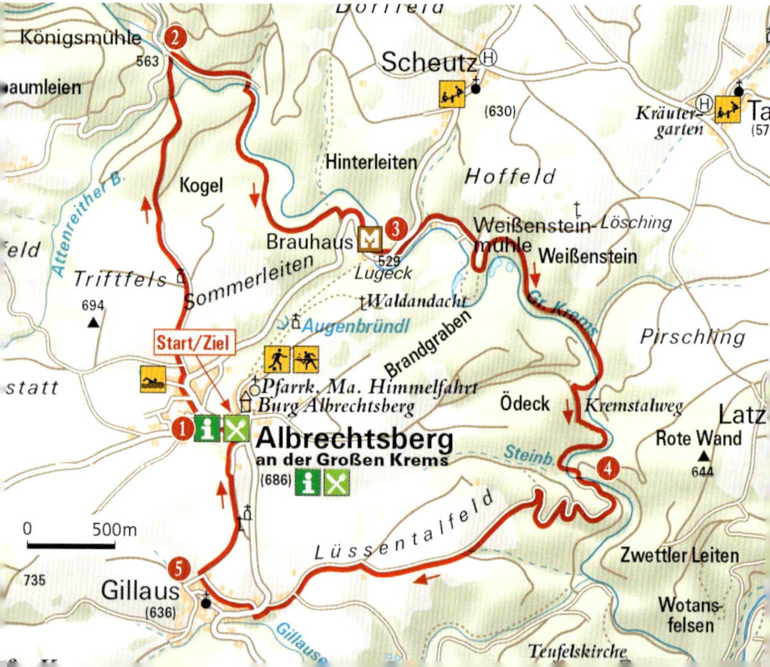

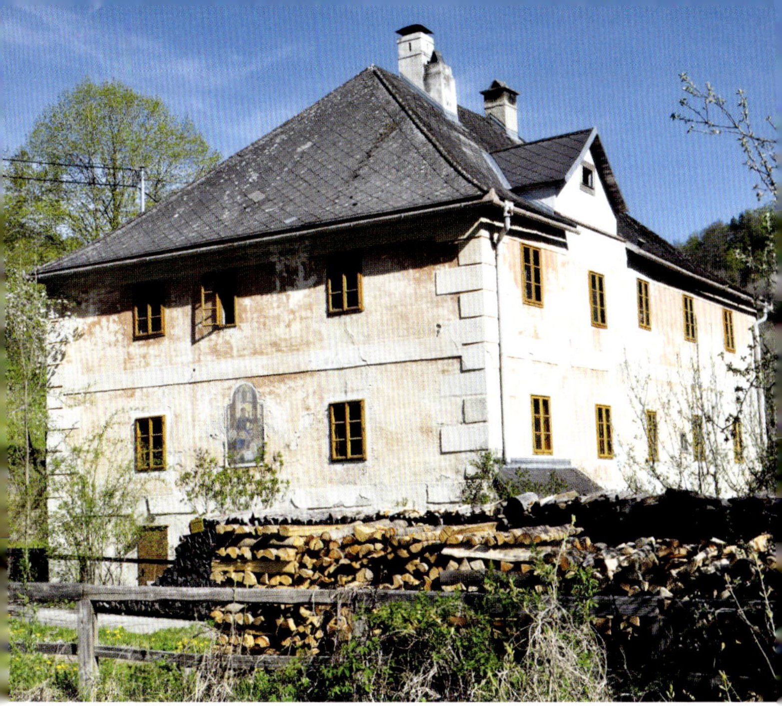

Altes Brauhaus

Vor der Brücke steht rechts noch das alte Brauereigebäude mit dem Märchenbild auf der Fassade, jenseits der Brücke hat Franz Hofstätter im ehemaligen Gesindehaus sein Heimatmuseum mit buntem Allerlei aus vergangenen Zeiten eingerichtet (Voranmeldung unter +43 [0]680 109 52 68).
Hier biegen Sie nach rechts und gehen auf der Zufahrtsstraße bis zur Weißensteinmühle mit altem Trichterkamin. Im folgenden Talabschnitt bedingen diverse Hindernisse eine etwas unübersichtliche Wegführung

mit An- und Abstiegen, dreimal wird auf Stegen der Fluss überquert.
Weiter auf dem Fahrweg, eine Weide zwingt zu einer Umleitung nach links aufwärts, nach der Wiese biegt der Weg Nr. 606 rechts entlang eines Grabens hinunter, der Weg Nr. 625 nimmt eine größere Umleitung. Sie gelangen auf den Uferweg und es folgt eine schöne Passage am Fluss entlang. Über einen Steg geht es ans rechte Ufer und kurz auf einem Forstweg steil hinauf, dann links und wieder leicht fallend zum Fluss zurück, die Felswand der Roten Wand am anderen Ufer ist stellenweise mit leuchtend gelben Schwefelflechten bewachsen.
Weiter am Bach entlang, bei einer Furt kurz hinauf und auf einem Pfad (Wegweiser „Zwickl") wieder hinunter zum Rosstümpelsteg. Kurz auf der linken Seite weiter und beim Saghäuslsteg wieder ans rechte Ufer zurück.
Bald danach treffen Sie in einer Kehre auf einen Fahrweg, den Pfarrerweg, ehemaliger Kirchenweg zwischen Els und Felling. Sie verlassen hier den Weg Nr. 606, **Abzweigung** 4 (500 m) und biegen nach rechts hinauf auf den Weg Nr. 21. In Serpentinen geht es durch Mischwald den Hang hinauf und dann auf asphaltiertem Feldweg durch das Lüssentalfeld mit seinen charakteristischen Streifenfluren und Hecken nach **Gillaus** 5. Im Ort rechts (Weg Nr. 21) und bald mit schönem Blick auf das Schloss nach **Albrechtsberg** 1 zurück.
Zur Einkehr lädt am Ende Fischers Gasthaus zur Linde.

Weitwanderwege im südlichen Waldviertel

Bei dieser Tour wandern Sie, wie auch bei Tour 38, abschnittsweise auf dem Kremstalweg Nr. 625, dem Waldviertel-Weitwanderweg Nr. 606 und dem Lebensweg. Der 105 Kilometer lange Waldviertel-Weitwanderweg führt von Grein in einer großen Schleife durch das südliche Waldviertel nach Krems an der Donau.

Der 93 Kilometer lange Kremstalweg führt als Rundweg durch einen sehr ursprünglichen Teil des Waldviertels, über weite Hochflächen und durch beeindruckende Flusslandschaften mit geologischen Besonderheiten. Einstieg und Etappenlänge der großen Runde von der Quelle der Großen Krems nahe Martinsberg über Traunstein, Ottenschlag, Armschlag, entlang der Großen Krems mit einer Schleife über Albrechtsberg zum Krems-Zwickl, entlang der Kleinen Krems nach Kottes und über Kirchschlag nach Martinsberg zurück wählt man je nach Vorliebe selbst.

Im Jahr 2018 wurde der Lebensweg eingerichtet – ein 260 Kilometer langer Weitwanderweg im südlichen Waldviertel, eine Verbindung des Ysper-Weitentalweges und des Kremstalweges. Der Weg wurde als Spiegel menschlicher Existenz konzipiert, ein langer, gewundener Pfad.

40

Kremstal und Wotansfelsen

Durch den Canyon und zum Aussichtsfelsen

●●○ 12,2 km · 3 ¼ Stunden · 250 hm

Charakter	Abwechslungsreiche Rundwanderung durch das Kremstal und zu einem Aussichtsfelsen. Überwiegend schöne, alte Güterwege.
Start/Ende	3521 Hohenstein, Kraftwerk an der Großen Krems
Markierung	Keine durchgehende Markierung, im Tal Weg Nr. 606, rot-weiß markiert, zum Wotansfelsen blau
Anfahrt	Über Unter- und Obermeisling nach Hohenstein und weiter 1,5 Kilometer bis zum Kraftwerk, Parkplatz beim Kraftwerkshaus, ab hier Fahrverbot
Einkehr	Keine an der Strecke, in Gföhl mehrere Lokale
Information	www.gfoehl.at
Sehenswertes	Wotansfelsen, Rosenschloss Felling nur auf Anfrage (Tel. +43 [0]676 4815931)

Die Talschluchten der Großen und Kleinen Krems sind bekannt für ihre Höhlen und dramatischen Felsformationen, die alten Hangwälder bieten Eulen, Spechten, Fledermäusen und seltenen Käfern einen raren Lebensraum.
Zu Beginn wandern Sie entlang der Krems auf dem Waldviertler Weitwanderweg Nr. 606 bis zum Zwickl

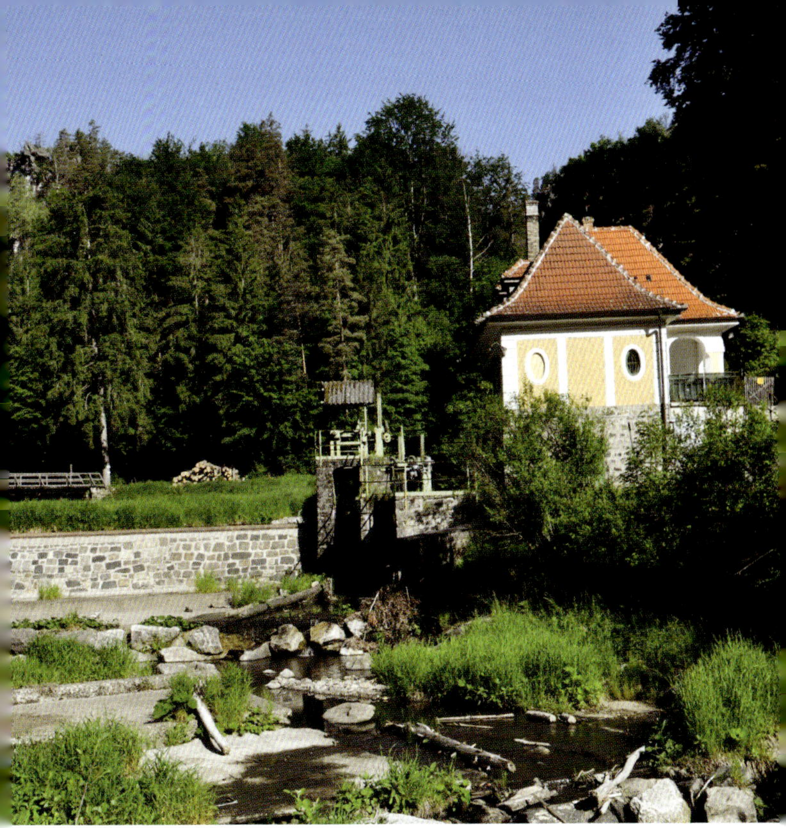

Renoviertes altes Kraftwerkshaus am Zwickl

und steigen dann auf zum Wotansfelsen mit seiner spektakulären Aussicht. Über den kleinen Ort Felling geht es dann wieder hinunter ins Kremstal.

Die Rundtour startet beim **Kraftwerk Hohenstein** 1 (390 m) und führt an der Krems aufwärts (Weg Nr. 606, rot-weiß-rot markiert). Der anfangs noch asphaltierte

Fahrweg führt schön am Bach entlang, die bewaldeten Talhänge sind von Felsen durchsetzt. Bei einer Furt bleiben Sie auf der orografisch linken Seite, nach rund einer Dreiviertelstunde führt der Weg bei einem mächtigen Uferfelsen über eine betonierte Furt zum rechten Ufer und kehrt bald danach wieder zur linken Seite zurück.
Vor der Holzbrücke beim **Krems-Zwickl** ❷ (450 m) mit dem Wehr – ein Teil des Wassers wird in einem Stollen zum Kraftwerk Hohenstein geleitet – und dem sorgfältig renovierten alten Kraftwerkshaus biegen Sie in den Fahrweg nach rechts und in einem Bogen vor dem Haus erneut nach rechts zum Fahrweg.
Sie steigen nun bergan und biegen nach einer halben Stunde hinter einer Rechtskehre mit freiem Platz nach

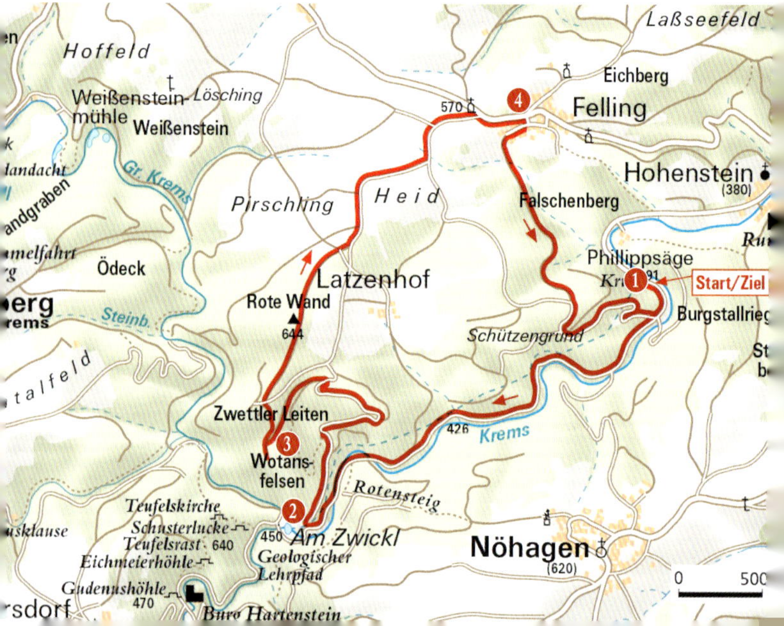

links in den schmaleren, grasbewachsenen Fahrweg. Sie folgen diesem blau markierten Weg bis zum **Wotansfelsen** 3 (625 m), die letzten Meter auf einem Pfad.
Von der Felskante hoch über dem Kremstal bietet sich ein besonderer Tief- und Weitblick, außerdem gibt es schöne Rastplätze.
Vom Felsenturm gehen Sie nun drei Minuten auf dem Herweg zurück und biegen beim Querweg mit dem Drahtgitterzaun nach links. Der unmarkierte, aber schöne Weg führt durch den lichten Kiefernwald der Zwettler Leiten, quert eine Forststraße und geht als Wolfgang-Hirmke-Weg weiter. Bei einer Linkskurve nun geradeaus auf dem schmaleren, etwas undeutlichen Weg weiter, der Hauptweg endet beim nahen Umkehrplatz. Sie wandern über die bewaldete Kuppe „Rote Wand" (644 m), danach wird der Weg deutlicher, führt aus dem Wald heraus und am Waldrand entlang. Sie überqueren einen Fahrweg und biegen beim folgenden asphaltierten Güterweg nach links. Nach 20 Minuten mit freier Sicht sind Sie dann in **Felling** 4 (570 m), der kleinen Siedlung in einer Mulde zwischen zwei Hügeln, und bei dem alten Schloss, angelangt.
Beim Rosenschloss Felling biegen Sie rechts zum Brunnen hinunter, links liegt in 100 Metern Entfernung das Gasthaus Linde. Vom Brunnen rechts und nun abwärts. Ein alter Güterweg führt in weiten Schleifen mit ebenen Abschnitten und leichten Gegenanstiegen durch den

mit Mischwald bewachsenen Hang hinunter. Bei einer Forststraße auf dieser links abwärts bis zum **Kraftwerk Hohenstein** 1, dem Ausgangspunkt der Wanderung.

Variante

Wer eine Kremstalwanderung mit Gudenushöhle und Wotansfelsen machen möchte, geht vom Zwickl wie bei Tour 38 (siehe ab Seite 264 ff) zur Gudenushöhle, kehrt dann zum Zwickl zurück, macht einen Abstecher hinauf zum Wotansfelsen und wandert auf dem Talweg zum Kraftwerk Hohenstein zurück.

Schloss Felling

Das Schloss Felling wurde 1232 erstmals urkundlich erwähnt. Aus dieser Zeit existiert noch ein altes Kreuzrippengewölbe. Im Lauf seiner Geschichte wurde das Schloss mehrmals umgebaut, der Kern der heutigen Anlage stammt aus dem 17. Jahrhundert. Auf den Terrassengärten züchtet der Besitzer Johann Lorentz Gudenus alte Rosensorten, dazu hat er eine alte, ausgeklügelte Bewässerungsanlage wieder aktiviert. Das Schloss ist nur zur Zeit der Rosenhochblüte Mitte Juni geöffnet, Zeiten und Führungen auf Anfrage. (Tel. +43 [0]676 4815931)

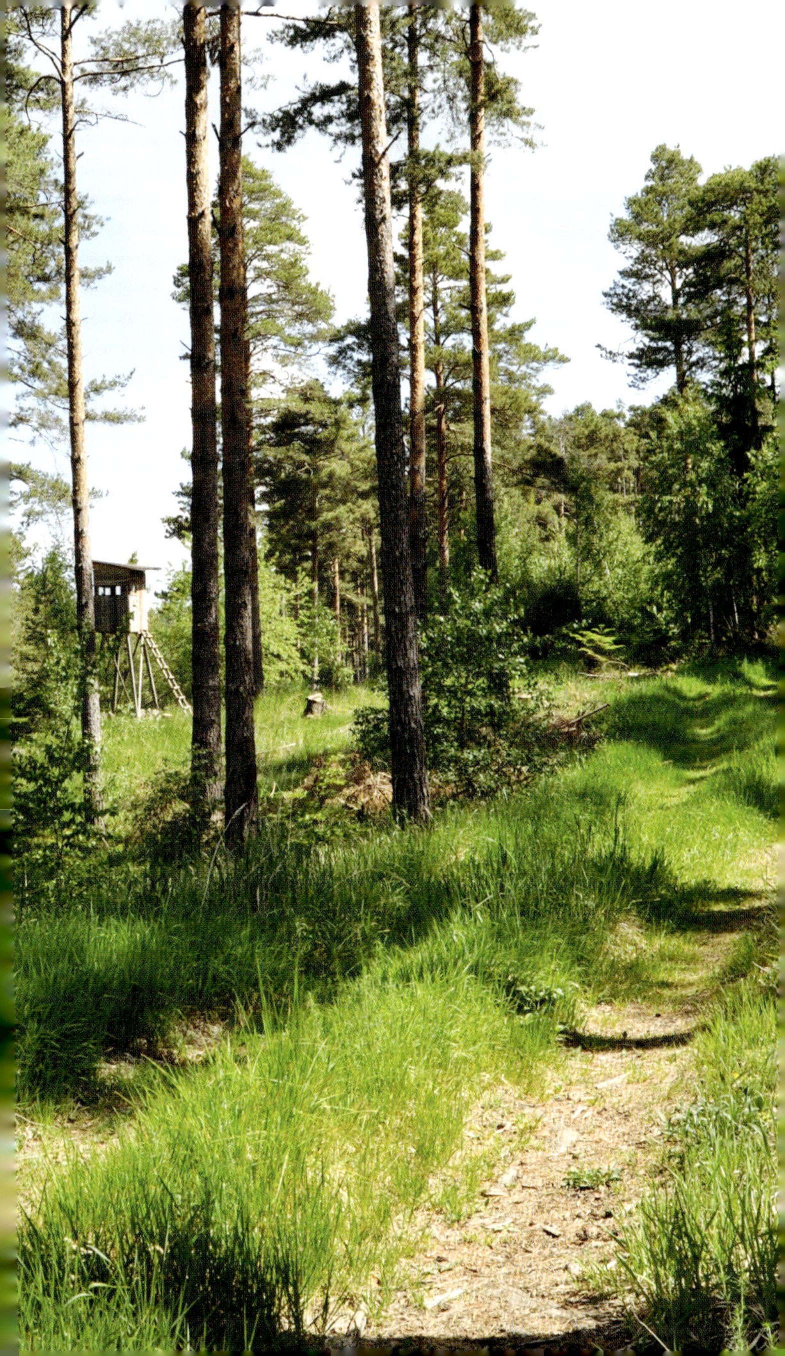

Literatur

Werner Gamerith: Kamptal, Natur einer Kulturlandschaft, Verlag Berger Horn, 2012

Othmar Pruckner: Das Waldviertel; Das Kamptal, beide Falter Verlag, Wien 2002

Nina Stögmüller, Robert Versic: Märchenhafte Kraftplätze im Waldviertel, Verlag Anton Pustet, Salzburg 2020

Kompass Wanderkarte Waldviertel, 1:50.000, Nr. 203

Allgemeine Tourismusinformationen: www.waldviertel.at

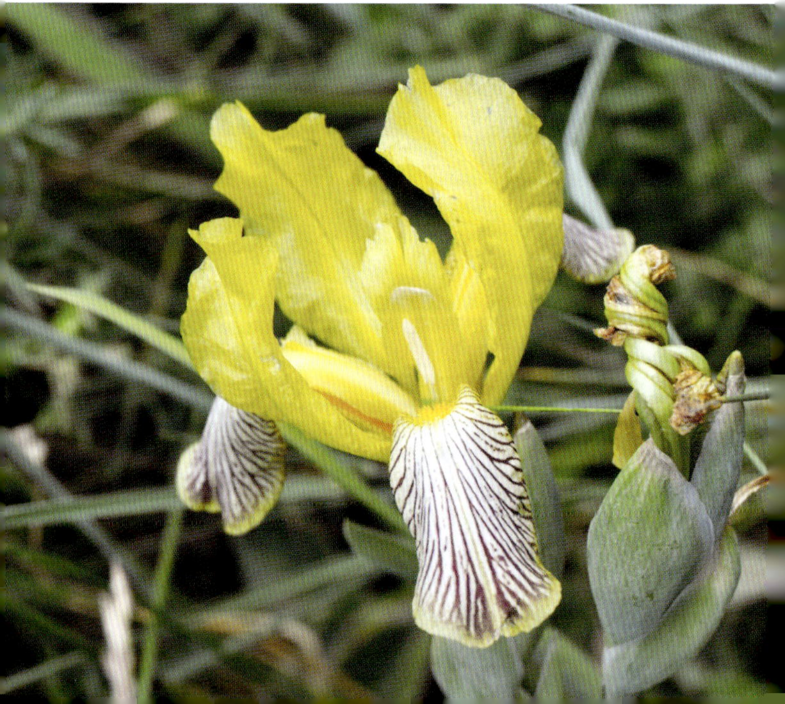

Register